本书系

国家社会科学基金"十三五"规划2016年度教育学一般课题:"我国高校本科专业设置调整机制研究"(课题批准号:BIA160130)

教育部人文社会科学研究项目:"我国高校本科专业设置管理研究"(项目批准号:13YJC880043)

主要研究成果

沈红 主编

高等教育管理研究系列丛书

中国高校本科专业设置与发展研究

（1952—2015）

廖茂忠 ◎ 著

中国社会科学出版社

图书在版编目（CIP）数据

中国高校本科专业设置与发展研究：1952~2015／廖茂忠著．—北京：中国社会科学出版社，2017.12

ISBN 978-7-5161-6896-7

Ⅰ.①中… Ⅱ.①廖… Ⅲ.①高等学校—专业设置—研究—中国 Ⅳ.①G649.28

中国版本图书馆 CIP 数据核字（2015）第 215870 号

出 版 人	赵剑英
责任编辑	赵　丽
责任校对	郝阳洋
责任印制	王　超

出　　版	中国社会科学出版社
社　　址	北京鼓楼西大街甲 158 号
邮　　编	100720
网　　址	http://www.csspw.cn
发 行 部	010-84083685
门 市 部	010-84029450
经　　销	新华书店及其他书店
印　　刷	北京明恒达印务有限公司
装　　订	廊坊市广阳区广增装订厂
版　　次	2017 年 12 月第 1 版
印　　次	2017 年 12 月第 1 次印刷
开　　本	710×1000　1/16
印　　张	18
字　　数	285 千字
定　　价	68.00 元

凡购买中国社会科学出版社图书，如有质量问题请与本社营销中心联系调换
电话：010-84083683
版权所有　侵权必究

总　序

几年前，华中科技大学出版社出版了两套我主编的丛书，分别是《21世纪高等教育管理研究丛书》和《21世纪教育经济研究丛书·学生贷款专题》。从这两套丛书的撰写、编辑、出版、发行的全过程中我领悟到，将同一研究领域（如"学术职业研究"），甚至是同一研究主题（如"大学教师发展"）的，由同一导师指导的多部博士学位论文集结起来，在高水平的学术出版社出版，至少有如下几大好处。第一，导师在为后续博士生选择研究方向和学位论文主题的过程中，除了重视博士生本人的研究兴趣和导师的科研项目之外，也会重视团队研究的持续效应，无论是博士生还是博士生导师，都希望在宽阔的研究平台上，团队可"攥紧拳头"、持续发展。第二，"新科"博士会具有良好但辛苦的学术职业起步期，学位论文答辩通过后的博士生不能有丝毫懈怠，马上进入论文改写、提升为专著的阶段，以专著作为学术职业的"敲门砖"，使第一步走稳走实。第三，团队整体和博士个体的学术影响力迅速增强。作为成套丛书，在出版社的学术声望上、在图书的出版质量和发行市场的影响力上，"丛书"比"单书"的份量更重。

我本人具有在华中科技大学跨学科求学的经历。本科专业是"77级"的机械制造工艺及设备自动化，获工学学士；硕士专业是高等教育管理，获教育学硕士；博士专业是管理科学与工程，获工学博士（1997年的"管理学"尚未从"工学"中分离）。我于1999年晋升为教授，2000年开始以博士生导师的身份独立招收博士研究生，到今年已有17个年头，共培养出各种类型的博士54人：从学术学位和专业学位分类来看，有哲学博士52人和专业博士2人；从学位和学历来看，有双证博士40人和单证博士14人；从国别来源看，有中国博士52人和非洲博士 2 人。由于我本人的知识结构和教学科研岗位跨两个学科，我在高等教育学专业、教育经济与管理专业招收博士生，这 54 个博士获得的学位在学科分类上分属于教育学和管理学，各约一半。跨在"高等教育学"和"教育经济与管理"这两个专业之间的是"高等教育经济与管理"。笔者指导的所有当前博士生（学术型 13 人，专业型 10 人，来华留学博士生 3 人）和已毕业的博士 54 人就是研究"高等教育经济与财政"和"高等教育与高等学校管理"的。在"高等教育经济与财政"领域，我们研究了高等学校学费及标准与支付、学费弹性问题，高校贫困生判定及资助、学业进步问题，高等教育学生贷款及贷出与回收问题，高校学生资助的财政效应、社会效应、政策效应与育人效应问题；我们还研究了地方政府在高等教育上的支出责任与财力保障间的匹配问题，生均培养成本与高校校均规模的适应问题，大学科研直接成本与间接成本问题，当代中国在校大学生的支出与消费问题，当代中国的文凭效应和"过度教育"以及大学生就业问题，等等。在"高等教育与高等学校管理"领域，我们研究了学术职业发展的内在逻辑和外在竞争力问题，当代学术职业人的学术成就与下一代学术职业接班人的培养问题（如博士生培养和博士生资助），还有学术职业发展的多国比较问题；我们还研究了大学教师的入职、流动、晋升、薪酬、评价以及发展目标问题；研究了高等学校分类发展的理论、实践及分类方法问题；研究了高等学校中的教学与科研的关系、管理与治理的关系、师与生参与大学治理的问题，等等。

很幸运地得到中国社会科学出版社的大力支持。我主编的《高等教育财政研究系列丛书》已基本出齐。《大学教师发展研究系列丛书》、《高等学校治理研究系列丛书》正在紧锣密鼓地准备之中。今天呈现在广大读者面前的是我主编的《高等教育管理研究系列丛书》中的一本。该丛书，由我指导的博士学位论文修改而成的专著、笔者为合作导师指导的博士后出站报告修改提升的专著、笔者指导的博士毕业后承担的重要科研项目结题报告修改升华的专著所构成。简单而言，这些书的作者都与笔者有着某种重要的学术联系或称之为"师生关系"。集结于本套丛书的多本专著，无论是哪种来源类型，都具有两个共性：一是原创性研究，二是主题都处在高等教育管理的范畴。

本套由中国社会科学出版社出版的《高等教育管理研究系列丛书》是经我认真挑选的、各位作者在其原创研究基础上精心改写、再次获得提高和更新的专著。今天，由我作为丛书主编来集结出版，是我专心指导博士生17年来的一大幸事，我当然要用心、用情来撰写此"总序"。我想借此机会，感谢我曾经指导的这54位已答辩、已毕业的博士们。作为导师，我感谢你们，正是因为你们的优秀、勤奋和创新给了我学术研究巨大的压力和动力，促使我永不停步！作为朋友，我感谢你们，正是因为你们时常的问候和关注、你们把"过去的"导师时时挂在心中的情感，给我的生活以超于常人的丰富意义！我虽然永远达不到"桃李满天下"，但毕竟有你们这些"桃子"和"李子"在各地散发的芬芳！我真真切切地为你们的每一点进步、每一寸成长而骄傲、而自豪！

　　我衷心感谢本套丛书中的每一位作者！感谢为我们的研究提供极好学术环境和工作条件的华中科技大学和华中科技大学教育科学研究院！感谢中国社会科学出版社给予的大力支持和每位责任编辑的辛勤工作！最后要感谢阅读我们的成果、理解我们追求的每一位读者！

2016年6月6日

目 录

第一章　我国高校本科专业设置发展变迁 …………………………………（1）
　　一　1952 年开始普遍设置专业 ……………………………………………（1）
　　二　1953—1963 年专业设置与调整 ………………………………………（2）
　　三　"文化大革命"时期的专业设置与调整 ………………………………（7）
　　四　1978—1988 年专业设置与调整 ………………………………………（8）
　　五　1989—1993 年专业设置与调整 ………………………………………（17）
　　六　1994—1998 年专业设置与调整 ………………………………………（19）
　　七　1999—2012 年专业设置与调整 ………………………………………（19）

第二章　1994—2015 年高校专业设置发展 …………………………………（21）
　　一　高校专业设置基本状况 ………………………………………………（21）
　　二　分门类专业布点状况 …………………………………………………（23）
　　三　分专业类专业布点状况 ………………………………………………（34）
　　四　具体专业布点状况 ……………………………………………………（48）
　　五　发展最快的新专业和布点最多的专业 ………………………………（72）

第三章　第三次全国高校专业调整后典型年度的专业设置 …………（76）
　　一　1994 年度全国高校专业设置状况 ……………………………………（76）
　　二　1998 年度全国高校专业设置状况 ……………………………………（82）

第四章　第四次全国高校专业调整后典型年度的专业设置 …………（90）
　　一　1999 年度全国高校专业设置状况 ……………………………………（90）
　　二　2003 年度全国高校专业设置状况 ……………………………………（98）

三　2006年度全国高校专业设置状况 …………………………（107）
　　四　2009年度全国高校专业设置状况 …………………………（118）
　　五　2012年度全国高校专业设置状况 …………………………（128）

第五章　第五次全国高校专业调整后典型年度的专业设置 ………（140）
　　一　2013年度全国高校专业设置状况 …………………………（140）
　　二　2015年度全国高校专业设置状况 …………………………（151）

第六章　综合大学本科专业设置发展 ……………………………（160）
　　一　1994—2015年度综合大学专业设置基本状况 ……………（160）
　　二　1994—2015年度综合大学分门类专业布点 ………………（162）
　　三　1994—2015年度综合大学分专业类专业布点 ……………（173）
　　四　1994—2015年度综合大学具体专业布点 …………………（183）

第七章　理工院校本科专业设置发展 ……………………………（210）
　　一　1994—2015年度理工院校专业设置基本状况 ……………（210）
　　二　1994—2015年度理工院校分门类专业布点 ………………（212）
　　三　1994—2015年度理工院校分专业类专业布点 ……………（223）
　　四　1994—2015年度理工院校具体专业布点 …………………（248）

参考文献 ……………………………………………………………（277）

第一章　我国高校本科专业设置发展变迁

新中国成立后至今，我国高等学校本科专业目录进行了五次修订工作。高校本科专业的设置则随着专业目录的修订在发展变迁①。

一　1952年开始普遍设置专业

新中国成立前，我国高校按学科招生，按学科培养人才，不设专业。专业设置始于1952年。新中国成立后，我国确定了高等教育发展的基本方向。高等教育应该以理论与实际一致的方法，培养具有高度文化水平的、掌握现代科学和技术成果的、全心全意为人民服务的、高级的国家建设人才。为贯彻此方针，高等教育内容、制度、方法等各方面，都必须密切地配合国家的经济、政法、国防和文化的建设，必须很好地适应国家建设的需要，首先适应经济建设的需要。

旧中国时期的高等学校，只有院、系，不设专业，有计划地按专业培养人才是从1952年开始。当时，参照苏联高等学校制度，取消大学中学院这一级，调整出工、农、医、师范、政法、财经等系科，或建立独立学院，或将这些系科合并到原有的同类学院中去。然后，根据国家建设人才的需要，结合各校师资设备等条件，在高等学校中设置专业。1953年初，全国高校共设置专业215种，其中工科107种、理科16种、文科19种、农科16种、林科5种、医科4种、师范21种、财政13种、政法2种、体育1种、艺术11种。

---

① 本书所有的数据未包括我国的台湾省、香港和澳门特别行政区。

二 1953—1963 年专业设置与调整

1963 年，国家第一次统一制定了高等学校专业目录，该目录共设置 510 种专业。这个目录的实施，适应了当时社会经济、科技、文化发展的需要，培养了大批国家急需的高级专门人才，为以后制定专业目录奠定了基础。

（一）1953—1963 年专业调整基本状况

1953 年，我国在普遍设置专业的基础上，开始着手进行高等学校的专业调整。专业调整的原则是，根据中央指示：高等教育建设必须符合社会主义建设及国防建设的要求，必须和国民经济发展计划相配合；学校的设置分布应避免过分集中，学校的发展规模一般不宜过大；高等工业学校应逐步地和工业基地相结合。经过调整，到 1957 年，全国高等院校有 323 种专业，其中工科 183 种、理科 21 种、农科 18 种、林科 9 种、医科 7 种、师范 21 种、文科 26 种、财经 12 种、政法 2 种、体育 2 种、艺术 22 种。调整后，文科、政法、财经各专业所占的比重急剧下降。1947 年法商科在校生比例为 47.6%，1952 年降到 22.5%，1957 年又降到 9.6%。

1958 年以后，教育事业管理权力下放，高等学校的专业设置缺乏必要的统一安排，导致了新的专业增加过多、过急，原有的专业变动过多、过大；有些专业分得过窄，专业名称变动频繁；有些专业的名称相同而培养目标不同，也有些专业的名称不同而培养目标相同，专业设置产生了一定混乱。这削弱了国家培养干部工作的计划性，影响了教学质量的提高，也增加了毕业生分配工作的困难。为此，国家计划委员会和教育部共同修订高等学校的专业目录。这次专业目录修订工作以 1957 年的专业目录为基础，总结了 1958 年以来高校专业设置与调整的经验。

1963 年 9 月国务院批转国家计划委员会、教育部《关于修订〈高等学校通用专业目录〉和〈高等学校绝密、机密专业目录〉的报告》。该报告确定的高等学校专业目录，是高等学校为国家培养各种专门人才的分类目录，也是高等学校专业设置的重要依据。本次修订的"高等学校通用专业目录"共列有本科专业 432 种（含试办专业），其中工科 164 种、农科 26 种、林科 12 种、医科 10 种、师范 17 种、文科 53 种、理科 36 种、财经 10 种、政法 2 种、体育 7 种、艺术 36 种，另列试办专业 59 种。

经过这次专业目录修订，高等学校的专业设置逐渐规范。1965 年全国高等学校共设有专业 601 种、2833 个布点。其中工科 315 种、1176 个布点；理科 55 种、260 个布点；农科 37 种、248 个布点；林科 13 种、49 个布点；医科 11 种、133 个布点；师范 30 种、420 个布点；文科 72 种、303 个布点；财经 21 种、91 个布点；政法 1 种、8 个布点；体育 6 种、20 个布点；艺术 40 种、125 个布点。经过调整，文科学生的比例有所上升，1965 年为 10.7%。

（二）理科教育的专业设置发展

院系调整初期，理科专业一般由各校自行设置。当时全国 13 所综合大学有 18 种专业，分别是数学、物理学、天文学、力学、无机化学、有机化学、分析化学、物理化学、胶体化学、动物学、植物学、人体及动物生理学、植物生理学、地理学、自然地理学、气象学、气候学、物理海洋学。

1953 年 9 月，原高等教育部召开了第一次全国综合性大学会议。会议提出了理科专业设置的基本原则，依照国家建设对各种人才缓急和各校所在地区的特点，结合各校的具体条件，兼顾需要与可能，并尽可能发挥潜力，积极创造条件，以求满足国家迫切需要；同时根据各校发展方向与地区特点，从全国范围出发，进行适当的分工。经过 10 年的实践，到 1962 年 6 月召开的全国高等学校理科教学工作会议上，比较完整地提出了综合大学理科专业设置新的基本原则，综合大学理科的专业设置应当根据国家的需要和学科发展的情况来决定。专业范围应当宽一些，一般应当按基础学科设置专业；对于某些新发展的学科，如计算数学、原子核物理等，只宜在少数学校设专业，在多数学校设专门组。专门组的范围也应该根据学科分支来划分，不宜搞得太窄，更不宜按科学研究方向来设置专业或专门组。根据此原则，把当时的 40 种专业调整为 33 种，149 个专门组调整为 76 个，并增加 6 个属于薄弱或空白学科的专门组。

(三) 工业教育的专业设置发展

我国高等工业学校的专业设置，是为适应我国国民经济和科学技术发展的需要而建立发展起来的。1952年，随着高等学校院系调整和教学改革工作的开展，高等工业学校开始设置专业，有计划、按比例地培养我国社会主义工业建设所需要的各种高级工程技术人才。当时参照苏联高等工业学校的专业目录，我国工科教育的专业目录分为14个类别，分别是地质、矿业、动力、冶金、机械、电机和电气仪器、无线电技术、化工、粮食仪器、轻工、测绘水文、土木建筑工程、运输、通信和军工。1954年，高校工科本科专业137种。之后，少数学校设置了原子能、自动化、计算机等新技术专业。至1957年，工科本科专业发展到183种。到1958年开始的"大跃进"，高等工业学校数十倍地增长，工科专业设置数量急剧增加。当时专业设置的特点是：第一，专业划分越来越细，业务范围越来越窄；第二，超越实际可能，不顾条件，盲目设置，许多新建专业有名无实；第三，建立了一些新技术专业、理科专业，部分专业尚能基本适应我国科学技术发展的需要。

1961年以后，根据党和政府提出的"调整、巩固、充实、提高"的方针，教育部召开了全国重点高等学校工作会议，研究高教事业的调整工作。会议提出了对重点高等学校专业调整的原则是，明确学校的重点发展方向，合理安排，保证重点，各专业的业务范围适当放宽；国防和尖端专业的设置，必须全国一盘棋；一所高校的专业数不宜过多，每种专业的学生人数不宜过少，对中央业务部门主管的其他高等工业学校，要求所设专业主要是适应本部门对培养技术干部的需要，同时兼顾其他部门和地方的需要；同一部门主管的学校，在专业上应该互相配合，适当分工，避免不必要的重复，各省、市、自治区主管的高等工业学校，应以设置机械、动力、化工、轻工、土木、水利等类中的通用专业，特别是与农业四化有关的专业为主，一般不设国防方面的专业，以及地质、矿冶、铁道、邮电类专业；中央各业务部门未做专门安排的，一般也不宜设置。这样，经过了几年的工作，高等工业学校所设专业的名称逐步统一，对各专业的业务范围和布点进行了适当调整。

根据"宽窄并存，以宽为主"的原则，经国务院于1963年9月批转的国家计委、教育部修订的《高等学校通用专业目录》中，工科通用专业164种，试办专业43种，国防军工类专业78种，共计285种。

（四）农业教育的专业设置发展

新中国成立前，我国高等农业院校没有统一的专业分类，由各校自行设置。到新中国成立初期，全国原有的17所高等农业院校共设有182个系科。

1952年，教育部召开全国农学院院长会议，拟订了农林院校调整方案和专业设置草案，下达试行。规定除同一省市系科设置重叠的院校应予以调整、合并外，一般院校都应该保留、整顿，根据实事求是的精神，本着实际需要，设置各种专业。到1954年调整工作结束时，原有及新建院校由17所增加为28所，而专业布点由182个减少为124个。

1957年下半年，高等农业院校领导关系移交农业部负责。1959年，农业部发布了《关于进一步办好高等农业学校的几个重要问题的报告》。有关学校专业设置问题，该报告提出，应根据国家需要及各省、市、自治区农业生产特点，统筹安排，逐步配套，并形成以下指导性的意见。第一，各省、市、自治区的重点学校，应该使所设专业逐步完备起来。在农业比重大的地区，应该普遍设置农学、畜牧、农业机械化、果树蔬菜等专业。在牧业比重大的地区，应该普遍设置畜牧、兽医、农学、牧草与草原等专业。不论农区、牧区，都应创造条件，在重点学校逐步设置农业经济、土壤、农业化学、植物保护等专业。今后农业经济与组织专业，除招收高中毕业生以外，同时招收人民公社具有初中程度的干部，为人民公社培养经营管理人才。第二，各省、市、自治区都有需要，但所需干部数量不太多的专业，如农区兽医专业，应该分别按大协作区设置；农田水利、农业气象、农业机械设计制造等专业，则应由中央农业部统一安排，选择有利条件的学校设立。第三，蚕桑、茶叶、亚热带作物等专业，只在重要特产区选择有条件的学校设置。由于我国蚕桑、茶叶历史悠久，面广量大，可以设立独立的院校。第四，为农业院校培养基础理论课师资及尖端学科的专业，如农业物理、农业动物生理生化、农业植物生理生化、农业微生物、农业化学等专业，由中央农业部统一安排在全国重点学校设置。第五，各省、专区所设农业专科学校，经过整顿，专业设立，在农区一般设置农学专业，专业方面可以包括果树、蔬菜、植物保护、土坡、农业化学等方面的内容。有条件的学校可根据需要设置畜牧专业。在牧区，一般可普遍设置畜牧、农学专业。

经过调整，到1962年底，全国高等农业院校有专业48种，布点367个。1965年，进一步调整为专业33种，布点219个。其中设置较普遍或较重要的专业有25个，分别是农学、果树蔬菜、果树、蔬菜、蚕桑、茶叶、作物遗传及良种繁育、植物保护、土地规划、土坡及农业化学、农业植物生理生化、农业微生物、农业物理、农业气象、农田水利、农业经济、畜牧、兽医、草原、中兽医、特种经济动物、农业动物生理生化、农业生产机械化、农业机械设计制造、农业电气化。

（五）林业教育的专业设置发展

1952年院系调整以后，学习苏联经验，在各林业院校（系）中主要设置了林业、造林、森林经营专业。

（六）医药教育的专业设置发展

1952年全国高等学校院系调整后，我国的高等医药教育一直是按专业培养各种专门人才。1955年院系调整结束时，全国高等医药院校设有医学、卫生学、儿科医学、口腔医学和药学5种专业。1956年增设了中医专业，达到6种。1963年第一次全国高等学校专业目录修订时，医学类本科专业发展到10种，增加了中药、药物化学、护理、医学检验专业。

（七）师范教育的专业设置发展

1952年，经过高等学校院系调整，我国的高等师范学校是独立设置的，并根据中等教育的需要进行了系科调整。到1957年，全国高等师范学校有58所，设置的专业有21种。

1961年，高等学校贯彻执行调整、巩固、充实、提高的方针，在调整高等师范学校的同时，专业设置也有所调整。1963年，教育部修订了《高等学校通用专业目录》。其中师范部分规定，高等师范学校设置17种专业，即汉语言文学、中国少数民族语言文学、俄语、英语、历史学、政治教育、学校教育、学前教育、心理学、数学、物理学、化学、生物学、地理学、体育、音乐、美术。

(八) 财经教育专业设置调整

1954年3月，高等教育部召开了全国财经教育会议。会议认为，为了改变专业设置中的无计划现象，财经院校专业设置应根据国家社会主义工业化和社会主义改造对各种经济专门人才需要的轻重缓急和地区的特点，结合各校的具体条件，从全国范围出发，有计划有重点地设置。专业设置的具体原则如下：第一，财经院校与综合大学经济系在专业设置上应有所分工。综合大学经济系一般设政治经济学专业。设有财经学院的地区的综合大学经济系，可根据地区需要和原有基础，适当设置其他财经专业。财经院校应郑重培养各种财经管理人才，以适应财经业务部门及厂矿企业的需要。急迫而大量需要人才的专业，如工业经济、统计、会计、国民经济计划等专业，各财经学院均应普遍设置。第二，对于需要设置但目前尚未设置的专业，应积极创造条件，争取设置。第三，目前及今后一定时期招生任务不大而又设置较多的专业，除个别学校保留外，其他学校拟暂停招生，担负训练干部的任务。第四，为使学生能掌握更专业的知识，有些专业应根据实际需要及师资条件，在专业课的基础上重点地适应分设"专门化"。

(九) 体育教育的专业设置发展

1957年以前，体育学院建院初期，只设有本科和专科，只有1个体育专业。1957年开始，北京体育学院分设了体育系和运动系。1958年以后，随着体育事业发展的需要，曾一度按体育项目和个别学科设置了田径、体操、球类、水冰、重竞技、体育理论、运动保健等系，并分设了若干专业。如球类系下设有篮球、排球、足球专业，体育理论系下设有运动生理学、运动解剖学、运动保健学专业。

三 "文化大革命"时期的专业设置与调整

"文化大革命"期间高等院校停办了大批专业，很多理科专业被取消，或者"理向工靠"。许多为各行各业培养通用人才的工科专业变成为某一行业甚至为某一个产品服务的很窄的专业,工科院校中的一些偏理科的专业,有的被取消,有的名存实亡。文科专业更是被大砍大并,搞所谓"三合一""五合一",有的把经济、哲学、历史三系合并为政法学专业,把经济、法律、历史、马列主义教研室合并到哲学系,高校专业设置混乱不堪。

四 1978—1988 年专业设置与调整

从 1982 年开始,国家第二次组织了对普通高等学校专业目录的全面修订,从根本上解决十年动乱所造成的专业混乱局面,专业种数由原来的 1343 种减少到 671 种。

(一) 1978—1987 年专业调整基本状况

1978 年,教育部成立高等学校专业调整办公室,组织领导高等学校专业调整工作。自此开始了新一轮的高等学校本科专业调整工作。

1978 年 4 月教育部发布《关于做好高等学校专业设置与改造工作的意见》,提出新时期专业设置与改革的三个主要原则。第一,根据我国国民经济发展规划和科学、教育事业发展规划,正确处理好需要与可能,普及与提高,重点与改革,当前与长远,数量与质量,学科与产品、工艺等的关系。专业划分不宜过窄,专业设置力求稳定,努力体现专业的先进性和适应性。第二,专业设置与改造要全面规划,统筹安排,要贯彻自力更生、勤俭办一切事业的方针,充分挖掘潜力,有领导、有计划、有步骤、有重点地进行,力求多快好省。第三,专业设置与改革是一项深入细致、艰巨复杂的工作,要积极慎重。凡一时看不准的,要调查研究,慎重对待。凡急需新增设的专业,要有计划地布点,并要积极创造条件尽快办好。撤销、合并、调整专业要慎重。专业的增设、撤销、合并都要经过上一级的教育部门和学校主管部委审核并报教育部批准。

在此之后,教育部组织大批研究力量,分学科类别逐步修订原有的本科专业目录。1984—1987 年,陆续颁布了修订好的本科专业目录。具体如下:

1984 年正式颁布《高等学校工科本科专业目录》。该目录中,工科通用专业分 21 类 172 种，试办专业 32 种，共 204 种。

1986 年颁布《高等师范本科通用专业目录》。该目录包括 22 种高师本科通用专业，即：（1）学校教育；（2）学前教育；（3）特殊教育；（4）教育管理；（5）心理学；（6）现代化教育传播技术（电教）；（7）汉语言文学；（8）少数民族语言文学；（9）政治教育；（10）历史学；（11）英语；（12）俄语；（13）日语；（14）数学；（15）计算机科学；（16）物理学；（17）化学；（18）生物学；（19）地理学；（20）音乐；（21）美术；（22）体育专业。

1986 年颁布《普通高等学校农科、林科本科专业目录》。该专业目录中，共设专业 75 种（农科 55 种，林科 20 种），其中试办专业 16 种（农科 12 种，林科 4 种）。保留原专业名称的 38 种（农科 28 种，林科 10 种），约占 51%；拓宽专业面或调整专业内容后，更改名称的有 21 种（农科 17 种，林科 4 种），占 28%；新增设 16 种（农科 10 种，林科 6 种），约占 21%。在现设专业基础上，总共撤销合并了 34 种（农科 26 种，林科 8 种）。

1987 年颁布《全国普通高等学校医药本科专业目录》。该目录中，共设 9 类 57 种专业。其中，基础医学类专业 1 种，预防医学类专业 4 种，临床医学类专业 11 种，口腔医学类专业 2 种，中医学类专业 8 种，法医学类专业 2 种，药学类专业 11 种，管理类专业 2 种，应用文、理、工科类专业 6 种，试办专业 10 种。

1987 年颁布《普通高等学校理科本科基本专业及简介》。该目录将原有的 138 种理科专业调整归并为 14 类共 70 种。其中设有 15 个专门方向和 10 种试办专业。

1987 年颁布《普通高等学校社会科学本科专业目录》。该目录共设 12 类 214 种专业。

（二）理科教育的专业设置发展

1979 年教育部召开了教育部属综合大学理科专业调整会议。会议认为，当前积极慎重地进行高等学校专业调整工作，是必要的、适时的。粉碎"四人帮"后，不少学校和专家、教授就提出要尽快进行一次专业调整。现在随着全党工作着重点的转移和贯彻"调整、改革、整顿、提高"

八字方针，做好专业调整工作就显得更加迫切。高等学校专业设置也直接关系到学校规模的大小，招生计划的确定，教材的编写，教师队伍的建设，实验室的改造和充实，所以，尽快地把专业调整好，对稳定教学秩序、提高教学质量，开展科学研究，整顿和建设学校，都具有重要作用。会议提出以下要求：第一，专业设置和调整，要注意从我国的实际出发，并参考外国的经验，为我所用，发挥我们自己的特点和特色，走我们自己的道路。第二，专业设置和调整，应根据我国国民经济和文化、科学、教育事业发展的需要，结合学校的实际条件来决定。撤销、合并、调整、新设置专业都要十分慎重，不要大上大下。新设置专业必须首先考虑国家有无需要，同时要在师资、设备、教材等方面创造条件，一般可以先开展科学研究，积聚力量，条件具备了再上。有的可以先招研究生。反对"先上马后备鞍"的做法。对于撤销专业，要取慎重态度，一个专业要得到社会承认，是长期工作的结果。只有确实不符合国家需要或不利于学校发展的专业才应撤销。一时看不准的，暂予保留，做进一步调查研究。会上相互坦率地交流了这方面的情况和意见，大家感到是有帮助和启发的。第三，明确重点综合大学理科专业的培养目标，是做好专业调整的一个至关重要的问题。重点综合大学理科专业应培养德智体全面发展的自然科学的理论研究和科学实验人才。综合大学用培养科学人才的方法培养学生，学生毕业后即使不搞科学研究，也有较好的分析和研究问题的能力，适应性较强。理科毕业生可以到科学研究部门、高等学校，也可以去工农业部门和中等学校，从事科研或教学工作。由于科学技术的迅速发展和科研部门对人才需求的提高，重点综合大学理科还应逐步扩大培养研究生的比例。第四，重点综合大学理科要着重办好基础学科的专业，也可以有选择地办些应用学科、技术学科专业，互相配合，促进基础学科和边缘学科的发展。至于理科、纯工科类专业，要特别慎重。

1986年2月，国家教育委员会委托北京大学成立了理科专业目录研究小组，对理科专业设置的历史发展、现状和国外情况进行调查分析，提出了理科专业目录修订方案。

（三）工业教育的专业设置发展

党的十一届三中全会以来，高等学校拨乱反正，正本清源，进行了初步调整、整顿，有了恢复和发展。高等工业学校的专业设置，也不断地做了局部调整，而且根据国家建设的需要，增设了诸如系统工程、环境保护工程、信息工程、生物医学工程等新兴学科专业，增加了一些应用理科专业和管理工程专业点。通过修订教学计划，对老专业的专业方向、内容和侧重的方面，也做了适当调整。有的学校还试办了机械学、电气技术等专业，进行专业改造的试验。

到1982年，全国高等工业学校共设有696种专业，1970个专业点。如果合并那些专业内容明显相同而名称不一的专业，不计入应用理科、科技外语、工艺美术方面的专业，工科专业仍有500多种。总结30多年来专业设置的经验和教训，一方面，高等工业学校为了提高学生分析和解决实际问题的能力，较快地适应工作需要，在学习期间划分专业，进行必要的专业训练是有利的。这期间培养出来的大量高级工程技术人才，在我国社会主义建设事业中发挥了积极作用，许多人已成为各行各业的骨干。另一方面，高等工业的专业设置也存在着不少弊端。

1982年开始，教育部会同国务院有关部委，各省、自治区、直辖市高教主管部门和全国高等工业学校共同修订了专业目录，1984年4月审订会后的《高等学校工科本科专业目录》，将专业调整为255种（内含军工专业51种）。

工科专业的划分，应当从我国的实际情况出发，根据社会主义现代化建设的需要，适应现代科学技术发展的水平与趋向，符合高级工程科学技术人才培养和成长的规律，有利于提高教育质量。简言之，就是要把对于人才的社会需求与人才的培养规律正确地结合起来。具体来说，有以下四条原则：第一，工科专业主要按工程对象的范围划分，也可以按工程技术的学科划分；按工程对象的范围划分必须有明确的主干学科（主要学科基础）。第二，工科专业的业务范围，即服务的工程对象的范围，应当有比较宽的覆盖面（比较宽的口径）。第三，工科同一专业的名称必须统一，并力求准确地科学地反映专业的培养方向和业务范围。第四，工科专业的划分应当体现分层次、分类型的培养目标的不同要求，只适宜在研究生或专科生阶段培养的专业，不列入本科目录。以上四条原则是互相联系的，在修订专业目录的工作中，应当综合运用。

(四) 农业教育的专业设置发展

"文化大革命"后，高等农业院校在恢复调整初期，逐步恢复了原有专业，有的还新增加了一些专业，至1978年底，高等农业院校本科专业共有75种。但是学校专业还存在不少问题，如有的内容相同名称不同，有的专业面太窄，有的师资、设备条件等严重不足，无法保证教育质量等。

1979年2月，农业部召开了部分高等农业院校本科专业设置调整工作座谈会。会议提出了1979—1985年全国高等农业院校本科专业设置目录。（1）农学类17种：农学、作物遗传育种、果树、蔬菜、果树蔬菜、植物保护、土壤农化、农用药剂、农业气象、农业环境保护、茶叶、机械制茶、蚕桑、蚕学、家蚕育种、药用植物、农业经济管理。（2）牧医类7种：畜牧、兽医、中兽医、家禽及禽病防治、草原、经济动物、养蜂。（3）水产类1种：淡水养殖。（4）农机类6种：农牧业机械化、农牧业机械设计与制造、拖拉机设计与制造、内燃机设计与制造、农业机械修理与零部件制造、农业电气化。（5）林学及森工类8种：林业、森林保护、经济林木、林产化工、木材机械加工、林机修配设计、森林采伐运输机械化、治沙。（6）水利土木类8种：农田水利、农田水利工程、陆地水文、牧区水利、地下水利用、农村水力发电、机电排灌、水工建筑。（7）理科类4种：植物生理生化、农业微生物、农业生物物理、动物生理生化。同时，建议1979—1985年新设置专业16种：植物学、植物遗传学、农业化学、土坡学、植物病理学、农业昆虫学、动物遗传学、园林绿化、葡萄栽培与葡萄酒酿造、果蔬贮藏加工、农产品贮藏加工、畜产品贮藏加工、土地规划、农田排灌机械设计与制造、农业建筑工程、数学—应用数学或生物数学。新老专业合计67种。到1981年底，全国55所高等农业院校共设置专业55种。这比1978年的75种有所减少，但同1965年比，学校数增长36.49%，专业种数增长66.7%，专业布点增长78.5%。

1984年7月，教育部要求重新修订普通高等学校农科、林科本科专业目录。第一，这次修订专业目录的指导思想是：必须从我国的实际出发，以"三个面向"为指针，遵循教育的客观规律，适应农林生产建设发展、科技发展和经济体制改革的需要，有利于培养有理想、有道德、有文化、有纪律，热爱社会主义祖国和社会主义事业，具有艰苦奋斗的献身精神，能不断追求新知识，具有实事求是、独立思考、勇于创造的科学精神的高级农林科学技术人才和管理人才。第二，修订专业目录的原则是：应体现不同的教育层次和教育类型在业务培养规格上的不同要求，对于只适宜在研究生或专科生阶段培养的专业，不列入本科目录；农、林科专业可以按业务对象的范围划分，也可以按农林科学技术的学科划分。按业务对象的范围划分的专业，既要有明确的业务对象，还要有明确的一两个主干学科（主要学科基础）；专业的业务范围要比较宽，以增强学生参加工作后的适应能力和创造能力，凡业务范围过窄的专业，必须拓宽专业口径或与其他专业合并；坚持实事求是，贯彻改革的精神，把现实情况和长远需要结合起来，专业种类该增则增，该减则减。这四条原则是相互联系的，在修订专业目录的工作中，应当综合运用。第三，修订后的《普通高等学校农科、林科本科专业目录》由国家教育委员会于1986年7月1日正式颁布。修订后的专业目录中，共设专业75种（农科55种，林科20种），其中试办专业16种（农科12种，林科4种）。保留原专业名称的有38种（农科28种，林科10种），约占51%；拓宽专业面或调整专业内容后，更改名称的有21种（农科17种，林科4种），占28%；新增设16种（农科10种，林科6种），约占21%。在现设专业基础上，总共撤销合并了34种（农科26种，林科8种）。

1986年7月，国家教育委员会根据新颁布的专业目录，组织了对全国各普通高等农林学校现设的农科、林科本科专业名称进行整理。

（五）医科教育的专业设置发展

高等医药院校主要设有医学、卫生、口腔医学、儿科医学、药学、中医和中药7种通用专业。个别院校还办有临床检验、卫生检验、针灸和护理等专业。1981—1982学年度，全国高校医药院校共有专业点219个，其中医学专业92个，儿科专业10个，卫生专业24个，口腔专业18个，药学专业17个，中医专业33个，中药专业20个，针灸专业5个。现行学制医学专业一般为5年，少数为6年。医学专科学校为3年。卫生、口腔医学、儿科医学和中医专业均与医学专业相同，多数为5年，少数为6年。药学和中药专业为4年，少数为5年。

1986年，在国家教委主持下，委托卫生部、国家医药管理局、国家中医药管理局、全国法医学专业教育指导委员会以及部分高等医药院校共同组织全国普通高等学校医药本科专业目录修订工作。第一，这次专业目录修订工作的指导思想是：贯彻"教育必须为社会主义建设服务"和"教育要面向现代化、面向世界、面向未来"的战略思想，贯彻教育改革的方针，从中国的实际出发，走自己的道路，通过调整、改革，逐步完善医药本科教育的专业结构，为建立具有中国特色的社会主义高等医药教育体系服务。第二，专业目录修订工作的基本原则是：①以1986年全国高等学校所设本科专业为基础，坚持实事求是和专业面较宽的原则，进行必要的增减和调整。②专业设置以现实和长远的社会需求为依据，遵循医药教育规律，既符合我国卫生事业的实际需要，又适应世界医药科学发展的趋势。③专业划分以学科体系为基本，适当兼顾业务部门的工作需要。每一专业必须有自身的基础理论、主干学科和课程体系，专业方向和业务范围应明显有别于其他专业。④专业名称力求简练、准确、科学地反映该专业的培养目标、专业方向和业务范围。⑤确有社会需要，又有专业设置依据，但缺乏办学经验，或学术界尚有分歧意见的专业，可列为试办专业，有控制地在个别布点试办。第三，修订后的全国普通高等学校医药本科专业目录有57种专业。具体是，基础医学类专业1种；预防医学类专业4种；临床医学类专业11种；口腔医学类专业2种；中医学类专业8种；法医学类专业2种；药学类专业11种；管理类专业2种；应用文、理、工科类专业6种；试办专业10种。

（六）师范教育的专业设置发展

1978年以来，高等师范学校有很大发展，专业种类逐渐增多。除普遍设置与中学课程相适应的通用专业外，教育部属高等师范学校和一些基础较好的高等师范学校，根据国家建设和科学技术发展的需要增设了一些新的专业，如图书馆学、无线电电子学、生物化学、计算机科学、地貌、电化教育技术等专业。职业师范院校根据业务部门的实际需要设置专业，如技工师范学院设置机械制造和工业自动化等专业。规模较小的地方所属的师范院校，将学科性质相近的专业合并设置。据1981年统计，全国高等师范学校有186所，在校学生有32.2万人，设置的专业有37种，1443

个布点，其中本科 641 个点。1986 年制定了直接为基础教育培养师资的 22 个高师本科通用专业目录。这个专业目录对今后高师本科院校的专业设置、专业调整、组织教学、开展评估、进行人才预测、招生和毕业分配都有着重要的指导作用。

（七）文科教育的专业设置发展

自 1978 年以来，经过几年的发展，高校文科专业设置的状况，总的来说门类比较齐全了，基础学科专业得到恢复和发展；应用学科专业有了很大发展，特别是经济、管理、法学等专业大量增加；一些过去受到批判被取消的学科专业，如社会学、政治学等专业得到恢复和重建；同时设置了一批边缘学科专业，填补了一些空白专业。1985 年全国高校文科新增加 99 个专业点，1986 年增加 105 个专业点，共增加 204 个专业点。其中：财经管理专业点 88 个，政法专业点 12 个，文、史、哲、新闻、图书馆、档案等专业点共 69 个，教育、艺术、外语的专业点分别是 18 个、8 个和 9 个。这些变化反映了我国高等教育在学科专业上的蓬勃发展。特别是一些应用文科专业（如财经、政法、新闻、图书馆学、档案学等专业）发展迅速。全国高校财经专业点已由 1980 年的 248 个，发展到 1986 年底的 1698 个，增加 6.9 倍。社会学、政治学专业恢复也较快，1986 年全国有 8 所高等学校设有社会学专业，有 8 所高等学校设有政治学专业，其中北京大学有社会学博士授予权；北京大学、吉林大学有政治学博士授予权。

1978—1985 年，为适应社会主义现代化建设需要，新增设的专业有经济信息、对外贸易、国际经济、工商管理、审计学、保险学、经济法、国际经济法、行政管理、教育管理、博物馆学、对外汉语、人口学、人类学、伦理学、宗教学、犯罪学、电化教育等专业。如复旦大学近几年发展了一批以应用为主的新专业，如国际新闻、广播电视、编辑学、人口学、经济管理、法律学、经济法、国际经济法、世界经济、国际金融、政治学、思想政治教育和博物馆学等专业；学科设置由原来的 7 个系 11 种专业，增加到 10 个系 24 种专业，形成了包括文、史、哲、经、管、法等多种学科的文科结构。

1985 年全国综合大学和财经、政法、外语、艺术院校社会科学本科专业共设有专业 344 个。这些专业的设置，基本上适应了社会主义建设的需要，其主流是好的，但在发展中也出现了一些问题。为了建立适应社会主义现代化建设需要的高等学校社会科学本科专业教育体系，加强专业设置的宏观管理，国家教委于1985年9月开始组织修订普通高等学校社会科学本科专业目录。

(八) 财经教育的专业设置发展

1979年，教育部与财政部联合召开了全国财经教育会议。第一，会议提出了设置专业的原则：①专业设置要为四个现代化服务。当前我国财经科学的发展水平，远远落在工业先进国家之后，必须及时填补新兴专业和边缘学科的空白，对急需的专业要创造条件上马，否则越拖越落后。②专业面应尽量宽一些，适应性强一些，将专业基础搞得厚些。避免发生"学非所用""用非所学"以及毕业后"改行"等浪费人才的现象。③要按学科设专业、定名称，注意设置专业的科学性。④设置专业，既要考虑到各类财经院校的实际情况而有所侧重，又要照顾到各地区的经济特点，把财经院校办得各有所长、各有特点，不要一刀切，统得过死。⑤设置专业，要相对稳定，不要盲目建立，也不要随意下马。⑥目前在财经院校有不断增设工科专业的趋势。有学者认为，在财经院校设置这些专业，师资、设备条件都不够，很不经济，以在工科院校设置为宜。经济法专业，最好在综合大学或政法院校设置。第二，会议还拟定了《高等财经院校的专业目录（草案）》，由教育部于1979年9月24日下达参照试行。

(九) 外语教育的专业设置发展

1978年秋，教育部召开了全国外语教育座谈会，总结了新中国成立以来外语教育的经验教训，提出了今后一个时期外语教育的总要求和加强外语教育的8条意见。会议认为，新中国成立以来，外语人才的培养取得了很大成绩，但有缺点和错误，如20世纪50年代片面发展俄语，忽视英语和其他语种；一度取消中学外语课程，不重视公共外语等。当前外语教育的主要任务是要千方百计提高教学质量，为国家四化建设多做贡献。语种布局要有长远观点，在大力发展英语教育的同时，要适当注意其他语种。俄语教学不应中断，学习俄语的大中学生应保持一定比例。1981年外语专业有445个专业点，已招生的有18个语种，未招生的有15个语种。

(十) 体育教育的专业设置发展

直至1983年才确定全国体育专业设置为：体育、田径运动、体操、球类（分设篮球运动、排球运动、足球运动、乒乓球运动专门组）、游泳、武术，并试办运动保健专业。经过一个时期的实践，按体育项目设系，运动技术和成绩有所提高，却出现了专业分得过细、过窄，忽视基础理论、专业理论、基本知识和基本技能的教学和训练等缺点，不能适应社会需要。因此，体育学院不再按体育项目设系，只设体育系和运动系。体育系不分专业；运动系下按大的体育项目设专业，如球类系下一般分篮球、排球、足球等专业。多年来，体育学院的系科和专业设置一直没有稳定下来。直至1980年5月全国体育学院工作会议，根据当年度全国体育工作会议提出"积极创造条件，把体院（首先是几所老体院）逐步办成教学、训练、科研三结合的中心，既培养师资，又承担培养教练员、科研人员、体育干部的任务，出优秀运动员。要调整、改革系科、专业和学制"的精神，才确定体育学院的系科设置和专业设置。

五 1989—1993年专业设置与调整

为更好地适应我国社会和经济发展的需要，国家教委自1989年开始进行了第三次本科专业目录修订工作，历时四年，形成了体系完整、比较科学合理、统一规范的《普通高等学校本科专业目录》，并于1993年正式颁布实施。该专业目录分设哲学、经济学等十大门类，下设二级类71个，504种专业。

根据1993年1月12日国务院批转国家教委《关于加快改革和积极发展普通高等教育的意见》中提出的"教育行政管理部门要通过修订专业目录和专业设置条例等，加强对教学工作的宏观管理和指导"的要求，1993年，国家教委在前几年工作的基础上，加快了普通高等学校本科专业目录总体修订工作进程。

之前实行的本科专业目录，是1984年以来逐步由国家教委分科类先后制定并公布实施的。各科类的专业目录经过几次调整和修订，在一定程度上拓宽了专业口径，增强了适应性，对加强专业设置管理、提高办学水平起到了积极的作用。但是，由于认识和管理体制等方面的原因，专业划分过细，专业范围过窄，专业名称不尽科学、统一，门类之间专业重复设置，本科专业门类与学位授予门类不相一致等问题，未能很好解决。特别是随着我国社会主义市场经济体制的逐步建立和现代化建设事业的发展，有关部门和高等学校提出了一些应用性专业设置问题，需要统一研究。为了进一步解决存在的问题，及早制定一个体系完整、统一规范、比较科学合理的本科专业目录，国家教委于1989年开始着手进行各科类专业新一轮的总体修订工作，至1993年全部完成。

1993年7月正式印发了修订后的《普通高等学校本科专业目录》并开始实施。与以往不同的是，这次颁布的本科专业目录包括高等教育本科各类专业。《专业目录》规定了专业划分、名称及所属门类，反映培养人才的业务规格和工作方向，是设置、调整专业，培养高级专门人才，授予学位，安排招生、指导毕业生就业，进行教育统计和人才预测等工作的重要依据。

修订后的《专业目录》其门类与国务院学位委员会、国家教委联衔颁布的《授予博士、硕士学位和培养研究生的学科、专业目录》的门类基本一致。在前几次修订工作的基础上，进一步拓宽了专业口径和业务范围，调整归并了一批专业，充实扩大了专业内涵。同时根据社会对专业人才的需要和某些门类、专业实力、教学现状，保留了部分专业范围较窄的专业，增设了少数应用性专业。经过修订，专业种数比修订前有了较大幅度减少。

该《专业目录》（1993年）分设哲学、经济学、法学、教育学、文学、历史学、理学、工学、农学、医学十大门类，下设二级类71个，504种专业，比修订前的专业数减少309种。其中哲学门类下设二级类2个，9种专业；经济学门类下设二级类2个，31种专业；法学门类下设二级类4个，19种专业；教育学门类下设二级类3个，13种专业；文学门类下设二级类4个，106种专业；历史学门类下设二级类2个，13种专业；理学门类下设二级类16个，55种专业；工学门类下设二级类7个，181种专业；农学门类下设二级类7个，40种专业；医学门类下设二级类9个，37种专业。此外，该专业目标中列出跨学科门类专业56种。

六 1994—1998 年专业设置与调整

1993 年颁布实施的专业目录对引导高等学校拓宽专业口径，增强适应性，加强专业建设和管理，提高办学水平和人才培养质量，起到了积极作用。但由于历史和现实的原因，专业划分过细、专业范围过窄，有的名称欠科学、不规范，门类之间专业设置重复等问题尚未从根本上得到解决。随着我国社会主义市场经济体制的建立和完善，现代社会、经济、科技、文化的发展和世界高等教育的发展，对我国高等教育人才培养提出了更高的要求，调整和改革专业设置已成为 20 世纪末一项紧迫而重要的任务。因此，国家教委于 1997 年 4 月开始对现行普通高等学校本科专业目录进行全面修订，并于 1998 年正式实施新修订的《普通高等学校本科专业目录》。

《普通高等学校本科专业目录》（1998 年颁布）的门类与国务院学位委员会、国家教委 1997 年颁布的《授予博士、硕士学位和培养研究生的学科、专业目录》的门类相一致。分设哲学、经济学、法学、教育学、文学、历史学、理学、工学、农学、医学、管理学 11 个门类（无军事学）。下设二级类 71 个，249 种专业。与原目录比较，增加了管理学门类，二级类也做了较大调整，专业种数由 504 种减少至 249 种，调减幅度为 50.6%。本目录覆盖了原目录外专业 74 种。本目录哲学门类下设二级类 1 个，3 种专业；经济学门类下设二级类 1 个，4 种专业；法学门类下设二级类 5 个，12 种专业；教育学门类下设二级类 2 个，9 种专业；文学门类下设二级类 4 个，66 种专业；历史学门类下设二级类 1 个，5 种专业；理学门类下设二级类 16 个，30 种专业；工学门类下设二级类 21 个，70 种专业；农学门类下设二级类 7 个，16 种专业；医学门类下设二级类 8 个，16 种专业；管理学门类下设二级类 5 个，18 种专业。

七 1999—2012 年专业设置与调整

2010 年 12 月 6 日，教育部发布了《关于进行普通高等学校本科专业目录修订工作的通知》。该通知指出，1998 年印发实施的《普通高等学校本科专业目录》，改变了过去过分强调"专业对口"的本科教育观念，确立了知识、能力、素质全面发展的人才观，对引导高等学校拓宽专业口径，增强适应性，加强专业建设和管理，提高办学水平和人才培养质量，发挥了积极作用。

进入 21 世纪以来，我国经济社会快速发展，科技进步日新月异，高等教育实现历史性跨越。社会环境和高等教育自身发生的巨大变化都对本科专业设置提出了新要求。现行本科专业目录已不能很好地适应经济社会发展和社会需求的变化，不能很好地满足高校多类型、人才培养多规格的需要，存在着与培养研究生的学科专业划分不够一致、新兴学科和交叉学科专业设置困难等问题。为落实《国家中长期教育改革和发展规划纲要（2010—2020 年）》提出的要适应国家和区域经济社会发展需要，建立动态调整机制，不断优化学科专业结构的要求，全面修订我国高等学校本科专业目录，已经成为十分重要而紧迫的任务。

2012 年 9 月正式颁布新修订的《普通高等学校本科专业目录》（2012 年）和《普通高等学校本科专业设置管理规定》。《普通高等学校本科专业目录》（2012 年）中，学科门类由原有的 11 个增加到 12 个，新增了艺术学门类；专业门类由原来的 73 个增加到 92 个；专业总数则由 635 种减少到 506 种，调整了部分专业的所属学科，整合、拆分、撤销、新增、更名了一批专业，使其尽可能与研究生专业目录一致。在专业设置上，新版《目录》最大的特点是将专业划分为 352 种基本专业和 154 种特设专业。基本专业是学科基础比较成熟、社会需求相对稳定、布点数量相对较多、继承性较好的专业；特设专业是针对不同高校的办学特色，或适应近年来人才培养特殊需求设置的专业。

第二章 1994—2015年高校专业设置发展

随着本科专业目录的修订,高校本科专业设置也经历了五次较大规模的调整。本书着重讨论第三次专业调整以来的高校本科专业设置发展的状况。

一 高校专业设置基本状况

1994—2015年度,我国普通本科院校的专业设置发展迅速,专业布点有了很大增加,如图2.1所示。

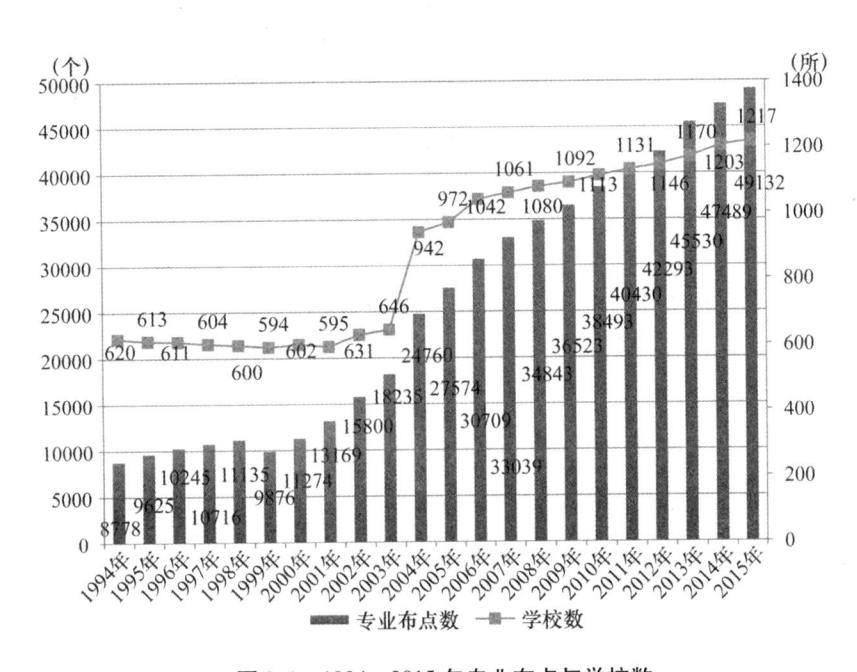

图 2.1 1994—2015年专业布点与学校数

1994—2015 年度，普通本科院校及其本科专业布点都呈快速增长趋势。1994 年度全国普通本科院校 620 所，本科专业布点 8778 个，校平均设置 14.16 个本科专业。2015 年度全国普通本科院校 1217 所①，本科专业布点 49132 个，校平均设置 40.37 个专业。2015 年度的普通本科院校数是 1994 年度的 1.96 倍，专业布点是 1994 年度的 5.60 倍。

1994—2015 年度，全国高校本科专业平均规模在持续扩大，如图 2.2 所示。1994 年度，全国高校平均设置 14.16 个专业；2001 年度，平均设置 22.13 个专业；2007 年度，平均设置 31.14 个专业；2015 年度，校均本科专业增长到了 40.37 个。2015 年度校均专业规模比 1994 年度增加了 185.10%。

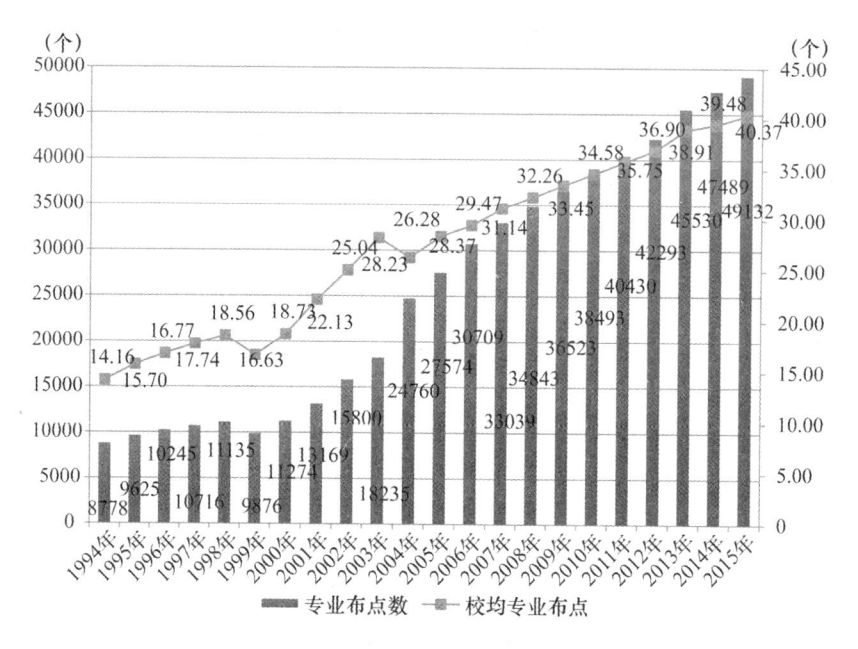

图 2.2 1994—2015 年专业布点与校均专业布点

随着国家专业目录的调整，专业布点的变化有较大起伏，如图 2.3 所示。1994—1998 年度，高校专业布点一直都在增加；1998—1999 年度则

---

① 含独立学院。

减少。2000—2007年度，专业布点一直持续较高比例增长。特别是，2002年度增加了19.98%，2004年度增加了35.78%。此后，高校专业布点增加的速度开始逐渐平缓，特别是2014年来专业布点增加的比例都低于5%。总体而言，高校专业布点仍在持续增加。

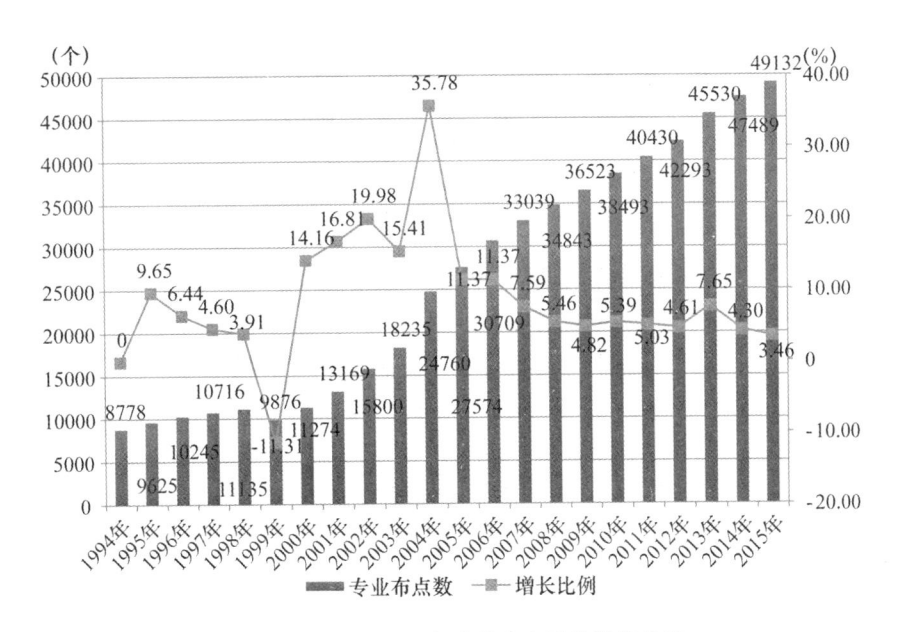

图2.3 1994—2015年专业布点及其增长趋势

二 分门类专业布点状况

(一) 1994—1998年度分门类专业布点

1994—1998年度，全国高校本科专业分属哲学、经济学、法学、教育学、文学、历史学、理学、工学、农学和医学十大门类，各个门类专业布点很不平衡，如图2.4—图2.8所示。

1994—1998年度，专业布点主要集中在工学、理学、经济学和文学四个门类。这四个门类专业布点各自占当年度总布点的比例均超过10%。以1998年度为例，这四个门类专业布点占高校专业布点总数的79.66%。可见，全国高校专业门类大部分都集中在这四个门类。其中专业布点最多的是工学门类，1994年度该门类专业布点占高校专业布点的43.04%，

1998年度所占比例达到41.07%。这表明，1994—1998年度我国高校的本科专业以工科门类为主。

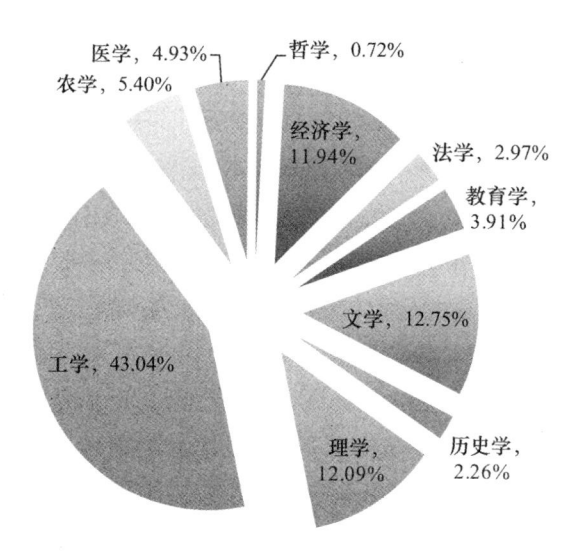

图2.4 1994年度各门类专业布点分布比例

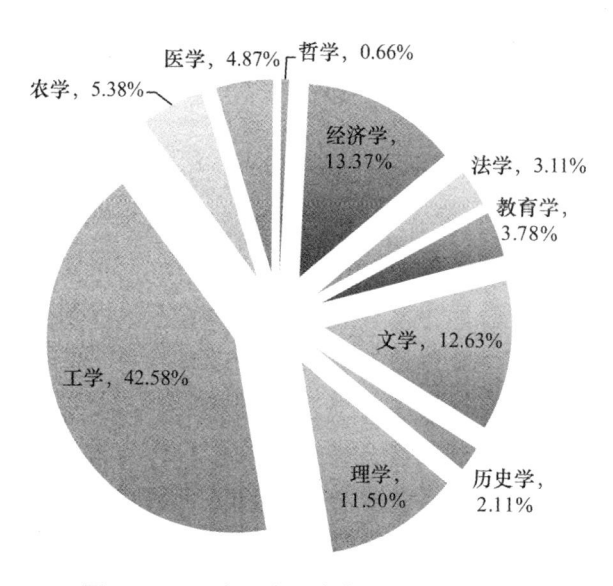

医学，4.93%
哲学，0.72%
农学，5.40%
经济学，11.94%
法学，2.97%
教育学，3.91%
文学，12.75%
工学，43.04%
理学，12.09%
历史学，2.26%

图2.5 1995年度各门类专业布点分布比例

医学，4.87%
哲学，0.66%
农学，5.38%
经济学，13.37%
法学，3.11%
教育学，3.78%
文学，12.63%
工学，42.58%
理学，11.50%
历史学，2.11%

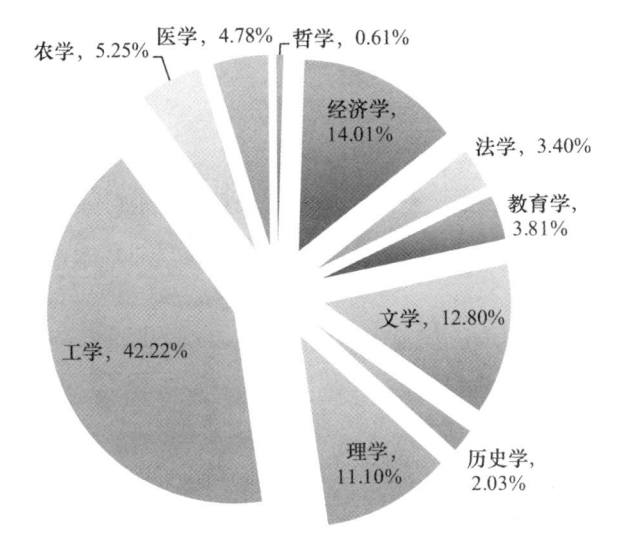

图 2.6　1996 年度各门类专业布点分布比例

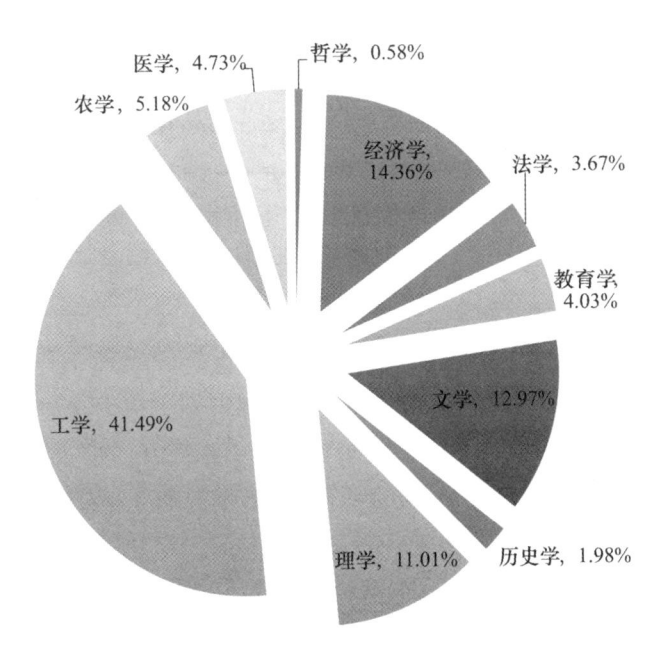

图 2.7　1997 年度各门类专业布点分布比例

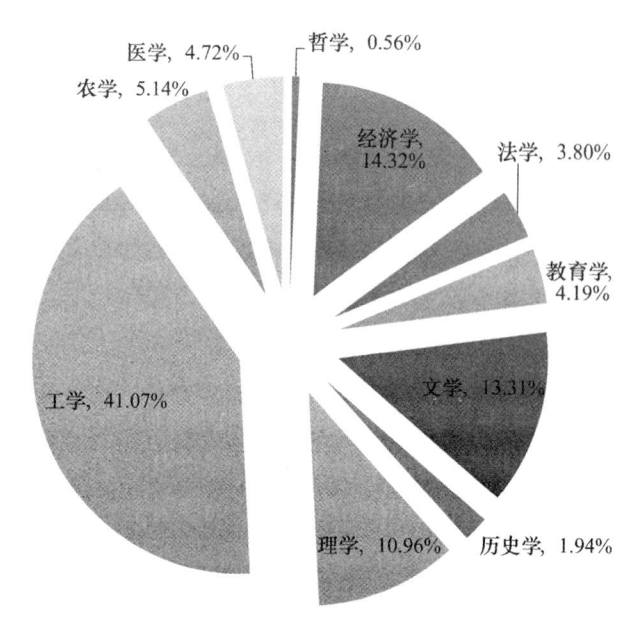

图 2.8 1998 年度各门类专业布点分布比例

1994—1998 年度专业布点较少的是医学、法学、历史学、教育学和哲学 5 个门类。这 5 个门类专业布点各自占当年度总布点的比例均低于 5%。以哲学门类为例，1994—1998 年度该门类专业布点均少于 50 个，而且，其所占总布点的比例从 1994 年度的 0.72% 下降到 1998 年度的 0.56%。

（二）1999—2012 年度分门类专业布点

1999—2012 年度，高校本科专业设置都得到了很大发展，但是不同门类专业的发展处于不平衡状态，如图 2.9—图 2.19 所示。

1. 哲学门类专业的发展。1999 年度，哲学门类专业有 39 个布点；到 2012 年度，该门类专业布点 87 个。这期间，哲学门类专业共增加 48 个布点。但是，该门类专业布点占高校专业布点的比重却有较大幅度下降。1999 年度，哲学门类专业布点占高校专业布点的 0.39%；2012 年度，下降到 0.21%，如图 2.9 所示。

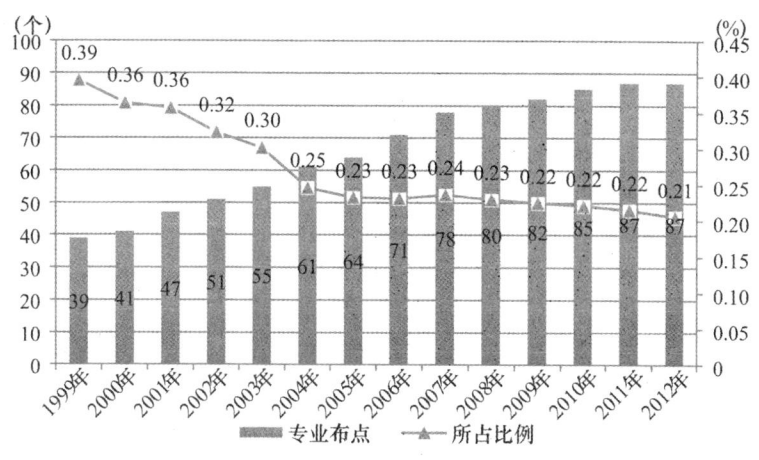

图 2.9　1999—2012 年度哲学门类专业布点及其比例

2. 经济学门类专业的发展。1999 年度，经济学门类专业布点共 550 个；2012 年度，共有专业布点 1917 个。这期间，经济学门类专业共增加 1367 个布点。但是，该门类专业布点占高校专业布点的比重却下降了 1.04 个百分点。1999 年度，经济学门类专业布点占高校专业布点的 5.57%；2012 年度，下降到 4.53%，如图 2.10 所示。

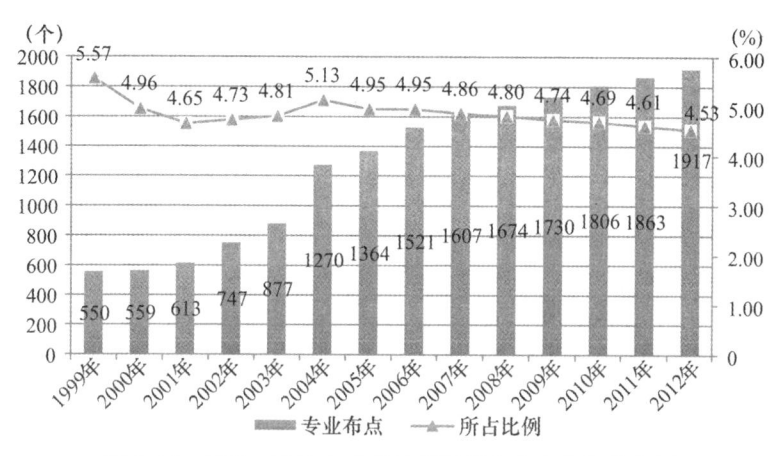

图 2.10　1999—2012 年度经济学门类专业布点及其比例

3. 法学门类专业的发展。1999 年度，法学门类专业布点 485 个；2012 年度，专业布点 1660 个。这期间，法学门类专业共增加 1175 个布点。但是，该门类专业布点占高校专业布点的比重略有下降。1999 年度，法学门类专业布点占高校专业布点的 4.30%；2012 年度，下降到 3.64%，如图 2.11 所示。

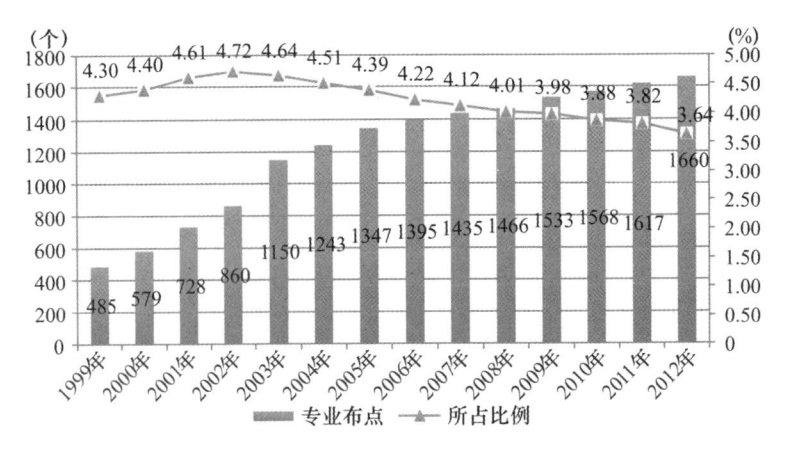

图 2.11 1999—2012 年度法学门类专业布点及其比例

4. 教育学门类专业的发展。1999 年度，教育学门类专业布点 363 个；2012 年度，专业布点 1925 个。这期间，教育学门类专业共增加 1562 个布点。教育学门类专业布点每年度都有较大增加，同时，该门类专业布点占高校专业布点的比重略有提升。1999 年度教育学门类专业布点占高校专业布点的 3.68%；2012 年度，上升到 4.55%，如图 2.12 所示。

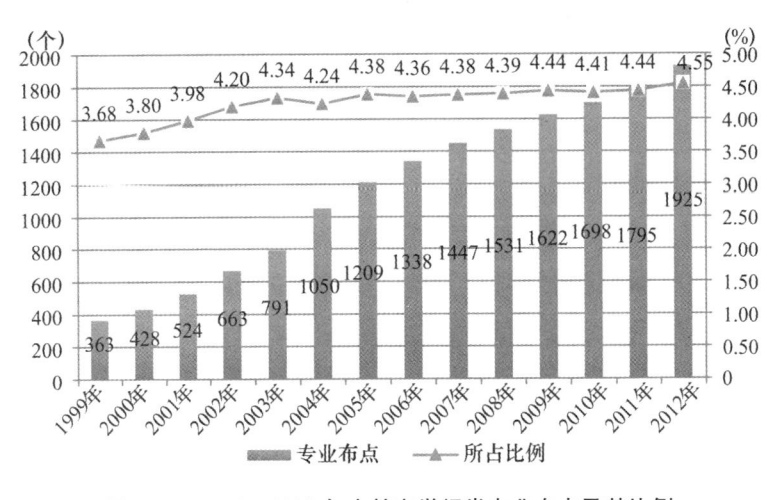

图 2.12 1999—2012 年度教育学门类专业布点及其比例

5. 文学门类专业的发展。1999 年度，文学门类专业布点 1414 个；2012 年度，专业布点 7809 个。这期间，文学门类专业共增加 6395 个布点。文学门类专业布点逐年迅速增加，同时，该门类专业布点占高校专业布点的比重有了较大提升。1999年度，文学门类专业布点占高校专业布点的14.32%；2012年度，上升到18.46%，如图2.13。

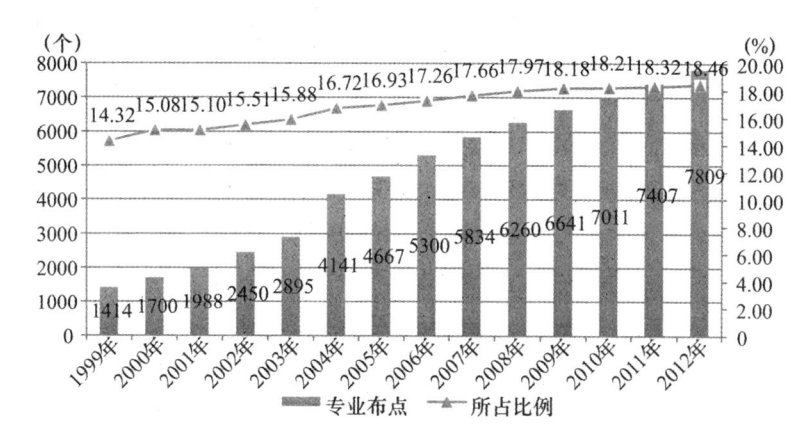

图2.13 1999—2012年度文学门类专业布点及其比例

6. 历史学门类专业的发展。1999年度，历史学门类专业布点148个；2012年度，专业布点320个。这期间，历史学门类专业共增加172个布点。但是，该门类专业布点占高校专业布点的比重则逐年下降。1999年度，历史学门类专业布点占高校专业布点的1.50%；2012年度，下降到0.76%，如图2.14。

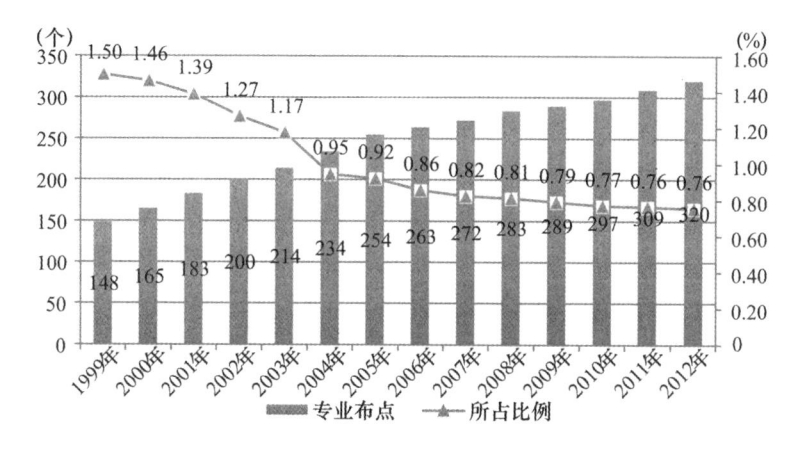

图2.14 1999—2012年度历史学门类专业布点及其比例

7. 理学门类专业的发展。1999年度，理学门类专业布点1359个；2012年度，专业布点5651个。这期间，理学门类专业共增加4292个布点。但是，该门类专业布点占高校专业布点的比重略有下降。1999年度，理学门类专业布点占高校专业布点的13.76%；2012年度，下降到13.36%，如图2.15。

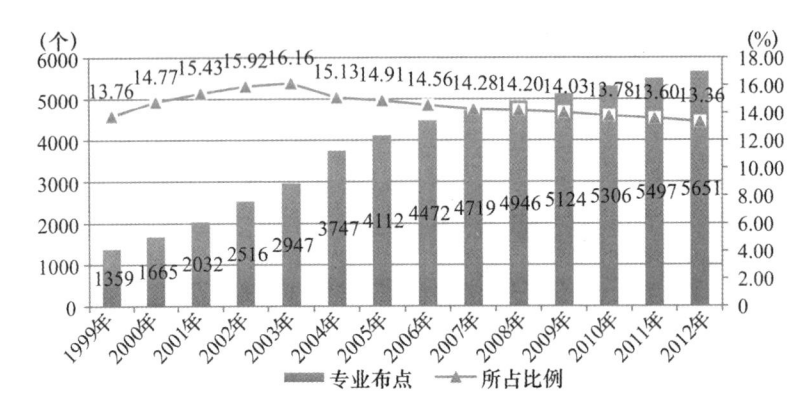

图 2.15 1999—2012 年度理学门类专业布点及其比例

8. 工学门类专业的发展。1999年度，工学门类专业布点3354个；2012年度，专业布点13153个。这期间，工学门类专业共增加9799个布点。工学门类专业布点逐年迅速增加，但是，该门类专业布点占高校专业布点的比重则略有下降。1999年度，工学门类专业布点占高校专业布点的33.96%；2012年度，下降到33.10%，如图2.16。

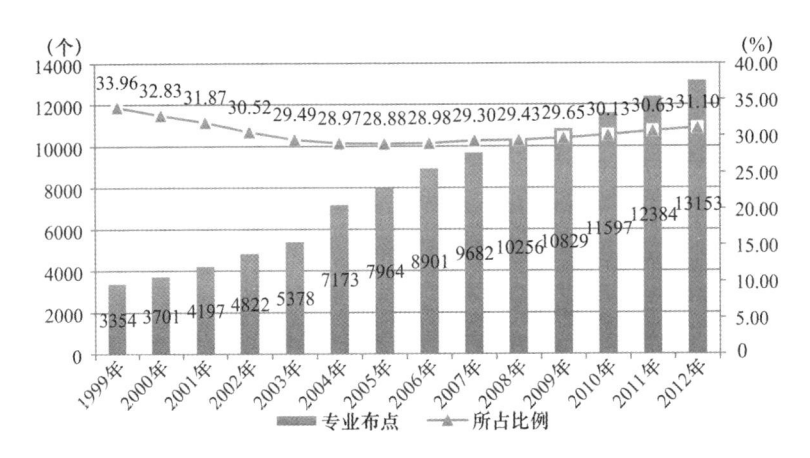

图 2.16 1999—2012 年度工学门类专业布点及其比例

9. 农学门类专业的发展。1999年度，农学门类专业布点401个；2012年度，专业布点962个。这期间，农学门类专业共增加561个布点。但是，该门类专业布点占高校专业布点的比重下降较大。1999年度，农学门类专业布点占高校专业布点的4.06%；2012年度，下降到2.27%，如图2.17。

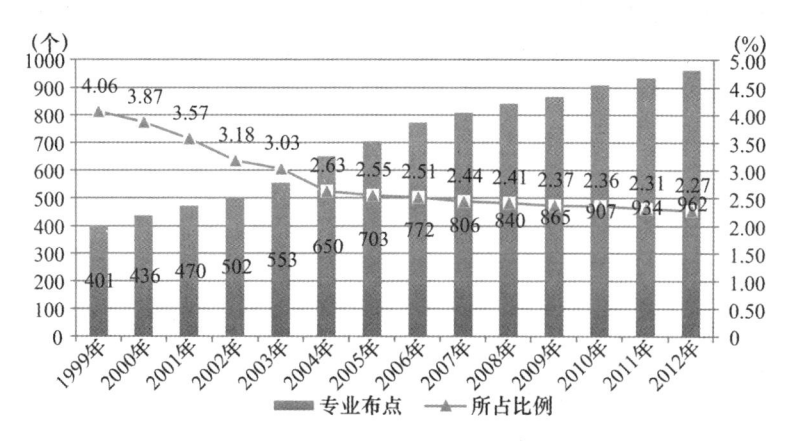

图2.17　1999—2012年度农学门类专业布点及其比例

10. 医学门类专业的发展。1999年度，医学门类专业布点445个；2012年度，专业布点1636个。这期间，医学门类专业共增加1191个布点。医学门类专业布点逐年迅速增加，但是，该门类专业布点占高校专业布点的比重略有下降。1999年度，医学门类专业布点占高校专业布点的4.51%；2012年度，下降到3.87%，如图2.18。

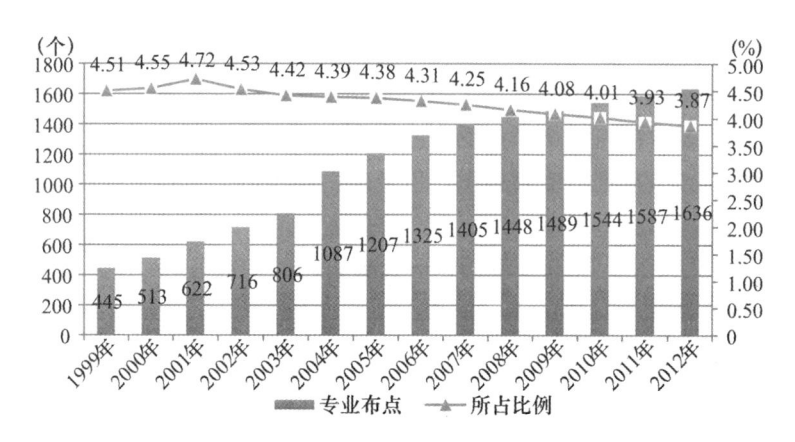

图2.18　1999—2012年度医学门类专业布点及其比例

11. 管理学门类专业的发展。1999年度，管理学门类专业布点1381个；2012年度，专业布点7216个。这期间，管理学门类专业共增加5835个布点。管理学门类专业布点逐年迅速增加，同时，该门类专业布点占高校专业布点的比重有较大提升。1999年度，管理学门类专业布点占高校专业布点的13.98%；2012年度，上升到17.06%，如图2.19。

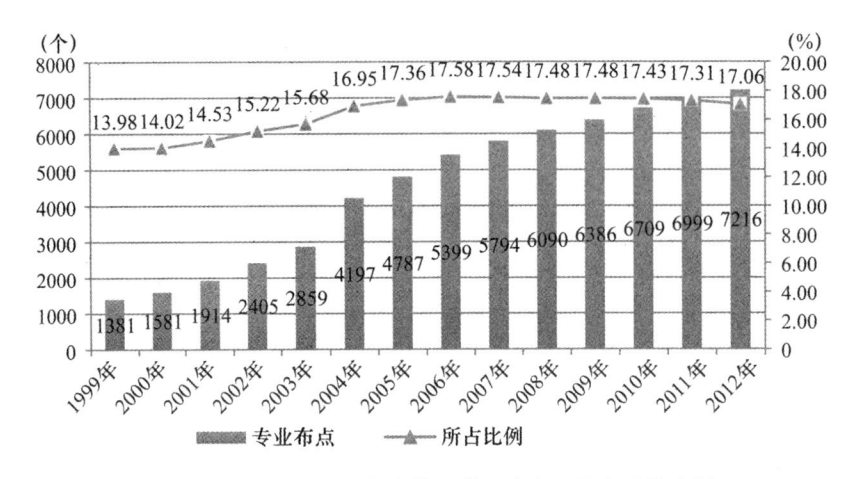

图2.19　1999—2012年度管理学门类专业布点及其比例

可见，1999—2012年度，所有门类的专业布点都有了较大发展。专业布点增长最多的是工学、文学、管理学和理学4个门类，这四个门类增加的专业布点共有26321个，占总增加的专业布点的81.20%。专业布点增长速度最快的是医学和教育学两个门类。专业布点增加较少的是哲学、历史学、农学三个门类，这三个门类专业布点占高校专业布点的比重呈逐年下降趋势。总体来看，增加的专业布点主要集中在部分门类专业上。门类专业布点在发展速度和规模上，以及所占比重方面不均衡现象很明显。

（三）2013—2015年度分门类专业布点

2013—2015年度，高校根据2012年颁布的《普通高等学校本科专业目录》进行了专业调整。调整后的本科专业分属12个门类，增加了艺术学门类。如图2.20—图2.22，2013—2015年度全国高校各门类专业布点仍不均衡。

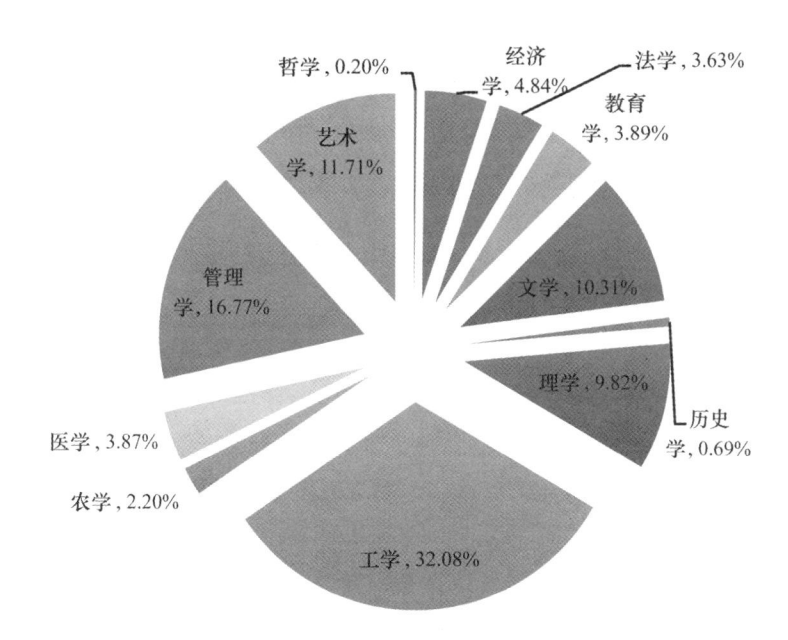

图 2.20 2013 年度各门类专业布点分布比例

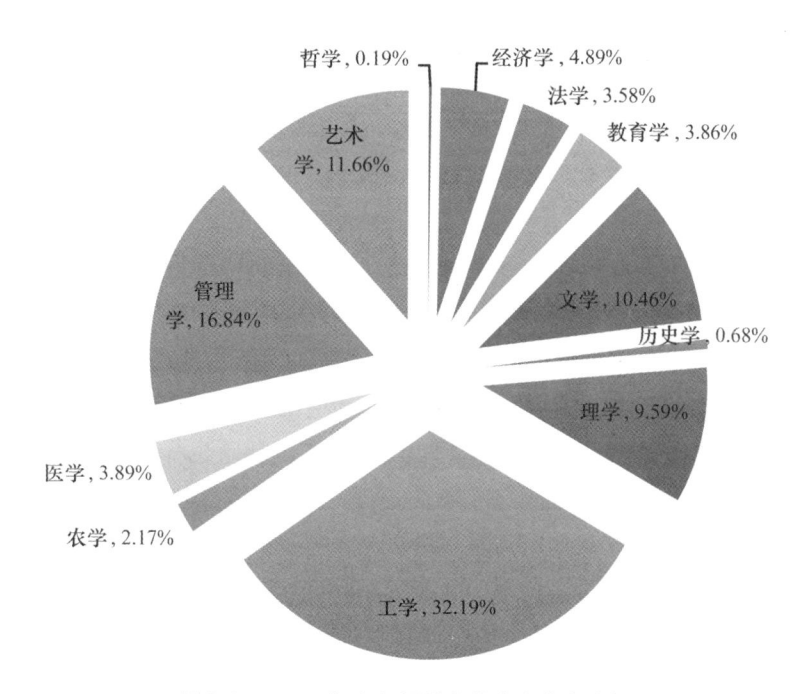

图 2.21 2014 年度各门类专业布点分布比例

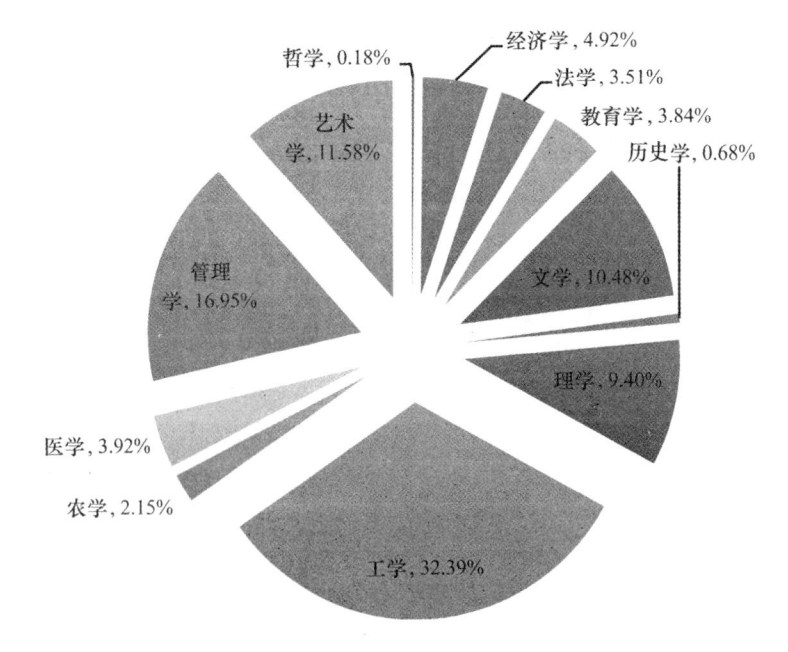

图 2.22　2015 年度各门类专业布点分布比例

2013—2015 年度，各门类专业布点所占比重变化不大。以 2015 年度为例，各门类专业布点所占的比重如下：哲学 0.18%、经济学 4.92%、法学 3.51%、教育学 3.84%、文学 10.48%、历史学 0.68%、理学 9.40%、工学 32.39%、农学 2.15%、医学 3.92%、管理学 16.95%、艺术学 11.58%。

2013—2015 年度与 2012 年度相比，最突出的特点是，艺术门类专业布点有了很大发展。艺术学门类的专业主要是从原文学门类中分化出来的，这样文学门类的专业布点比重有较大幅度下降。除文学门类外，与 2012 年度相比，2013—2015 年度这三个年度的哲学、法学、教育学、历史学、理学、农学和艺术学 7 个门类专业布点的比重也都有所下降，而其他门类专业布点则有所上升。

三　分专业类专业布点状况

(一) 1994—1998 年度分专业类专业布点

1994—1998 年度，全国高校本科专业分属 72 个专业类。不同专业类的专业布点存在着较大差异。

1. 1994—1998年度各专业类专业布点基本状况

（1）1994年度，全国高校本科专业布点8778个，平均每个专业类有122个专业布点。专业布点100个以上的专业类26个；布点500个以上的专业类3个，分别是机械类、电子与信息类和经济学类。专业布点少于61个[①]的专业类有31个，占高校专业类的48.61%，即有48.61%的专业类的专业布点低于当年度所有专业类的平均专业布点的1/2。其中，专业布点最少的专业类是农业推广类，只有2个专业布点。

（2）1995年度，全国高校本科专业布点9625个，平均每个专业类有134个专业布点。专业布点100个以上的专业类28个；布点500个以上的专业类4个，分别是机械类、电子与信息类、经济学类和工商管理类。专业布点少于67个的专业类有36个，占高校专业类的50%，即有一半专业类的专业布点低于当年度所有专业类的平均专业布点的1/2。其中，专业布点最少的专业类是天文学类和农业推广类，只有3个专业布点。

（3）1996年度，全国高校本科专业布点10245个，平均每个专业类有142个专业布点。专业布点100个以上的专业类28个；布点500个以上的专业类5个，分别是机械类、电子与信息类、经济学类、工商管理类和外国语言文学类。专业布点少于71个的专业类有36个，占高校专业类的50%，即有一半专业类的专业布点低于当年度所有专业类的平均专业布点的1/2。其中，专业布点最少的专业类是天文学类，只有3个专业布点。

（4）1997年度，全国高校本科专业布点10716个，平均每个专业类有149个专业布点。专业布点100个以上的专业类28个；布点500个以上的专业类6个，分别是电子与信息类、机械类、经济学类、工商管理类、外国语言文学类和艺术类。专业布点少于75个的专业类有36个，占高校专业类的50%，即有一半专业类的专业布点低于当年度所有专业类的平均专业布点的1/2。其中，专业布点最少的专业类是天文学类，只有3个专业布点。

（5）1998年度，全国高校本科专业布点11135个，平均每个专业类有155个专业布点。专业布点100个以上的专业类31个；布点500个以

---

① 即少于每个专业类平均专业布点122个的一半。以下类似。

上的专业类 6 个，分别是电子与信息类、经济学类、机械类、工商管理类、外国语言文学类和艺术类。专业布点少于 78 个的专业类有 36 个，占高校专业类的 50%，即有一半专业类的专业布点低于当年度所有专业类的平均专业布点的 1/2。其中，专业布点最少的专业类是天文学类，只有 3 个专业布点。

2. 专业布点最多的专业类

1994—1998 年度，专业布点最多的前 10 个专业类，分别是电子与信息类、经济学类、机械类、工商管理类、外国语言文学类、艺术类、土建类、管理工程类、化工与制药类和电工类，如表 2.1。

表 2.1　　　　　1994—1998 年度专业布点最多的前 10 个专业类　　　单位：个

专业类	1994 年	1995 年	1996 年	1997 年	1998 年
电子与信息类	664	752	823	862	890
经济学类	604	714	784	821	836
机械类	750	804	831	823	824
工商管理类	444	573	651	718	759
外国语言文学类	447	480	516	547	586
艺术类	406	453	492	520	562
土建类	334	367	393	410	427
管理工程类	274	313	332	346	359
化工与制药类	261	295	314	341	353
电工类	276	284	300	309	320

3. 专业布点最少的专业类

1994—1998 年度，专业布点最少的前 10 个专业类，分别是天文学类、农业推广类、地球物理学类、基础医学类、海洋科学类、力学类、法医学类、公安类、公安学类和管理类，如表 2.2。

表 2.2　　　　　1994—1998 年度专业布点最少的前 10 个专业类　　　单位：个

专业类	1994 年	1995 年	1996 年	1997 年	1998 年
天文学类	3	3	3	3	3

续表

专业类	1994年	1995年	1996年	1997年	1998年
农业推广类	2	3	4	4	5
地球物理学类	5	5	5	5	5
基础医学类	5	5	5	5	6
海洋科学类	7	7	7	7	7
力学类	7	7	8	8	8
法医学类	10	10	10	10	10
公安类	8	9	11	11	11
公安学类	10	11	12	13	13
管理类	8	10	12	12	14

4. 专业布点增加最多的专业类

1994—1998年度，专业布点增加最多的专业类分别是工商管理类、经济学类、电子与信息类、艺术类等10个专业类，如表2.3。

表2.3　1994—1998年度专业布点增加最多的前10个专业类　单位：个，%

专业类	1994年	1998年	增加的专业布点	增加的比例
工商管理类	444	759	315	70.95
经济学类	604	836	232	38.41
电子与信息类	664	890	226	34.04
艺术类	406	562	156	38.42
外国语言文学类	447	586	139	31.10
法学类	166	280	114	68.67
土建类	334	427	93	27.84
化工与制药类	261	353	92	35.25
管理工程类	274	359	85	31.02
机械类	750	824	74	9.87

5. 专业布点增加最少的专业类

1994—1998年度，专业布点增加最少的专业类分别是地矿类、地质学类、大气科学类、马克思主义理论类等12个专业类，如表2.4。

表 2.4　1994—1998 年度专业布点增加最少的前 12 个专业类　单位：个，%

专业类	1994 年	1998 年	增加的专业布点	增加的比例
地矿类	168	153	-15	-8.93
地质学类	25	22	-3	-12.00
大气科学类	22	20	-2	-9.09
马克思主义理论类	28	26	-2	-7.14
天文学类	3	3	0	0
地球物理学类	5	5	0	0
海洋科学类	7	7	0	0
法医学类	10	10	0	0
兵器类	18	18	0	0
基础医学类	5	6	1	20.00
力学类	7	8	1	14.29
哲学类	35	36	1	2.86

6. 专业布点增长最快的专业类

从增长速度看，1994—1998 年度增幅最大的 10 个专业类是职业技术教育类、农业推广类、护理学类、管理类、工商管理类、环境保护类、法学类、社会学类、新闻学类和测绘类，这些专业类的专业布点增加的比例都超过 50%，如表 2.5。

表 2.5　1994—1998 年度专业布点增加比例最大的前 10 个专业类

单位：个，%

专业类	1994 年	1998 年	增加的专业布点	增加的比例
职业技术教育类	33	96	63	190.91
农业推广类	2	5	3	150.00
护理学类	14	25	11	78.57
管理类	8	14	6	75.00
工商管理类	444	759	315	70.95
环境保护类	33	56	23	69.70
法学类	166	280	114	68.67

续表

专业类	1994 年	1998 年	增加的专业布点	增加的比例
社会学类	28	47	19	67.86
新闻学类	62	104	42	67.74
测绘类	24	38	14	58.33

(二) 1999—2012 年度分专业类专业布点

1999—2012 年度，全国高校本科专业分属 73 个专业类。不同专业类的专业布点仍存在着较大差异。

1. 1999—2012 年度各专业类专业布点基本状况

（1）1999 年度，全国高校本科专业布点 9876 个，平均每个专业类有 135 个专业布点。专业布点 100 个以上的专业类 28 个；布点 500—1000 个的专业类 3 个，分别是工商管理类、外国语言文学类和经济学类；布点 1000 个以上的专业类有 1 个，为电气信息类。专业布点少于 68 个的专业类有 37 个，占高校专业类的 47.44%，即有 47.44% 的专业类的专业布点低于当年度所有专业类平均专业布点的 1/2。专业布点最少的专业类是系统学类，该专业类只有 1 个布点。

（2）2000 年度，全国高校本科专业布点 11274 个，平均每个专业类有 154 个专业布点。专业布点 100 个以上的专业类 29 个；布点 500—1000 个的专业类 5 个，分别是工商管理类、外国语言文学类、艺术类、经济学类和机械类；布点 1000 个以上的专业类有 1 个，为电气信息类。专业布点少于 77 个的专业类有 37 个，占高校专业类的 50.68%，即 50.68% 的专业布点低于当年度所有专业类平均专业布点的 1/2。其中专业布点最少的专业类是系统学类，该专业类只有 1 个布点。

（3）2001 年度，全国高校本科专业布点 13169 个，平均每个专业类有 180 个专业布点。专业布点 100 个以上的专业类 38 个；布点 500—1000 个的专业类 4 个，分别是外国语言文学类、艺术类、经济学类和机械类；布点 1000 个以上的专业类有 2 个，分别是电气信息类和工商管理类。专业布点少于 90 个的专业类有 33 个，占高校专业类的 45.21%，即 45.21% 的专业类的专业布点低于当年度所有专业类平均专业布点的 1/2。专业布点最少的专业类是系统学类，该专业类只有 1 个布点。

（4）2002年度，全国高校本科专业布点15800个，平均每个专业类有216个专业布点。专业布点500个以上的专业类9个；布点1000个以上的专业类有2个，分别是电气信息类和工商管理类。专业布点少于108个的专业类有36个，占高校专业类的49.32%，即49.32%的专业类的专业布点低于当年度所有专业类平均专业布点的1/2。其中专业布点最少的专业类是系统学类，该专业类只有1个布点。

（5）2003年度，全国高校本科专业布点18235个，平均每个专业类有250个专业布点。专业布点500个以上的专业类10个；布点1000个以上的专业类有3个，分别是电气信息类、工商管理类和艺术类。专业布点少于125个的专业类有36个，占高校专业类的49.32%，即49.32%的专业类的专业布点低于当年度所有专业类平均专业布点的1/2。专业布点最少的专业类是系统学类，该专业类只有2个布点，比2002年度增加1个布点。

（6）2004年度，全国高校本科专业布点24760个，平均每个专业类有339个专业布点。专业布点500个以上的专业类15个；布点1000个以上的专业类有5个，比2003年度增加2个。这5个专业类，分别是电气信息类、工商管理类、艺术类、外国语言文学类和经济学类。专业布点少于170个的专业类有39个，占高校专业类的53.42%，即53.42%的专业类的专业布点低于当年度所有专业类平均专业布点的1/2。专业布点最少的专业类是系统学类，该专业类只有2个布点。

（7）2005年度，全国高校本科专业布点27574个，平均每个专业类有378个专业布点。专业布点1000个以上的专业类有7个，比2004年度增加2个。其中，布点2000个以上的专业类有2个，分别是电气信息类和工商管理类。专业布点少于189个的专业类有38个，占高校专业类的52.05%，即52.05%的专业类的专业布点低于当年度所有专业类平均专业布点的1/2。专业布点最少的专业类是系统学类，该专业类只有3个布点，比2004年度增加1个布点。

（8）2006年度，全国高校本科专业布点30709个，平均每个专业类有421个专业布点。专业布点1000个以上的专业类有8个，比2005年度增加1个。其中，布点2000个以上的专业类有3个，分别是电气信息类、工商管理类和艺术类。专业布点少于210个的专业类有38个，占高校专业类的52.05%,即52.05%的专业类的专业布点低于当年度所有专业类平均专业布点的1/2。专业布点最少的专业类是系统学类,该专业类只有3个布点。

(9) 2007年度,全国高校本科专业布点33039个,平均每个专业类有453个专业布点。专业布点1000个以上的专业类有9个,比2006年度增加1个。其中,布点2000个以上的专业类有3个,分别是电气信息类、工商管理类和艺术类。专业布点少于227个的专业类有38个,占高校专业类的52.05%,即52.05%的专业类的专业布点低于当年度所有专业类平均专业布点的1/2。专业布点最少的专业类是系统学类,该专业类只有3个布点。

(10) 2008年度,全国高校本科专业布点34843个,平均每个专业类有477个专业布点。专业布点1000个以上的专业类有9个。其中,布点2000个以上的专业类有3个,分别是电气信息类、工商管理类和艺术类。专业布点少于239个的专业类有38个,占高校专业类的52.05%,即52.05%的专业类的专业布点低于当年度所有专业类平均专业布点的1/2。专业布点最少的专业类是系统学类,该专业类只有3个布点。

(11) 2009年度,全国高校本科专业布点36523个,平均每个专业类有500个专业布点。专业布点1000个以上的专业类有10个,比2008年度增加1个。其中,布点2000个以上的专业类有3个,分别是电气信息类、工商管理类和艺术类。专业布点少于250个的专业类有38个,占高校专业类的52.05%,即52.05%的专业类的专业布点低于当年度所有专业类平均专业布点的1/2。专业布点最少的专业类是系统学类,该专业类只有3个布点。

(12) 2010年度,全国高校本科专业布点38493个,平均每个专业类有527个专业布点。专业布点1000个以上的专业类有10个。其中,布点2000个以上的专业类有4个,分别是电气信息类、工商管理类、艺术类和外国语言文学类。专业布点少于264个的专业类有38个,占高校专业类的52.05%,即52.05%的专业类的专业布点低于当年度所有专业类平均专业布点的1/2。专业布点最少的专业类是系统学类,该专业类只有3个布点。

(13) 2011年度,全国高校本科专业布点40430个,平均每个专业类有554个专业布点。专业布点1000个以上的专业类有11个，比2010年度增加1个。其中，布点2000个以上的专业类有4个，分别是电气信息类、工商管理类、艺术类和外国语言文学类。专业布点少于277个的专业类有36个，占高校专业类的49.32%，即49.32%的专业类的专业布点低于当年度所有专业类平均专业布点的1/2。专业布点最少的专业类是系统学类，该专业类只有3个布点。

（14）2012年度，全国高校本科专业布点42293个，平均每个专业类有579个专业布点。专业布点1000个以上的专业类有12个，比2011年度增加1个。其中，布点2000个以上的专业类有4个，分别是电气信息类、工商管理类、艺术类和外国语言文学类。专业布点少于290个的专业类有36个，占高校专业类的49.32%，即49.32%的专业类的专业布点低于当年度所有专业类平均专业布点的1/2。专业布点最少的专业类是系统学类，该专业类只有4个布点，比2011年度增加1个布点。

2. 专业布点最多的专业类

1999—2012年度，专业布点最多的前8个专业类，分别是电气信息类、工商管理类、艺术类、外国语言文学类、经济学类、机械类、土建类和管理科学与工程类，如表2.6。

表2.6　　1999—2012年度专业布点最多的前8个专业类　　单位：个

年度	电气信息类	工商管理类	艺术类	外国语言文学类	经济学类	机械类	土建类	管理科学与工程类
1999	1020	830	466	605	550	459	392	281
2000	1135	908	586	677	559	510	419	323
2001	1293	1064	734	738	614	569	470	418
2002	1505	1331	938	847	747	638	535	514
2003	1705	1600	1134	961	877	700	595	602
2004	2523	2490	1643	1322	1270	929	798	855
2005	2842	2823	1895	1449	1364	1053	890	966
2006	3229	3232	2165	1641	1521	1178	988	1060
2007	3522	3461	2415	1780	1607	1293	1081	1137
2008	3709	3638	2605	1885	1674	1386	1146	1202

续表

年度	电气信息类	工商管理类	艺术类	外国语言文学类	经济学类	机械类	土建类	管理科学与工程类
2009	3924	3814	2783	1986	1730	1466	1214	1252
2010	4192	4024	2968	2098	1806	1553	1291	1302
2011	4437	4202	3188	2212	1863	1656	1388	1349
2012	4766	4321	3400	2334	1917	1745	1468	1396

3. 专业布点最少的专业类

1999—2012 年度，专业布点最少的 8 个专业类如表 2.7 所示。其中大气科学类在 1999—2001 年度并不是最少的前 8 个专业类，但由于该专业类在 2002 年度以来都在最少的 8 个专业类之列，所以将其归为最少的前 8 个专业类。

表 2.7　　　1999—2012 年度专业布点最少的前 8 个专业类　　　单位：个

年度	系统学类	天文学类	马克思主义理论类	基础医学类	大气科学类	力学类	地球物理学类	法医学类
1999	1	3	8	6	16	8	6	10
2000	1	3	8	7	16	10	9	10
2001	1	3	8	10	16	12	10	12
2002	1	3	8	11	16	14	11	16
2003	2	3	8	10	16	16	12	19
2004	2	4	7	11	17	17	17	25
2005	3	4	8	12	17	18	19	25
2006	3	4	8	12	19	21	23	26
2007	3	4	8	16	19	21	23	29
2008	3	4	8	16	20	22	23	30
2009	3	4	8	17	21	23	24	30
2010	3	4	8	17	21	23	25	31
2011	3	4	9	17	21	23	26	31
2012	4	4	9	18	22	23	28	32

4. 专业布点增加最多的专业类

如表2.8,1999—2012年度,专业布点增加最多的10个专业类,分别是电气信息类、工商管理类、艺术类、外国语言文学类、经济学类、机械类、公共管理类、管理科学与工程类、土建类和新闻传播学类。

表2.8　1999—2012年度专业布点增加最多的前10个专业类　单位:个,%

专业类	1999年	2012年	增加的专业布点	增加的比例
电气信息类	1020	4766	3746	367.25
工商管理类	830	4321	3491	420.60
艺术类	466	3400	2934	629.61
外国语言文学类	605	2334	1729	285.79
经济学类	550	1917	1367	248.55
机械类	459	1745	1286	280.17
公共管理类	174	1318	1144	657.47
管理科学与工程类	281	1396	1115	396.80
土建类	392	1468	1076	274.49
新闻传播学类	123	1017	894	726.83

5. 专业布点增长最快的专业类

1999—2012年度,增幅最大的10个专业类是心理学类、电子信息科学类、社会学类、教育学类、新闻传播学类、公安技术类、海洋科学类、公安学类、公共管理类和艺术类,这些专业类的专业布点增加比例都在600%以上,如表2.9。

表2.9　1999—2012年度专业布点增加比例最大的前10个专业类

单位:个,%

专业类	1999年	2012年	增加的专业布点	增加的比例
心理学类	30	345	315	1050.00
电子信息科学类	59	638	579	981.36
社会学类	45	386	341	757.78
教育学类	116	968	852	734.48

续表

专业类	1999年	2012年	增加的专业布点	增加的比例
新闻传播学类	123	1017	894	726.83
公安技术类	6	49	43	716.67
海洋科学类	7	56	49	700.00
公安学类	13	101	88	676.92
公共管理类	174	1318	1144	657.47
艺术类	466	3400	2934	629.61

(三) 2013—2015年度分专业类专业布点

2013—2015年度，全国高校本科专业分属92个专业类。不同专业类的专业布点仍存在着较大差异。

1. 2013—2015年度各专业类专业布点基本状况

（1）2013年度，全国高校本科专业布点45530个，平均每个专业类有495个专业布点。专业布点1000个以上的专业类有13个，这比2012年度多1个专业类。其中，布点2000个以上的专业类有5个，分别是工商管理类、设计学类、外国语言文学类、计算机类和电子信息类。专业布点少于248个的专业类有44个，占高校专业类的47.83%，即47.83%的专业类的专业布点低于当年度所有专业类的平均专业布点的1/2。专业布点最少的专业类是天文学类和艺术学理论类，这两个专业类均只有5个布点。

（2）2014年度，全国高校本科专业布点47489个，平均每个专业类有516个专业布点。专业布点1000个以上的专业类有16个，比2013年度增加3个。其中，布点2000个以上的专业类有5个，分别是工商管理类、外国语言文学类、设计学类、计算机类和电子信息类。专业布点少于258个的专业类有44个，占高校专业类的47.83%，即47.83%的专业类专业布点低于当年度所有专业类平均专业布点的1/2。专业布点最少的专业类是天文学类，该专业类只有5个布点。

（3）2015年度，全国高校本科专业布点49132个，平均每个专业类有534个专业布点。专业布点1000个以上的专业类有16个。其中，布点2000个以上的专业类有6个，分别是工商管理类、外国语言文学类、设计学类、计算机类、电子信息类和机械类。专业布点少于267个的专业类有44个，占高校专业类的47.83%，即47.83%的专业类的专业布点低于当年度所有专业类平均专业布点的1/2。其中专业布点最少的专业类是天文学类，该专业类只有6个布点。

2. 专业布点最多的专业类

2013—2015年度专业布点最多的前10个专业类，分别是工商管理类、外国语言文学类、设计学类、计算机类、电子信息类、机械类、管理科学与工程类、中国语言文学类、公共管理类和戏剧与影视学类。这些专业类各年度的专业布点均超过1000个，如表2.10。

表2.10　　　　2013—2015年度专业布点最多的前10个专业类　　　　单位：个

专业类	2013年	2014年	2015年
工商管理类	3367	3492	3625
外国语言文学类	2505	2662	2777
设计学类	2513	2610	2688
计算机类	2235	2424	2552
电子信息类	2126	2184	2237
机械类	1799	1899	2005
管理科学与工程类	1225	1307	1366
中国语言文学类	1141	1200	1222
公共管理类	1122	1145	1174
戏剧与影视学类	1094	1135	1156

3. 专业布点增加最多的专业类

2013—2015年度专业布点增加最多的前10个专业类，分别是计算机类、外国语言文学类、工商管理类、机械类、设计学类、金融学类、管理科学与工程类、电子信息类、新闻传播学类和土木类。2013—2015年度，这些专业布点的增加都在100个以上，如表2.11。

表2.11　　2013—2015年度专业布点增加最多的前10个专业类　单位：个,%

专业类	2013年	2015年	增加的专业布点	增加的比例
计算机类	2235	2552	317	14.18

续表

专业类	2013年	2015年	增加的专业布点	增加的比例
外国语言文学类	2505	2777	272	10.86
工商管理类	3367	3625	258	7.66
机械类	1799	2005	206	11.45
设计学类	2513	2688	175	6.96
金融学类	712	853	141	19.80
管理科学与工程类	1225	1366	141	11.51
电子信息类	2126	2237	111	5.22
新闻传播学类	1052	1152	100	9.51
土木类	961	1061	100	10.41

4. 专业布点增长最快的专业类

从增长速度看，增幅最大的10个专业类，分别是艺术学理论类、工业工程类、医学技术类、公安技术类、天文学类、金融学类、民族学类、图书情报与档案管理类、食品科学与工程类和旅游管理类，这些专业类的增加比例都在14%以上，如表2.12所示。

表2.12　2013—2015年度专业布点增加比例最大的前10个专业类

单位：个，%

专业类	2013年	2015年	增加的专业布点	增加的比例
艺术学理论类	5	14	9	180.00
工业工程类	10	17	7	70.00
医学技术类	296	386	90	30.41
公安技术类	60	77	17	28.33
天文学类	5	6	1	20.00
金融学类	712	853	141	19.80
民族学类	18	21	3	16.67
图书情报与档案管理类	67	77	10	14.93
食品科学与工程类	512	588	76	14.84
旅游管理类	687	785	98	14.26

四 具体专业布点状况

1994—2015 年度，高校专业设置布点增加迅速。在这期间随着我国三次本科专业目录的调整，全国高校设置的专业种数逐年增长，如图 2.23。

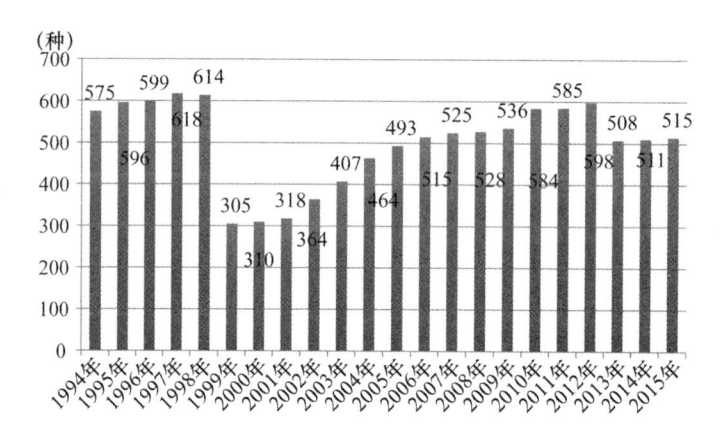

图 2.23 1994—2015 年度高校设置的专业种数

随着 1993—1994 年度、1998—1999 年度、2012—2013 年度三次专业目录的调整，全国高校专业设置的种数呈先少后多的发展趋势。

（1）1994 年度，全国高校设置的本科专业有 575 种，到 1998 年专业目录调整时，本科专业增加到 614 种，增加了 39 种，增幅是 6.78%。经过 1998 年专业目录的调整，到 1999 年度全国高校设置的本科专业减少到 305 种，与 1998 年度相比，减少了 309 种，降幅是 51.07%。

（2）2000—2012 年度，全国高校本科专业设置的种数呈逐年增加的趋势。2012 年全国高校实际设置的本科专业共 598 种，比 1999 年度增加了 293 种，增幅是 96.07%。

（3）经过 2012 年全国高校专业目录的调整，2013 年度全国高校设置的本科专业共 508 种，比 2012 年减少了 90 种，降幅是 17.72%。不过，近两年高校又逐渐增设新的专业，2014 年度比 2013 年度增加了 3 种本科专业，2015 年度又增加了 4 种本科专业。

(一) 1994—1998 年度具体专业布点

1994—1998 年度全国高校的本科专业布点逐年增加,大多数专业的布点有所增加,其间全国高校设置了 50 多种新专业。

1. 较多高校设置的本科专业

1994—1998 年度,全国高校设置的本科专业种数有 600 种左右。校平均设置的本科专业为 14—19 种。总体看,各高校设置的本科专业相似度较低。因此,本书采取比较的方法来揭示 1994—1998 年度较多高校设置的本科专业的基本情况,如表 2.13—表 2.17。

1994 年度,设置最多的前 10 种专业,分别是计算机及应用、机械设计及制造、会计学、工业自动化、英语、管理工程、机械制造工艺与设备、建筑工程、思想政治教育和机械电子工程,如表 2.13。在这 10 种专业中,工科专业占了 7 种。设置最多的是计算机及应用专业,全国有 189 所高校设置了该专业,该专业高校覆盖率是 30.48%。专业布点第 10 位的机械电子工程专业有 86 所高校设置,该专业高校覆盖率是 13.87%。这表明,1994 年度全国各高校设置的本科专业较为分散,高校间专业设置的差异较大。

表 2.13　　　　　1994 年度高校布点最多的前 10 种专业　　　　单位:个,%

排序	专业	专业布点	高校覆盖率
1	计算机及应用	189	30.48
2	机械设计及制造	179	28.87
3	会计学	167	26.94
4	工业自动化	157	25.32
5	英语	137	22.10
6	管理工程	135	21.77
7	机械制造工艺与设备	128	20.65
8	建筑工程	117	18.87
9	思想政治教育	117	18.87
10	机械电子工程	86	13.87

1995年度，设置最多的前10种专业与1994年度相同，如表2.14。与1994年度相比，只有机械制造工艺与设备专业减少了2个布点，其高校覆盖率也略有下降；机械设计及制造专业减少了1个布点。其余8种专业的专业布点和高校覆盖率都有所提升。会计学专业增加的布点最多，1995年度该专业增加了44个布点，高校覆盖率是34.42%，超过了计算机及应用专业成为高校设置最多的专业。机械电子工程发展也较快，1995年度增加了28个布点，高校覆盖率上升到18.60%，比1994年度提高了4.73个百分点。

表2.14　　1995年度高校布点最多的前10种专业　　单位：个,%

排序	专业	专业布点	高校覆盖率
1	会计学	211	34.42
2	计算机及应用	208	33.93
3	机械设计及制造	178	29.04
4	工业自动化	159	25.94
5	英语	157	25.61
6	管理工程	138	22.51
7	机械制造工艺与设备	126	20.55
8	建筑工程	125	20.39
9	思想政治教育	118	19.25
10	机械电子工程	114	18.60

1996年度，设置最多的前10种专业与1994年度和1995年度相同，如表2.15。与1995年度相比，只有机械设计及制造专业减少了4个布点，其高校覆盖率也略有下降。机械制造工艺与设备和思想政治教育专业布点基本保持不变，其余7种专业布点和高校覆盖率都有所提升。英语专业增加的布点最多，1996年度该专业增加了24个布点，高校覆盖率是29.62%，仅次于计算机及应用专业和会计学专业，位列第三。计算机及应用专业在该年度增加了21个布点，专业的高校覆盖率达37.48%，重新成为高校设置最多的专业。

表 2.15　　　　　　1996 年度高校布点最多的前 10 种专业　　　　单位：个，%

排序	专业	专业布点	高校覆盖率
1	计算机及应用	229	37.48
2	会计学	223	36.50
3	英语	181	29.62
4	机械设计及制造	174	28.48
5	工业自动化	162	26.51
6	管理工程	144	23.57
7	建筑工程	132	21.60
8	机械电子工程	131	21.44
9	机械制造工艺与设备	126	20.62
10	思想政治教育	118	19.31

1997 年度，设置最多的前 10 种专业，分别是会计学、计算机及应用、英语、机械设计及制造、工业自动化、管理工程、建筑工程、机械电子工程、思想政治教育和经济法，如表 2.16。与 1996 年度相比，机械制造工艺与设备专业减少了 14 个布点，其高校覆盖率下降到 18.50%；而经济法专业增加了 16 个布点，其高校覆盖率上升到 19.54%，取代了机械制造工艺与设备专业成为设置最多的第 10 种专业。在该年度机械设计及制造、机械电子工程、工业自动化和建筑工程 4 个专业布点也有所减少。会计学专业和英语专业布点增加较多，其余的专业略有增加。

表 2.16　　　　　　1997 年度高校布点最多的前 10 种专业　　　　单位：个，%

排序	专业	专业布点	高校覆盖率
1	会计学	241	39.90
2	计算机及应用	233	38.58
3	英语	197	32.62
4	机械设计及制造	162	26.82
5	工业自动化	155	25.66
6	管理工程	147	24.34

续表

排序	专业	专业布点	高校覆盖率
7	建筑工程	130	21.52
8	机械电子工程	123	20.36
9	思想政治教育	119	19.70
10	经济法	118	19.54

1998年度，设置最多的前10种专业，分别是会计学、计算机及应用、英语、机械设计及制造、工业自动化、管理工程、建筑工程、机械电子工程、经济法和市场营销，如表2.17。与1997年度相比，市场营销专业增加了14个布点，其高校覆盖率上升到20.33%，取代了思想政治教育专业成为设置最多的第10种专业。在该年度只有机械设计及制造专业布点有所减少，其他专业布点都有所增加。会计学专业和计算机及应用专业的高校覆盖率都达到了40%以上，英语专业的高校覆盖率也有了较大提升。

表2.17　　　　1998年度高校布点最多的前10种专业　　　　单位：个,%

排序	专业	专业布点	高校覆盖率
1	会计学	248	41.33
2	计算机及应用	240	40.00
3	英语	219	36.50
4	机械设计及制造	160	26.67
5	工业自动化	159	26.50
6	管理工程	153	25.50
7	建筑工程	135	22.50
8	机械电子工程	129	21.50
9	经济法	128	21.33
10	市场营销	122	20.33

1994—1998年度，进入高校布点最多的前10种的专业有12种，分别是英语、会计学、市场营销、经济法、计算机及应用、机械电子工程、管理工程、建筑工程、思想政治教育、工业自动化、机械制造工艺与设备

和机械设计及制造。在这 12 种专业中，机械设计及制造专业和机械制造工艺与设备专业分别减少了 19 个和 17 个专业布点，高校覆盖率也随之降低。其余的 10 种专业布点都有所增加。布点增加最多的是英语专业，该专业增加了 82 个布点，1998 年度该专业高校覆盖率达 36.50%，仅次于会计学专业和计算机及应用专业。会计学、市场营销和经济法 3 种专业高校覆盖率增幅也超过了 10%。

值得注意的趋势是，设置最多的专业发展越来越快。1994 年度高校覆盖率最高的是计算机及应用专业，该专业覆盖率是 30.48%；1998 年度高校覆盖率最高的是会计学，该专业覆盖率是 41.33%。1994 年度排在第 10 位的专业是机械电子工程，该专业覆盖率是 13.87%；1998 年度排在第 10 位的专业是市场营销，该专业覆盖率是 20.33%。1998 年度最高专业覆盖率比 1994 年度最高专业覆盖率高了 10.85%；1998 年度第 10 位专业覆盖率也比 1994 年度第 10 位专业覆盖率高 6.46%，即 1998 年度与 1994 年度相比，高校中设置最多的专业发展越来越快。

2. 增长的本科专业

1994—1998 年度，布点增加的本科专业有 299 种，这 299 种专业平均增加 7.93 个布点。

专业布点增加最多的前 10 种专业的基本情况，如表 2.18。英语专业增加的布点最多，增加了 82 个；其次是会计学专业，增加了 81 个；再次是市场营销专业，增加了 69 个。从总体看，在这 10 种专业中，占大多数的是经济学类专业和应用类专业。

在这 5 年中，专业布点没有发生变化的有 96 种专业。

表 2.18　　　1994—1998 年度专业布点增加最多的前 10 种专业　　单位：个，%

专业	1994 年	1998 年	增加的专业布点	增加的比例
英语	137	219	82	59.85
会计学	167	248	81	48.50
市场营销	53	122	69	130.19
经济法	69	128	59	85.51
计算机及应用	189	240	51	26.98

续表

专业	1994年	1998年	增加的专业布点	增加的比例
机械电子工程	86	129	43	50.00
国际贸易	74	115	41	55.41
国际金融	44	81	37	84.09
旅游管理	34	70	36	105.88
应用电子技术	69	103	34	49.28

1994—1998年度，专业布点增加的299种专业的平均增加比例是35.56%；增加比例超过100%的专业共69种，其中的前13位如表2.19。这13种专业中最低的增加比例是300%，其中增幅1000%以上的有4种专业，增长最快的是计算机科学与技术专业。

表2.19　1994—1998年度专业布点增加比例最大的前13种专业[①]

单位：个，%

专业	1994年	1998年	增加的专业布点	增加的比例
计算机科学与技术	1	17	16	1600.00
化学工程与工艺	1	15	14	1400.00
电气工程及其自动化	1	13	12	1200.00
财务会计教育	1	12	11	1100.00
自动化	1	10	9	900.00
旅游管理与服务教育	1	10	9	900.00
动物药学	1	8	7	700.00
舞蹈教育	1	5	4	400.00
物理电子和光电子技术	1	5	4	400.00
森林旅游	1	4	3	300.00
电气技术教育	1	4	3	300.00
影像工程	1	4	3	300.00
理财学	10	40	30	300.00

① 增加比例位列第10的有4种专业。

1994—1998 年全国高校新设置的本科专业共 53 种，占 1998 年度全国高校本科专业种数的 8.63%。

3. 布点减少或撤销的本科专业

1994—1998 年度，专业布点减少的专业有 49 种。减少比例最大的前 10 种专业分别是矿山通风与安全、地貌学与第四纪地质学、总图设计与运输工程、壮语言文学、矿井建设、冶金物理化学、构造地质学、古生物学及地层学、劳动改造学和地质矿产勘察，如表 2.20 所示。其中，专业布点减少比例最大的是矿山通风与安全专业，减少了 57.14%。

表 2.20　1994—1998 年度专业布点减少比例最大的前 10 种专业　单位：个,%

专业	1994 年	1998 年	减少的专业布点	减少的比例
矿山通风与安全	7	3	4	57.14
地貌学与第四纪地质学	2	1	1	50.00
总图设计与运输工程	2	1	1	50.00
壮语言文学	2	1	1	50.00
矿井建设	8	5	3	37.50
冶金物理化学	3	2	1	33.33
构造地质学	3	2	1	33.33
古生物学及地层学	3	2	1	33.33
劳动改造学	3	2	1	33.33
地质矿产勘察	29	21	8	27.59

1994—1998 年度，全国有 14 种专业撤销或转设为其他专业，即这 14 种专业在全国高校中无布点。这 14 种专业分别是西双版纳傣语、德宏傣语、景颇语、傈僳语、拉祜语、佤语、彝语、能源工程、计算机器件及设备、特种工艺、力学计量测试、几何量计量测试、无线电技术与信息工程和地震地质学。

（二）1999—2012 年度具体专业布点

1999—2012 年度全国高校的本科专业布点逐年增加，大多数的专业布点有所增加，其间新设置的本科专业有 293 种。

1. 较多高校设置的本科专业

1999—2012年度，较多高校设置的本科专业的基本情况，如表2.21—表2.34。

1999年度，高校布点最多的前10种专业，分别是计算机科学与技术、英语、工商管理、会计学、机械设计制造及其自动化、数学与应用数学、法学、国际经济与贸易、电子信息工程和自动化。如表2.21，这10种专业的高校覆盖率都在30%以上。其中，计算机科学与技术专业和英语专业的高校覆盖率都超过了50%。

表2.21　　　　1999年度高校布点最多的前10种专业　　　单位：个,%

排序	专业	专业布点	高校覆盖率
1	计算机科学与技术	346	58.25
2	英语	310	52.19
3	工商管理	265	44.61
4	会计学	247	41.58
5	机械设计制造及其自动化	204	34.34
6	数学与应用数学	194	32.66
7	法学	193	32.49
8	国际经济与贸易	191	32.15
9	电子信息工程	187	31.48
10	自动化	181	30.47

2000年度，设置最多的前10种专业，分别是计算机科学与技术、英语、工商管理、会计学、数学与应用数学、电子信息工程、汉语言文学、机械设计制造及其自动化、法学和国际经济与贸易，如表2.22。与1999年度相比，工商管理、会计学和国际经济与贸易专业的布点都有所减少，这些专业的高校覆盖率也略有下降。其他专业布点则有所增加。英语、汉语言文学、数学与应用数学和计算机科学与技术等专业布点增加较多。其中增加最多的是英语专业，2000年度英语专业增加了48个布点，其高校覆盖率上升到59.47%；汉语言文学专业增加了41个布点，其高校覆盖率从1999年度的28.28%上升到2000年度的34.72%，高校覆盖率的名

次也从 1999 年度的第 11 位上升到 2000 年度的第 7 位。数学与应用数学和计算机科学与技术专业布点也增加了 30 个以上。计算机科学与技术专业布点的高校覆盖率首次达到 60% 以上，即在 2000 年度，全国 60% 以上的高校都设置了计算机科学与技术专业。

表 2.22　　　　2000 年度高校布点最多的前 10 种专业　　　　单位：个，%

排序	专业	专业布点	高校覆盖率
1	计算机科学与技术	376	62.46
2	英语	358	59.47
3	工商管理	261	43.36
4	会计学	243	40.37
5	数学与应用数学	226	37.54
6	电子信息工程	211	35.05
7	汉语言文学	209	34.72
8	机械设计制造及其自动化	208	34.55
9	法学	202	33.55
10	国际经济与贸易	188	31.23

2001 年度，设置最多的前 10 种专业，分别是计算机科学与技术、英语、工商管理、会计学、电子信息工程、数学与应用数学、法学、信息管理与信息系统、汉语言文学和国际经济与贸易，如表 2.23。与 2000 年度相比，所有专业布点及其高校覆盖率都有所增加。其中专业布点增加最多的是信息管理与信息系统专业，2001 年度该专业增加 51 个布点，其高校覆盖率从 2000 年度的 28.57% 上升到 2000 年度的 37.48%，高校覆盖率的名次也从 2000 年度的第 12 位上升到 2001 年度的第 8 位。英语专业布点增加了 36 个，其高校覆盖率首次达到 60% 以上。即在 2001 年度，全国 60% 以上的高校都设置的专业增加到 2 种，分别是计算机科学与技术和英语专业。

表 2.23　　　　2001 年度高校布点最多的前 10 种专业　　　　单位：个，%

排序	专业	专业布点	高校覆盖率
1	计算机科学与技术	405	68.07

续表

排序	专业	专业布点	高校覆盖率
2	英语	394	66.22
3	工商管理	272	45.71
4	会计学	247	41.51
5	电子信息工程	237	39.83
6	数学与应用数学	235	39.50
7	法学	228	38.32
8	信息管理与信息系统	223	37.48
9	汉语言文学	219	36.81
10	国际经济与贸易	212	35.63

2002年度，设置最多的前10种专业，分别是英语、计算机科学与技术、工商管理、法学、信息管理与信息系统、信息与计算科学、国际经济与贸易、电子信息工程、数学与应用数学和会计学，如表2.24。与2001年度相比，所有专业布点及其高校覆盖率都有所增加，除会计学和工商管理专业外，其余所有专业增加的布点都在30个以上。其中专业布点增加最多的是信息与计算科学专业，2002年度该专业增加了74个布点，高校覆盖率从2001年度的34.62%上升到2002年度的44.37%，高校覆盖率的名次也从2001年度的第12位上升到2002年度的第6位。英语和计算机科学与技术专业得到进一步的发展，其专业布点分别是461个和451个，这两个专业的高校覆盖率都超过了70%。

表2.24　　　　2002年度高校布点最多的前10种专业　　　单位：个,%

排序	专业	专业布点	高校覆盖率
1	英语	461	73.06
2	计算机科学与技术	451	71.47
3	工商管理	296	46.91
4	法学	295	46.75
5	信息管理与信息系统	282	44.69
6	信息与计算科学	280	44.37

续表

排序	专业	专业布点	高校覆盖率
7	国际经济与贸易	273	43.26
8	电子信息工程	270	42.79
9	数学与应用数学	269	42.63
10	会计学	264	41.84

2003年度，设置最多的前10种专业，分别是英语、计算机科学与技术、法学、国际经济与贸易、工商管理、信息与计算科学、信息管理与信息系统、艺术设计、数学与应用数学和电子信息工程，如表2.25。与2002年度相比，所有专业布点及其高校覆盖率都有所增加，除计算机科学与技术和电子信息工程专业外，其余所有专业增加的布点都在30个以上。布点增加50个以上的有法学、国际经济与贸易和艺术设计专业。其中，2002年度艺术设计专业增加了50个布点，高校覆盖率从2002年度的40.25%上升到2003年度的47.06%，高校覆盖率的名次也从2002年度的第11位上升到2003年度的第8位。

表2.25　　　　　　　2003年度高校布点最多的前10种专业　　　　单位：个,%

排序	专业	专业布点	高校覆盖率
1	英语	498	77.09
2	计算机科学与技术	479	74.15
3	法学	346	53.56
4	国际经济与贸易	332	51.39
5	工商管理	326	50.46
6	信息与计算科学	322	49.85
7	信息管理与信息系统	317	49.07
8	艺术设计	304	47.06
9	数学与应用数学	301	46.59
10	电子信息工程	298	46.13

2004年度，设置最多的前10种专业，分别是英语、计算机科学与技术、法学、国际经济与贸易、艺术设计、工商管理、信息管理与信息系

统、电子信息工程、市场营销和会计学,如表2.26。与2003年度相比,所有专业布点都有了大幅度的增加,且增加的布点都在100个以上。其中英语和计算机科学与技术专业增加的布点在200个以上。高校覆盖率方面,只有工商管理和信息管理与信息系统两种专业略有下降,其他专业都有所上升。其中会计学专业增加了134个布点,其高校覆盖率回到了第10位;市场营销专业增加了143个布点,其高校覆盖率从2003年度的42.88%上升到2002年度的46.28%,名次也从2003年度的第13位上升到2004年度的第9位。而信息与计算科学和数学与应用数学专业因专业布点增加较少,高校覆盖率的名次跌出了前10位。

表2.26　　　　2004年度高校布点最多的前10种专业　　　　单位:个,%

排序	专业	专业布点	高校覆盖率
1	英语	738	78.34
2	计算机科学与技术	718	76.22
3	法学	525	55.73
4	国际经济与贸易	521	55.31
5	艺术设计	475	50.42
6	工商管理	466	49.47
7	信息管理与信息系统	454	48.20
8	电子信息工程	440	46.71
9	市场营销	436	46.28
10	会计学	429	45.54

2005年度,设置最多的前10种专业,分别是英语、计算机科学与技术、国际经济与贸易、法学、艺术设计、市场营销、信息管理与信息系统、工商管理、电子信息工程和会计学,如表2.27。与2004年度相比,所有专业布点及其高校覆盖率都有所增加。其中市场营销、艺术设计、计算机科学与技术和英语专业增加的布点都在50个以上。英语和计算机科学与技术专业得到更进一步的发展,其专业布点分别是791个和778个,这两个专业的高校覆盖率都超过了80%。

表 2.27　　　　　2005 年度高校布点最多的前 10 种专业　　　单位：个，%

排序	专业	专业布点	高校覆盖率
1	英语	791	81.38
2	计算机科学与技术	778	80.04
3	国际经济与贸易	563	57.92
4	法学	561	57.72
5	艺术设计	542	55.76
6	市场营销	510	52.47
7	信息管理与信息系统	500	51.44
8	工商管理	494	50.82
9	电子信息工程	483	49.69
10	会计学	455	46.81

2006 年度，设置最多的前 10 种专业，分别是英语、计算机科学与技术、国际经济与贸易、艺术设计、市场营销、法学、信息管理与信息系统、电子信息工程、工商管理和汉语言文学，如表 2.28。与 2005 年度相比，所有专业布点都有所增加，增加布点在 30 个以上。高校覆盖率方面，只有工商管理和法学两种专业略有下降，其他都有所上升。其中汉语言文学专业增加了 49 个布点，其高校覆盖率回到了第 10 位。英语和计算机科学与技术专业得到更进一步的发展，2006 年度全国设置英语和计算机科学与技术专业的高校均超过 800 所。

表 2.28　　　　　2006 年度高校布点最多的前 10 种专业　　　单位：个，%

排序	专业	专业布点	高校覆盖率
1	英语	871	83.59
2	计算机科学与技术	836	80.23
3	国际经济与贸易	636	61.04
4	艺术设计	619	59.40
5	市场营销	602	57.77
6	法学	599	57.49
7	信息管理与信息系统	545	52.30

续表

排序	专业	专业布点	高校覆盖率
8	电子信息工程	540	51.82
9	工商管理	529	50.77
10	汉语言文学	499	47.89

2007年度，设置最多的前10种专业，分别是英语、计算机科学与技术、艺术设计、国际经济与贸易、市场营销、法学、电子信息工程、信息管理与信息系统、工商管理和汉语言文学，如表2.29。与2006年度相比，所有专业布点都有所增加。高校覆盖率方面，法学专业略有下降，其他都有所上升。

表2.29　　　　2007年度高校布点最多的前10种专业　　　　单位：个,%

排序	专业	专业布点	高校覆盖率
1	英语	898	84.64
2	计算机科学与技术	857	80.77
3	艺术设计	671	63.24
4	国际经济与贸易	666	62.77
5	市场营销	644	60.70
6	法学	606	57.12
7	电子信息工程	566	53.35
8	信息管理与信息系统	562	52.97
9	工商管理	541	50.99
10	汉语言文学	523	49.29

2008年度，设置最多的前10种专业，分别是英语、计算机科学与技术、艺术设计、国际经济与贸易、市场营销、法学、电子信息工程、信息管理与信息系统、工商管理和汉语言文学，如表2.30。与2007年度相比，所有专业布点都有所增加。高校覆盖率方面，法学专业略有下降，其他都有所上升。英语专业发展迅速，2008年度有925所高校设置了英语专业，该专业的高校覆盖率达到85.65%。

表 2.30　　　　　2008 年度高校布点最多的前 10 种专业　　　　单位：个,%

排序	专业	专业布点	高校覆盖率
1	英语	925	85.65
2	计算机科学与技术	873	80.83
3	艺术设计	702	65.00
4	国际经济与贸易	693	64.17
5	市场营销	677	62.69
6	法学	613	56.76
7	电子信息工程	588	54.44
8	信息管理与信息系统	584	54.07
9	工商管理	553	51.20
10	汉语言文学	539	49.91

2009 年度，高校布点最多的前 10 种专业，分别是英语、计算机科学与技术、艺术设计、国际经济与贸易、市场营销、法学、电子信息工程、信息管理与信息系统、工商管理和汉语言文学，如表 2.31。与 2008 年度相比，所有专业布点都有所增加，但增加的个数都较少。布点增加最多的是艺术设计专业，为 29 个。高校覆盖率方面，法学专业略有下降，其他都有所上升。该年度专业发展的主要特征是，高校布点最多的 10 种专业的覆盖率都在 50% 以上，即 2009 年度有超过一半的高校设置了这 10 种本科专业。

表 2.31　　　　　2009 年度高校布点最多的前 10 种专业　　　　单位：个,%

排序	专业	专业布点	高校覆盖率
1	英语	941	86.17
2	计算机科学与技术	889	81.41
3	艺术设计	731	66.94
4	国际经济与贸易	708	64.84
5	市场营销	702	64.29
6	法学	614	56.23
7	电子信息工程	603	55.22

续表

排序	专业	专业布点	高校覆盖率
8	信息管理与信息系统	600	54.95
9	工商管理	568	52.01
10	汉语言文学	552	50.55

2010年度,一半以上的高校设置的本科专业有11种,分别是英语、计算机科学与技术、艺术设计、国际经济与贸易、市场营销、法学、电子信息工程、信息管理与信息系统、工商管理、汉语言文学和会计学,如表2.32。与2009年度相比,所有专业布点都有所增加,但增加的个数都较少。布点增加最多的是会计学专业,为31个,其高校覆盖率从2009年度的49.54%上升到51.39%。在高校覆盖率方面,除会计学、市场营销和汉语言文学专业有所上升以外,其他专业都略有下降。英语和计算机科学与技术专业得到更进一步的发展,2010年度设置英语和计算机科学与技术专业的高校均超过900所。

表2.32　　　　2010年度一半以上的高校设置的本科专业　　　单位:个,%

排序	专业	专业布点	高校覆盖率
1	英语	958	86.07
2	计算机科学与技术	902	81.04
3	艺术设计	735	66.04
4	国际经济与贸易	716	64.33
5	市场营销	718	64.51
6	法学	622	55.88
7	电子信息工程	613	55.08
8	信息管理与信息系统	611	54.90
9	工商管理	575	51.66
10	汉语言文学	570	51.21
11	会计学	572	51.39

2011年度,一半以上的高校设置的本科专业有11种,分别是英语、计算机科学与技术、艺术设计、市场营销、国际经济与贸易、信息管理与

信息系统、法学、电子信息工程、会计学、工商管理和汉语言文学，如表2.33。与2010年度相比，所有专业布点都有所增加，但增加的布点都较少。布点增加最多的是艺术设计专业，其增加了25个布点。在高校覆盖率方面，法学和工商管理专业略有下降，电子信息工程专业保持不变，其他专业都有所上升。但全部专业的布点变化较小。

表2.33 2011年度一半以上的高校设置的本科专业　　单位：个，%

排序	专业	专业布点	高校覆盖率
1	英语	975	86.21
2	计算机科学与技术	922	81.52
3	艺术设计	760	67.20
4	市场营销	740	65.43
5	国际经济与贸易	729	64.46
6	信息管理与信息系统	624	55.17
7	法学	623	55.08
8	电子信息工程	623	55.08
9	会计学	587	51.90
10	工商管理	581	51.37
11	汉语言文学	580	51.28

2012年度，一半以上的高校设置的本科专业有11种，分别是英语、计算机科学与技术、艺术设计、市场营销、国际经济与贸易、电子信息工程、信息管理与信息系统、法学、会计学、汉语言文学和工商管理，如表2.34。与2011年度相比，法学和工商管理专业布点没有发生变化，其他专业布点都有所增加，但增加的布点都较少。布点增加最多的是艺术设计专业，其增加的布点为22个。在高校覆盖率方面，汉语言文学、会计学、电子信息工程、市场营销和艺术设计专业略有上升，其他专业则略有下降。但全部专业的变化都较小。

表2.34 2012年度一半以上的高校设置的本科专业　　单位：个，%

排序	专业	专业布点	高校覆盖率
1	英语	987	86.13

续表

排序	专业	专业布点	高校覆盖率
2	计算机科学与技术	932	81.33
3	艺术设计	782	68.24
4	市场营销	757	66.06
5	国际经济与贸易	734	64.05
6	电子信息工程	635	55.41
7	信息管理与信息系统	631	55.06
8	法学	623	54.36
9	会计学	598	52.18
10	汉语言文学	590	51.48
11	工商管理	581	50.70

1999—2012年度，各年度布点最多的专业发生了较大变化。布点最多的前10种专业的覆盖率逐年上升，上升幅度也较大。特别是一半以上的高校都设置的专业越来越多；英语专业和计算机科学与技术专业发展特别快，从2005年度开始这两种专业的高校覆盖率就达到80%以上。

2. 增长的本科专业

1999—2012年度，布点增加的专业有277种[①]，这277种专业增加的布点有27575个，平均每种专业增加99.55个。专业布点增加最多的前25种专业的基本情况如表2.35。其中，英语专业增加的布点最多，增加了677个布点，增加比例为218.39%；其次是艺术设计，增加了651个布点，增加比例为496.95%；再次是市场营销，增加了618个布点，增加比例为444.60%。从总体看，在这25种专业中，占大多数的仍是经济学类和应用类专业。在这期间，布点没有发生变化的专业有23种。

表2.35　　1999—2012年度专业布点增加最多的前25种专业　　单位：个,%

专业	1999年	2012年	增加的专业布点	增加的比例
英语	310	987	677	218.39

---

① 不包括1999—2012年度高校新设置的专业。

续表

专业	1999年	2012年	增加的专业布点	增加的比例
艺术设计	131	782	651	496.95
市场营销	139	757	618	444.60
计算机科学与技术	346	932	586	169.36
国际经济与贸易	191	734	543	284.29
财务管理	56	539	483	862.50
信息管理与信息系统	151	631	480	317.88
电子信息工程	187	635	448	239.57
公共事业管理	57	495	438	768.42
法学	193	623	430	222.80
信息与计算科学	101	525	424	419.80
汉语言文学	168	590	422	251.19
旅游管理	84	504	420	500.00
通信工程	88	495	407	462.50
日语	92	496	404	439.13
软件工程	0	400	400	—
人力资源管理	37	423	386	1043.24
电气工程及其自动化	108	473	365	337.96
电子商务	0	354	354	—
物流管理	0	353	353	—
会计学	247	598	351	142.11
动画	2	335	333	16650.00
网络工程	0	329	329	—
工程管理	78	407	329	421.79
数学与应用数学	194	517	323	166.49

1999—2012年度，专业布点平均增长280.66%。专业布点增长500%以上的专业有54种；增长1000%以上的有21种；增长10000%以上的专业共3种，如表2.36。

表 2.36　　1999—2012 年度专业布点增长 1000% 以上的专业　　单位：个，%

专业	1999 年	2012 年	增加的专业布点	增加的比例
动画	2	335	333	16650.00
车辆工程	1	166	165	16500.00
机械电子工程	1	128	127	12700.00
小学教育	4	175	171	4275.00
播音与主持艺术	4	162	158	3950.00
对外汉语	12	323	311	2591.67
社会体育	10	256	246	2460.00
复合材料与工程	1	23	22	2200.00
舞蹈编导	3	62	59	1966.67
保险	5	103	98	1960.00
应用心理学	14	274	260	1857.14
劳动与社会保障	8	156	148	1850.00
社会工作	15	280	265	1766.67
舞蹈学	9	167	158	1755.56
广播电视编导	10	182	172	1720.00
公共关系学	1	18	17	1700.00
摄影	5	87	82	1640.00
光信息科学与技术	10	138	128	1280.00
海洋科学	2	25	23	1150.00
广播电视新闻学	18	224	206	1144.44
人力资源管理	37	423	386	1043.24

1999—2012 年度，全国高校新设置的本科专业共 295 种，占 2012 年度高校所设置专业种数的 57.28%。

3. 仅一所高校设置的本科专业

1999—2012 年度，全国高校共设置了 515 种专业。这些专业在各个高校的布点仍呈不均衡状态。

如图 2.24，1999—2012 年度，各年度只有一个布点的专业都有一定数量的增加。从总体看，各年度只有一个布点的专业种数占高校所设置专业的比例均在 14% 以上。

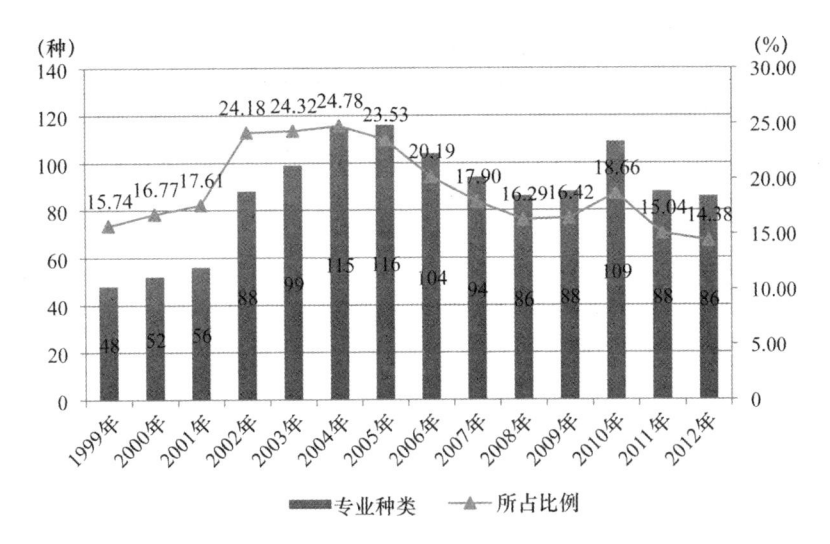

图 2.24　1999—2012 年度只有一个布点的专业种数及占专业种数比

4. 布点减少或撤销的本科专业

1999—2012 年度，专业撤销或转设为其他专业的有两种，分别是塞尔维亚—克罗地亚语专业和影视教育专业。

布点减少的专业有 3 种，分别是水产养殖教育专业、农艺教育专业和农产品储运与加工教育专业，各减少 1 个布点。

（三）2013—2015 年度具体专业布点

2013—2015 年度，全国高校的本科专业布点逐年增加，大多数专业的布点有所增加，其间新设置专业有 7 种。

1. 较多高校设置的本科专业

2013—2015 年度，高校覆盖率都在 50% 以上的专业有 10 种，依次是英语、计算机科学与技术、市场营销、国际经济与贸易、视觉传达设计、环境设计、电子信息工程、财务管理、法学和会计学。其中，覆盖率最高的是英语专业，其 2015 年度覆盖率为 81.27%，如表 2.37 所示。

表 2.37　　　　2013—2015 年度一半以上的高校设置的本科专业　　　单位：个,%

专业	2013 年 专业布点	2013 年 高校覆盖率	2014 年 专业布点	2014 年 高校覆盖率	2015 年 专业布点	2015 年 高校覆盖率
英语	981	83.85	988	82.13	989	81.27
计算机科学与技术	929	79.40	936	77.81	943	77.49
市场营销	762	65.13	776	64.51	779	64.01
国际经济与贸易	732	62.56	740	61.51	745	61.22
视觉传达设计	720	61.54	735	61.10	740	60.81
环境设计	715	61.11	720	59.85	727	59.74
电子信息工程	632	54.02	649	53.95	661	54.31
财务管理	596	50.94	613	50.96	649	53.33
法学	617	52.74	617	51.29	619	50.86
会计学	603	51.54	610	50.71	615	50.53

2. 增长的本科专业

2013—2015 年度，布点增加的专业有 373 种[①]，这些专业增加的布点有 3590 个，平均每种专业增加 9.62 个布点。专业布点增加最多的前 20 种专业的基本情况如表 2.38。其中，物联网工程专业增加的布点最多，增加了 143 个布点，增加比例为 53.96%；第二是商务英语专业，增加了 107 个布点，增加比例为 72.79%；第三是翻译专业，增加了 90 个布点，增加比例为 84.91%。在这期间，专业布点没有发生变化的有 131 种专业。

表 2.38　　　　2013—2015 年度专业布点增加最多的前 20 种专业　　　单位：个,%

专业	2013 年	2015 年	增加的专业布点	增加的比例
物联网工程	265	408	143	53.96
商务英语	147	254	107	72.79
翻译	106	196	90	84.91

---

① 不包括 2013—2015 年度高校新设置的专业。

续表

专业	2013年	2015年	增加的专业布点	增加的比例
工程造价	94	179	85	90.43
酒店管理	103	174	71	68.93
物流管理	392	458	66	16.84
机械电子工程	173	235	62	35.84
软件工程	439	501	62	14.12
数字媒体艺术	137	196	59	43.07
财务管理	596	649	53	8.89
数字媒体技术	138	189	51	36.96
网络与新媒体	42	92	50	119.05
国际商务	67	115	48	71.64
投资学	61	107	46	75.41
秘书学	74	120	46	62.16
风景园林	104	147	43	41.35
金融工程	109	150	41	37.61
车辆工程	187	227	40	21.39
土木工程	488	526	38	7.79
食品质量与安全	176	214	38	21.59

2013—2015年度，布点增加比例在50%以上的专业有68种，布点增加比例在100%以上的专业有30种。专业布点增幅最大的前10种专业的基本情况如表2.39，有3种专业的增幅在300%以上。

表2.39　　2013—2015年度专业布点增幅最大的前10种专业　　单位：个，%

专业	2013年	2015年	增加的专业布点	增加的比例
网络安全与执法	3	13	10	333.33
教育康复学	1	4	3	300.00
电子商务及法律	1	4	3	300.00
电气工程与智能控制	4	15	11	275.00
环境科学与工程	6	18	12	200.00
电信工程及管理	1	3	2	200.00

续表

专业	2013年	2015年	增加的专业布点	增加的比例
化学工程与工业生物工程	1	3	2	200.00
陶瓷艺术设计	1	3	2	200.00
艺术史论	5	14	9	180.00
历史建筑保护工程	2	5	3	150.00

2013—2015年度，全国高校新设置了7种本科专业，分别是商务经济学、实验艺术、铁道工程、索马里语、土库曼语、加泰罗尼亚语和约鲁巴语。

3. 布点减少或撤销的本科专业

2013—2015年度，专业布点减少的专业有5种，分别是教育技术学、印度尼西亚语、中医学、应用电子技术教育和电子信息科学与技术，其中布点减少最多的是教育技术学专业，共减少3个专业布点。印度尼西亚语、中医学、应用电子技术教育和电子信息科学与技术4种专业各减少1个布点。

五 发展最快的新专业和布点最多的专业

1994—2015年度经过了三次专业目录调整，不少专业发生了合并或分化，也产生了较多新专业。

1. 发展最快的新专业

2000年度以来我国高校发展最快的专业，分别是电子商务、物流管理、软件工程、网络工程和物联网工程，几乎都是与计算机相关的专业。2000年度以来发展最快的5种新专业发展趋势如图2.25。

（1）电子商务专业2001年度开始设置，到2015年度该专业发展到402个布点，专业高校覆盖率33.03%，年均增长27.79个布点，年平均增长27.78%。

（2）物流管理专业2001年度开始设置，到2015年度该专业发展到458个布点，专业高校覆盖率37.63%，年均增长30.53个布点，年平均增长54.90%。

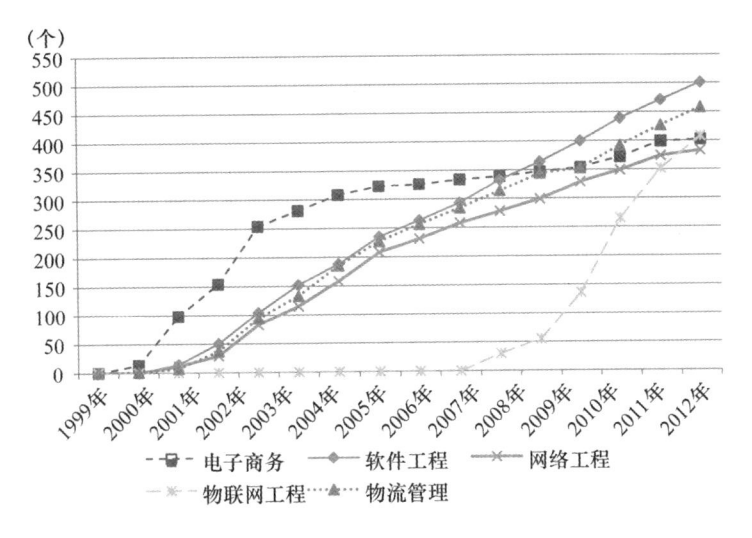

图 2.25　2000 年度以来发展最快的 5 种专业布点

（3）软件工程专业 2002 年度开始设置，到 2015 年度该专业发展到 501 个布点，专业高校覆盖率 41.17%，年均增长 35.79 个布点，年平均增长 31.68%。

（4）网络工程专业 2002 年度开始设置，到 2015 年度该专业发展到 383 个布点，专业高校覆盖率 31.47%，年均增长 28.62 个布点，年平均增长 31.40%。

（5）物联网工程专业 2010 年度开始设置，到 2015 年度该专业发展到 408 个布点，专业高校覆盖率 33.53%，年均增长 81.60 个布点，年平均增长 65.03%。

2. 布点最多的专业

1994—2015 年度，布点最多的前 10 种专业分别是英语、计算机科学与技术、市场营销、国际经济与贸易、电子信息工程、财务管理、法学、会计学、信息管理与信息系统和艺术设计[1]，如图 2.26。

1994—2015 年度，布点最多的前 10 种专业发展迅速。1994 年度，这 10 种专业有 1210 个布点，占当年度全国高校本科专业布点的 13.78%；2004 年度，这 10 种专业有 4982 个布点，占当年度全国高校本科专业布

---

[1] 其中艺术设计专业 2013 年度开始转设为视觉传达设计、环境设计和产品设计专业。

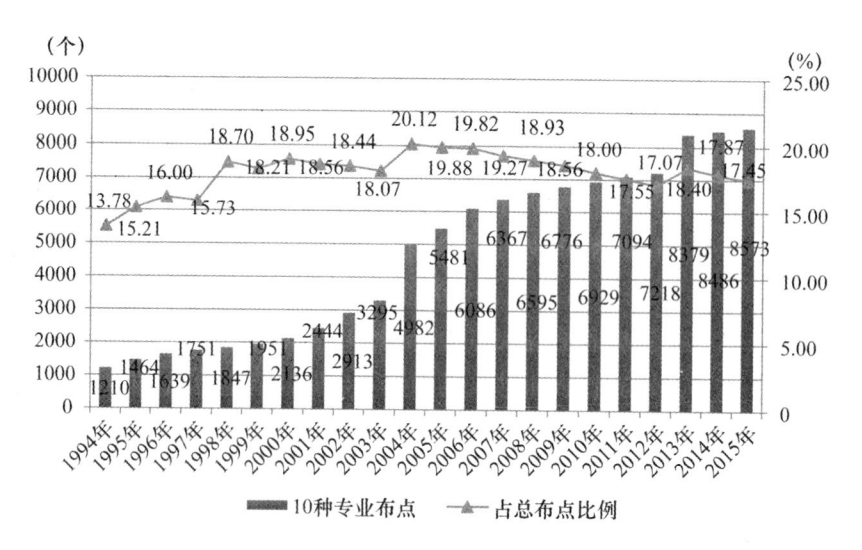

图 2.26　1994—2015 年度布点最多的前 10 种专业发展及其所占比例

点的 20.12%，为历年最高；2015 年度有 8574 个布点，占全国高校本科专业布点的 17.45%。这表明这 21 年来，布点最多的专业不仅得到了快速发展，而且这 10 种专业一直占全国高校本科专业的较大比重。这 10 种专业的发展情况具体如下：

（1）1994 年度，英语专业有 137 个布点，专业的高校覆盖率是 22.10%；2015 年度，英语专业有 989 个布点，专业的高校覆盖率是 81.27%。1994—2015 年度，英语专业共增加 852 个布点，年均增长 40.57 个布点，年平均增长率 9.87%。

（2）1994 年度，计算机科学与技术专业有 293 个布点，专业的高校覆盖率是 47.26%；2015 年度，计算机科学与技术专业有 943 个布点，专业的高校覆盖率是 77.49%。1994—2015 年度，计算机科学与技术专业共增加 650 个布点，年均增长 30.95 个布点，年平均增长率 5.72%。

（3）1994 年度，市场营销专业有 53 个布点，专业的高校覆盖率是 8.55%；2015 年度，市场营销专业有 779 个布点，专业的高校覆盖率是 64.01%。1994—2015 年度，市场营销专业共增加 726 个布点，年均增长 34.57 个布点，年平均增长率 13.65%。

（4）1994 年度，国际经济与贸易专业有 95 个布点，专业的高校覆盖率是 15.32%；2015 年度，国际经济与贸易专业有 745 个布点，专业的高校覆盖率是61.22%。1994—2015年度，国际经济与贸易专业共增加650个布点，年均增长30.95个布点，年平均增长率10.30%。

（5）1994年度，电子信息工程专业有181个布点，专业的高校覆盖率是29.19%；2015年度，电子信息工程专业有661个布点，专业的高校覆盖率是54.31%。1994—2015年度，电子信息工程专业共增加480个布点，年均增长22.86个布点，年平均增长率6.36%。

（6）1994年度，财务管理专业有10个布点，专业的高校覆盖率是1.61%；2015年度，财务管理专业有649个布点，专业的高校覆盖率是53.33%。1994—2015年度，财务管理专业共增加639个布点，年均增长30.43个布点，年平均增长率21.98%。

（7）1994年度，法学专业有59个布点，专业的高校覆盖率是9.52%；2015年度，法学专业有619个布点，专业的高校覆盖率是50.86%。1994—2015年度，法学专业共增加560个布点，年均增长26.67个布点，年平均增长率11.84%。

（8）1994年度，会计学专业有167个布点，专业的高校覆盖率是26.94%；2015年度，会计学专业有615个布点，专业的高校覆盖率是50.53%。1994—2015年度，会计学专业共增加448个布点，年均增长21.33个布点，年平均增长率6.40%。

（9）1994年度，信息管理与信息系统专业有110个布点，专业的高校覆盖率是17.74%；2015年度，信息管理与信息系统专业有614个布点，专业的高校覆盖率是50.45%。1994—2015年度，信息管理与信息系统专业共增加504个布点，年均增长24个布点，年平均增长率8.53%。

（10）1994年度，艺术设计专业有105个布点，专业的高校覆盖率是16.94%；2012年度，艺术设计专业有782个布点，专业的高校覆盖率是68.24%。1994—2012年度，艺术设计专业共增加677个布点，年均增长37.61个布点，年平均增长率11.80%。2013年度后，艺术设计专业分化为视觉传达设计、环境设计和产品设计专业。分化后，这3种专业布点有了很大发展，到2015年度视觉传达设计、环境设计和产品设计专业布点分别是740个、727个和490个，这3种专业布点共1957个。可以说，从1994年度开始艺术设计专业有了很大发展。

第三章 第三次全国高校专业调整后典型年度的专业设置

一 1994年度全国高校专业设置状况

1994年度，全国本科院校620所，本科专业布点8778个，校均设置14.16个专业。

（一）专业布点的学科门类分布

1994年度，专业布点的学科门类分布从多到少依次为工学、文学、理学、经济学、农学、医学、教育学、法学、历史学、哲学，如表3.1。其中工学专业布点3778个，占高校专业布点的43.04%。布点最少的是哲学类，其专业布点63个，占高校专业布点的0.72%。专业布点在门类上分布不均衡。

表3.1　　　　1994年度高校本科专业布点的门类分布　　　　单位：个，%

门类	哲学	经济学	法学	教育学	文学
布点数	63	1048	261	343	1119
占比例	0.72	11.94	2.97	3.91	12.75
门类	历史学	理学	工学	农学	医学
布点数	198	1061	3778	474	433
占比例	2.26	12.09	43.04	5.40	4.93

（二）专业布点的专业类分布

1994年度，本科专业布点覆盖了全部专业类，平均每个专业类约122

个专业布点。

专业布点超过500个的专业类有3个,分别是机械类、电子与信息类和经济学类,如表3.2。公安类、管理类、海洋科学类、力学类、地球物理学类、基础医学类、天文学类和农业推广类这8个专业类的专业布点都少于10个。

表3.2　　　　　　　1994年度各专业类的专业布点　　　　　　单位:个

专业类名称	专业布点	专业类名称	专业布点	专业类名称	专业布点
机械类	750	动物生产与兽医类	113	口腔医学类	31
电子与信息类	664	农业工程类	110	水产类	29
经济学类	604	教育学类	99	马克思主义理论类	28
外国语言文学类	447	体育学类	94	社会学类	28
工商管理类	444	中医学类	86	航空航天类	27
艺术类	406	地理科学类	82	材料科学类	26
土建类	334	热能核能类	68	地质学类	25
电工类	276	环境类	68	环境科学类	25
管理工程类	274	运输工程类	68	测绘类	24
化工与制药类	261	图书信息档案学类	67	大气科学类	22
数学类	257	药学类	66	心理学类	20
材料类	238	新闻学类	62	兵器类	18
中国语言文学类	204	纺织类	61	护理学类	14
植物生产类	198	政治学类	57	科技信息与管理类	12
化学类	188	森林资源类	56	公安学类	10
物理学类	182	预防医学类	55	法医学类	10
地矿类	168	水利类	52	公安类	8
法学类	166	信息与电子科学类	49	管理类	8
临床医学与医学技术类	158	管理类	43	海洋科学类	7
生物科学类	151	哲学类	35	力学类	7
历史学类	131	职业技术教育类	33	地球物理学类	5
轻工粮食食品类	130	林业工程类	33	基础医学类	5
思想政治教育类	117	工程力学类	33	天文学类	3
仪器仪表类	113	环境保护类	33	农业推广类	2

(三) 专业布点的具体分析

1994年度，全国高校本科专业有575种，其中从严控制专业38种，目录外专业76种，平均每种专业布点有15个，但各高校的专业布点存在极大差异。

1. 布点最多和最少的专业

1994年度，布点超过100个的专业有9种，这9种专业有1326个布点，占高校专业布点的15.11%，如表3.3。其中，布点最多的是计算机及应用专业，布点189个，该专业的高校覆盖率达30.48%。

表3.3　　　　1994年度专业布点超过100个的专业　　　单位：个,%

排序	专业	专业布点	高校覆盖率
1	计算机及应用	189	30.48
2	机械设计及制造	179	28.87
3	会计学	167	26.94
4	工业自动化	157	25.32
5	英语	137	22.10
6	管理工程	135	21.77
7	机械制造工艺与设备	128	20.65
8	思想政治教育	117	18.87
9	建筑工程	117	18.87

如表3.4所示，布点少于50个的专业共535种，占总设置专业种数的93.03%，即在1994年度，有525种专业的高校覆盖率为8.06%。其中，有139种专业仅有一所高校设置。

表3.4　　　　1994年度专业种数与布点数统计简表　　　单位：个，种,%

序号	布点数	专业种数	比例	累积比例
1	1	139	24.17	24.17
2	2—5	153	26.61	50.78
3	6—10	78	13.57	64.35

续表

序号	布点数	专业种数	比例	累积比例
4	11—50	165	28.70	93.04
5	51—100	31	5.39	98.43
6	101 以上	9	1.57	100.00

2. 专业布点较多的高校和专业布点较少的高校

（1）专业布点较多的高校。1994 年度，设置的本科专业在 50 种以上的高校共 17 所，如表 3.5。在这 17 所高校中，除华中理工大学、天津大学、西安交通大学和华南理工大学 4 所为理工院校外，其余 13 所都是综合大学。其中，设置的本科专业最多的是四川联合大学，该校有 86 种本科专业。

表 3.5　　　　1994 年度设置的本科专业在 50 种以上的高校　　　　单位：个

排序	学校	专业布点	排序	学校	专业布点
1	四川联合大学	86	9	南开大学	55
2	北京大学	85	11	华中理工大学	54
3	南京大学	69	11	天津大学	54
4	上海大学	68	13	杭州大学	53
5	复旦大学	63	13	西安交通大学	53
6	武汉大学	60	15	华南理工大学	52
7	厦门大学	58	15	西北大学	52
8	山西大学	56	15	中山大学	52
9	吉林大学	55			

（2）专业布点较少的高校。1994 年度，有 30.48% 的高校设置的专业在 11—20 种，超过一半的高校所设置的专业种数少于 20 种。其中，只设置 2—5 种专业的高校超过 1/5，如表 3.6。特别是，仅设置一种专业的高校有 13 所。这 13 所高校分别是大理医学院、赣南医学院、广州大学、海南医学院、河北体育学院、济南联合大学、石河子医学院、天津体育学院、延安医学院、仰恩大学、药王山藏医学院、右江民族医学院和中国民

用航空飞行学院。

表3.6　　　　　　　　1994年度高校专业设置规模　　　　单位：个，所，%

次序	专业布点	学校数	比例	累积比例
1	51以上	17	2.74	2.74
2	41—50	15	2.42	5.16
3	31—40	34	5.48	10.64
4	21—30	51	8.23	18.87
5	11—20	189	30.48	49.35
6	6—10	167	26.94	76.29
7	2—5	134	21.61	97.90
8	1	13	2.10	100.00

3. 分学校特征的专业分布

（1）从办学类型看，大学类型的高校院校的本科专业布点5301个，占所有专业布点的60.39%；学院类型的高校的本科专业布点3477个，占所有专业布点的39.61%。

（2）如表3.7，从学校的性质类别看，专业最多的是理工院校，专业布点3281个，占所有专业布点的37.38%；其次是综合大学，专业布点2150个，占所有专业布点的24.49%。综合大学与理工院校占所有专业布点的61.87%，即1994年度超过60%的专业集中在理工院校和综合大学。体育院校和政法院校设置的专业比例低于1%。

表3.7　　　　　　1994年度分学校性质类别专业设置状况　　　　单位：个，%

性质类别	专业布点	比例	性质类别	专业布点	比例
综合大学	2150	24.49	语文院校	115	1.31
理工院校	3281	37.38	财经院校	511	5.82
农业院校	631	7.19	政法院校	62	0.71
林业院校	109	1.24	体育院校	37	0.42
医药院校	445	5.07	艺术院校	263	3.00
师范院校	1009	11.49	民族院校	165	1.88

4. 分学校所在地的专业分布

（1）华北地区高校专业布点 1842 个，占高校专业布点的 20.98%；东北地区高校专业布点 1223 个，占高校专业布点的 13.93%；华东地区高校专业布点 2517 个，占高校专业布点的 28.67%；中南地区高校专业布点 1536 个，占高校专业布点的 17.50%；西南地区高校专业布点 810 个，占高校专业布点的 9.23%；西北地区高校专业布点 850 个，占高校专业布点的 9.68%。华北地区和华东地区高校的本科专业布点几乎占了全国高校的一半。

（2）从所在省份（省、市、自治区）看，如表 3.8，北京市高校本科专业布点最多，达到 987 个，占全国专业布点的 11.24%，这比排名第二的江苏省多 369 个布点。专业布点 500 个以上的还有上海、辽宁和湖北三个省份。而西藏、海南、青海、宁夏和贵州 5 个省份的高校本科专业布点则少于 100 个。

表 3.8　　　1994 年度各省（市、自治区）高校专业设置状况　　单位：个

排序	省份	专业布点	排序	省份	专业布点	排序	省份	专业布点
1	北京	987	12	浙江	283	23	甘肃	156
2	江苏	618	13	河北	270	24	新疆	149
3	上海	564	13	安徽	270	25	广西	140
4	辽宁	523	15	天津	254	26	内蒙古	123
5	湖北	516	16	湖南	252	27	贵州	93
6	陕西	468	17	河南	241	28	宁夏	42
7	山东	427	18	山西	208	29	青海	35
8	吉林	356	19	福建	192	30	海南	34
9	广东	353	20	重庆	190	31	西藏	17
10	黑龙江	344	21	云南	178	合计	总计	8778
11	四川	332	22	江西	163			

（3）从所在城市看，如表 3.9，1994 年全国 8778 个专业布点分布在 127 个城市。省会城市（或直辖市）高校本科专业布点 6914 个，占所有专业布点的 78.77%；而非省会城市高校本科专业布点仅为 1864 个，只

占全国专业布点的 21.23%。

高校专业布点超过 200 个的城市共 12 个。这 12 个城市都是省会城市（直辖市），分别是北京市（987 个）、上海市（654 个）、武汉市（485 个）、西安市（405 个）、南京市（367 个）、广州市（292 个）、长春市（286 个）、天津市（254 个）、沈阳市（267 个）、哈尔滨市（267 个）、成都市（264 个）、杭州市（235 个）。非省会城市中高校专业布点超过 100 个的城市有大连市（152 个）和青岛市（135 个）。其中，有 14 个城市的高校本科专业布点在 5 个以下。

表 3.9　　　　　　　1994 年度高校专业设置城市布点　　　　　单位：个

排序	专业布点	城市数	排序	专业布点	城市数	排序	专业布点	城市数
1	501 以上	2	5	61—70	3	9	21—30	11
2	201—500	10	6	51—60	2	10	10—20	33
3	101—200	12	7	41—50	2	11	6—10	24
4	91—100	5	8	31—40	9	12	1—5	14

二　1998 年度全国高校专业设置状况

1998 年度，全国本科院校 600 所，本科专业布点 11135 个，校均设置 18.56 个专业，校均设置专业比 1994 年度增加了 4.40 个。

（一）专业布点的学科门类分布

1998 年度，专业布点的门类次序从多到少依次为工学、经济学、文学、理学、农学、医学、教育学、法学、历史学和哲学。其中工学专业布点 4573 个，占高校专业布点的 41.07%，比 1994 年降低了 1.96%。而布点最少的哲学的专业布点比例低于 1%，仅为 0.56%，如表 3.10。

表 3.10　　　1998 年度全国高校本科专业布点的门类分布　　　单位：个,%

门类	哲学	经济学	法学	教育学	文学
专业布点	62	1595	423	466	1482

续表

门类	哲学	经济学	法学	教育学	文学
占比例	0.56	14.32	3.80	4.19	13.31
门类	历史学	理学	工学	农学	医学
专业布点	216	1220	4573	572	526
占比例	1.94	10.96	41.07	5.14	4.72

（二）专业布点的专业类分布

1998年度，全国高校本科专业布点覆盖了全部专业类，平均每个专业类约155个专业布点。专业布点超过500个的专业类有6个。专业布点最多的是电子与信息类，布点890个，其余5个专业类依次是：经济学类、机械类、工商管理类、外国语言文学类和艺术类，如表3.11。

专业布点少于10个的专业类分别是天文学类、农业推广类、地球物理学类、基础医学类、海洋科学类和力学类。

表3.11　　　　　　1998年度各专业类的专业布点　　　　　单位：个

专业类名称	专业布点	专业类名称	专业布点	专业类名称	专业布点
电子与信息类	890	仪器仪表类	123	水产类	38
经济学类	836	教育学类	122	哲学类	36
机械类	824	思想政治教育类	121	工程力学类	36
工商管理类	759	农业工程类	119	材料科学类	34
外国语言文学类	586	新闻学类	104	口腔医学类	33
艺术类	562	环境类	102	环境科学类	29
土建类	427	中医学类	101	航空航天类	29
管理工程类	359	职业技术教育类	96	心理学类	28
化工与制药类	353	运输工程类	92	马克思主义理论类	26
电工类	320	地理科学类	88	护理学类	25
数学类	312	政治学类	83	地质学类	22
法学类	280	药学类	82	大气科学类	20
材料类	279	热能核能类	75	兵器类	18
中国语言文学类	230	图书信息档案学类	72	科技信息与管理类	17
植物生产类	214	森林资源类	67	管理类	14

续表

专业类名称	专业布点	专业类名称	专业布点	专业类名称	专业布点
化学类	213	纺织类	65	公安学类	13
物理学类	194	预防医学类	65	公安类	11
临床医学与医学技术类	190	水利类	58	法医学类	10
生物科学类	186	环境保护类	56	力学类	8
轻工粮食食品类	162	信息与电子科学类	54	海洋科学类	7
地矿类	153	管理类	48	基础医学类	6
历史学类	144	社会学类	47	地球物理学类	5
动物生产与兽医类	144	林业工程类	40	农业推广类	5
体育学类	127	测绘类	38	天文学类	3

（三）专业布点的具体分析

1998年度，全国高校本科专业有614种，其中从严控制专业38种，目录外专业111种，平均每种专业布点有18.14个，而各高校的专业布点则存在极大的差异。

1. 布点最多和最少的专业

1998年度，布点超过100个的专业有14种，这14种专业有2143个布点，占高校专业布点的19.25%。其中，布点最多的是会计学专业，布点248个，该专业的高校覆盖率达到41.26%，如表3.12。

表3.12　　　　　1998年度专业布点超过100个的专业　　　　单位：个,%

排序	专业	专业布点	高校覆盖率
1	会计学	248	41.26
2	计算机及应用	240	39.93
3	英语	219	36.44
4	机械设计及制造	160	26.62
5	工业自动化	159	26.46
6	管理工程	153	25.46
7	建筑工程	135	22.46
8	机械电子工程	129	21.46
9	经济法	128	21.30

续表

排序	专业	专业布点	高校覆盖率
10	市场营销	122	20.30
11	思想政治教育	121	20.13
12	国际贸易	115	19.13
13	机械制造工艺与设备	111	18.47
14	应用电子技术	103	17.14

如表3.13，布点少于50个的专业共553种，占总设置专业种数的90.01%。其中，有128种专业仅有一所校设置。

表3.13　　　　1998年度专业布点统计简表　　　单位：个，种，%

序号	布点数	专业种数	比例	累积比例
1	1	128	20.85	20.85
2	2—5	159	25.90	46.75
3	6—10	88	14.33	61.08
4	11—50	178	28.99	90.07
5	51—100	47	7.65	97.72
6	101—200	11	1.79	99.51
7	201以上	3	0.49	100.00

2. 专业布点较多的高校和专业布点较少的高校

（1）1998年度，设置的本科专业在50种以上的高校共32所，如表3.14。本科专业布点最多的高校是浙江大学，该校1998年度设置的本科专业达124种。

表3.14　　　1998年度设置的本科专业在50种以上的高校　　　单位：个

排序	学校	专业布点	排序	学校	专业布点
1	浙江大学	124	17	哈尔滨工业大学	57
2	四川大学	98	17	同济大学	57

续表

排序	学校	专业布点	排序	学校	专业布点
3	北京大学	86	19	福州大学	56
4	上海大学	72	19	华中理工大学	56
5	南京大学	69	19	西安交通大学	56
5	太原理工大学	69	22	天津大学	55
7	复旦大学	67	23	扬州大学	54
8	广西大学	66	23	中央民族大学	54
8	石油大学	66	25	西北大学	52
10	武汉大学	64	25	中国人民大学	52
11	吉林大学	61	27	南京理工大学	51
11	厦门大学	61	27	青岛大学	51
11	山东大学	61	27	上海交通大学	51
14	山西大学	60	27	苏州大学	51
15	南开大学	59	27	云南大学	51
16	中山大学	58	27	中国农业大学	51

（2）1998年度，有29.78%的高校设置的专业在11—20种。有超过一半的高校专业布点在20个以下，共399所，占66.67%。其中，设置的本科专业在10种及以下的高校占36.77%，即1/3以上的学校的本科专业不超过10个，如表3.15。特别是，仅设置一种专业的高校仍有6所，这6所高校分别是赣南医学院、广州大学、海南医学院、山东矿山学院、药王山藏医学院和右江民族医学院。

表3.15　　　　　　1998年度高校专业设置规模　　　　单位：个，所，%

次序	专业布点	高校数	比例	累积比例
1	100以上	1	0.17	0.17
2	51—99	31	5.16	5.33
3	41—50	21	3.49	8.82
4	31—40	47	7.82	16.64
5	21—30	102	16.81	33.45
6	11—20	179	29.78	63.23

续表

次序	专业布点	高校数	比例	累积比例
7	6—10	126	20.97	84.20
8	2—5	88	14.64	98.84
9	1	6	1.16	100.00

3. 分学校特征的专业分布

（1）从办学类型看，属于大学类型的高校，共有本科专业布点7340个，占高校总专业布点的65.92%；属于学院类型的高校，共有本科专业布点3795个，占高校总专业布点的34.08%。

（2）从学校的性质类别看，本科专业布点最多的是理工院校，专业布点4177个，占所有专业布点的37.51%；其次是综合大学，专业布点2721个，占所有专业布点的24.44%。综合大学与理工院校占所有专业布点的61.95%，如表3.16。即1998年度超过60%的专业集中在理工院校和综合大学。体育院校和政法院校设置的专业布点比例仍低于1%。

表3.16　　　　1998年度分学校性质类别专业设置状况　　　单位：个,%

性质类别	专业布点	比例	性质类别	专业布点	比例
综合大学	2721	24.44	语文院校	148	1.33
理工院校	4177	37.51	财经院校	692	6.21
农业院校	751	6.74	政法院校	89	0.80
林业院校	146	1.31	体育院校	50	0.45
医药院校	517	4.64	艺术院校	292	2.62
师范院校	1311	11.77	民族院校	241	2.16

4. 分学校所在地的专业分布

（1）华北地区高校专业布点2240个，占高校专业布点的20.12%；东北地区高校专业布点1537个，占高校专业布点的13.80%；华东地区高校专业布点3138个，占高校专业布点的28.18%；中南地区高校专业布点2066个，占高校专业布点的18.55%；西南地区高校专业布点1063个，占高校专业布点的9.55%；西北地区高校专业布点1091个，占高校专业布点的9.80%。华北地区和华东地区高校的本科专业几乎占了全国高校本科专业的一半。

（2）从所在省份（省、市、自治区）看，如表3.17，北京市高校本科专业布点最多，达到1142个，占全国专业布点的10.26%，这比排名第二的江苏省多360个专业布点。专业布点500个以上的还有湖北、辽宁、上海、陕西和山东5个省份。西藏、海南、青海和宁夏4个省份的高校本科专业布点则少于100个。

表3.17　　　1998年度各省（市、自治区）高校专业设置状况　　　单位：个

排序	省份	专业布点	排序	省份	专业布点	排序	省份	专业布点
1	北京	1142	12	河北	371	23	甘肃	192
2	江苏	782	13	湖南	351	24	新疆	190
3	湖北	701	14	河南	350	25	广西	178
4	辽宁	654	15	浙江	336	26	内蒙古	163
5	上海	636	16	安徽	320	27	贵州	121
6	陕西	592	17	天津	371	28	宁夏	52
7	山东	567	18	重庆	351	29	青海	43
8	吉林	446	19	福建	209	30	海南	38
9	广东	439	20	山西	195	31	西藏	17
10	黑龙江	437	21	江西	187	合计		11135
11	四川	423	22	云南	172			

（3）从所在城市看，如表3.18，全国11135个专业布点分布在134个城市。只有北京市高校的本科专业布点超过1000个，较多城市专业布点都在50个以下。

表3.18　　　　　1998年度高校专业设置城市布点　　　　　单位：个

排序	专业布点	城市数	排序	专业布点	城市数
1	1000以上	1	8	41—50	7
2	601—1000	2	9	31—40	13

续表

排序	专业布点	城市数	排序	专业布点	城市数
3	201—600	17	10	21—30	15
4	101—200	10	11	11—20	31
5	81—100	2	12	6—10	19
6	61—80	1	13	1—5	12
7	51—60	4	合计		134

省会城市（或直辖市）高校本科专业布点8501个，占所有专业布点的76.34%；而非省会城市高校本科专业布点2634个，占全国专业布点的23.66%。

高校专业布点超过200个的城市共20个，如表3.19。在这20个城市中有19个是省会城市或直辖市，大连是唯一的非省会城市。值得注意的是，武汉市有628个本科专业布点，紧跟排名第二的上海，比排名第四的西安市多121个专业布点。这表明，1994—1998年度武汉市高校的专业设置发展较快。在非省会城市（或直辖市）中，大连市的高校专业布点达206个，排在第18位。

表3.19 1998年度高校专业布点超过200个的城市的专业布点设置状况

单位：个

排序	城市	专业布点	排序	城市	专业布点
1	北京市	1142	11	沈阳市	326
2	上海市	636	12	重庆市	271
3	武汉市	628	13	杭州市	261
4	西安市	507	14	济南市	238
5	南京市	441	15	昆明市	228
6	长春市	355	16	长沙市	224
7	天津市	346	17	兰州市	209
8	广州市	344	18	大连市	206
9	哈尔滨市	331	19	郑州市	204
10	成都市	329	20	太原市	201

第四章　第四次全国高校专业调整后典型年度的专业设置

一　1999 年度全国高校专业设置状况

1999 年度，全国本科院校 594 所，本科专业布点 9876 个，校均设置 16.63 个专业，校均设置专业比 1998 年度减少了 1.93 个。

（一）专业布点的学科门类分布

1999 年度，专业布点的门类次序从多到少依次为工学、文学、管理学、理学、经济学、医学、法学、农学、教育学、历史学和哲学。其中工学专业布点 3354 个，比 1998 年度减少了 1219 个，但占高校专业布点的 33.96%，即仍占高校专业布点的 1/3。而布点最少的仍然是哲学门类，其专业布点所占比例仅为 0.39%。专业布点在门类上分布不均衡，如表 4.1。

表 4.1　　　　1999 年度全国高校本科专业布点的门类分布　　　单位：个,%

门类	哲学	经济学	法学	教育学	文学	历史学
专业布点	39	550	422	363	1414	148
占比例	0.39	5.57	4.27	3.68	14.32	1.50
门类	理学	工学	农学	医学	管理学	总计
专业布点	1359	3354	401	445	1381	9876
占比例	13.76	33.96	4.06	4.51	13.98	100.00

（二）专业布点的专业类分布

1999 年度全国高校本科专业布点覆盖了全部专业类，平均每个专业类约 135 个专业布点，比上一年度少了 20 个。

如表 4.2，专业布点超过 500 个的专业类有 4 个，比上一年度少了 2 个。专业布点最多的仍是电子信息类，其布点有 1020 个，比上一年度增加 130 个；其次是工商管理类，其专业布点有 830 个，比上一年度有所增加；再次是外国语言文学类，其专业布点有 605 个，也比上一年度有所增加。专业布点少于 10 个的专业类有 9 个，分别是系统学类、天文学类、地球物理学类、公安技术类、基础医学类、海洋科学类、草业科学类、马克思主义理论类和力学类。

表 4.2　　　　　　　　1999 年度各专业类的专业布点　　　　　　　单位：个

专业类名称	专业布点	专业类名称	专业布点
电子信息类	1020	动物生产类	60
工商管理类	830	电子信息科学类	59
外国语言文学类	605	生物工程类	55
经济学类	550	水利类	53
艺术类	466	农业经济管理类	52
机械类	459	材料科学类	47
土建类	392	环境科学类	47
数学类	295	社会学类	45
管理科学与工程类	281	森林资源类	44
化学类	254	预防医学类	44
材料类	224	图书档案学类	44
中国语言文学类	220	动物医学类	43
物理学类	205	护理学类	40
法学类	193	哲学类	39
轻工纺织食品类	187	口腔医学类	34
化工与制药类	185	工程力学类	32
生物科学类	176	水产类	32
公共管理类	174	测绘类	31

续表

专业类名称	专业布点	专业类名称	专业布点
临床医学与医学技术类	164	心理学类	30
政治学类	163	林业工程类	27
体育学类	151	武器类	24
历史学类	148	地质学类	21
环境与安全类	147	航空航天类	19
植物生产类	138	大气科学类	16
新闻传播学类	123	公安学类	13
教育学类	116	海洋工程类	12
地矿类	116	法医学类	10
地理科学类	107	马克思主义理论类	8
职业技术教育类	96	力学类	8
仪器仪表类	95	海洋科学类	7
能源动力类	94	草业科学类	7
交通运输类	93	地球物理学类	6
农业工程类	83	公安技术类	6
药学类	80	基础医学类	6
统计学类	77	天文学类	3
环境生态类	77	系统学类	1
中医学类	67		

（三）专业布点的具体分析

1999年度，全国高校本科专业有305种，其中目录外专业54种，平均每种专业布点有32.38个，平均每种专业的布点比1998年度增加14.24个。

如表4.3，一般控制专业的布点438个，从严控制的专业布点47个，目录外专业的布点150个，引导性专业的布点136个，专业布点呈多样化。

表4.3　　　　　　　1999年度各专业类别的布点情况　　　　单位：个，%

门类	一般控制专业	从严控制专业	目录外专业	引导性专业
专业布点	438	47	150	136
占比例	4.43	0.48	1.52	1.38

第四章 第四次全国高校专业调整后典型年度的专业设置

1. 布点最多和最少的专业

（1）1999年度，布点超过100个的专业有27种，这27种专业有4564个布点，占全国各高校专业布点的46.21%。其中，布点最多的两个专业是计算机科学与技术和英语，其布点分别是346个和310个。这两种专业布点的高校覆盖率都首次超过50%，如表4.4。

表4.4　　　　1999年度专业布点超过100个的专业　　　单位：个,%

排序	专业	专业布点	高校覆盖率
1	计算机科学与技术	346	58.25
2	英语	310	52.19
3	工商管理	265	44.61
4	会计学	247	41.58
5	机械设计制造及其自动化	204	34.34
6	数学与应用数学	194	32.66
7	法学	193	32.49
8	国际经济与贸易	191	32.15
9	电子信息工程	187	31.48
10	自动化	181	30.47
11	汉语言文学	168	28.28
12	土木工程	160	26.94
13	化学工程与工艺	152	25.59
14	信息管理与信息系统	151	25.42
15	经济学	150	25.25
16	市场营销	139	23.40
17	金融学	134	22.56
18	物理学	134	22.56
19	化学	133	22.39
20	艺术设计	131	22.05
21	思想政治教育	126	21.21
22	应用化学	121	20.37
23	环境工程	119	20.03

续表

排序	专业	专业布点	高校覆盖率
24	历史学	116	19.53
25	电气工程及其自动化	108	18.18
26	生物科学	103	17.34
27	信息与计算科学	101	17.00

（2）如表4.5，布点少于50个的专业共258种，占总设置专业种数的80.98%。其中，有48种专业仅有一所高校设置。

表4.5　　　　　　1999年度专业布点统计简表　　　　　　单位：个，种，%

序号	布点数	专业种数	比例	累积比例
1	1	48	15.74	15.74
2	2—5	57	18.69	34.43
3	6—10	45	14.75	49.18
4	11—50	97	31.80	80.98
5	51—100	31	10.16	91.14
6	101—200	23	7.54	98.68
7	201—300	2	0.66	99.34
8	301以上	2	0.66	100.00

2. 专业布点较多的高校和专业布点较少的高校

（1）学校设置的本科专业在50种以上的高校共11所，比上一年度减少了21所，如表4.6。本科专业布点最多的高校仍是浙江大学，专业布点是98个，比上一年度减少了26个。这11所本科专业布点最多的高校都是综合大学。

表4.6　　　1999年度设置的本科专业在50种以上的高校　　　单位：个

排序	高校	专业布点	排序	高校	专业布点
1	浙江大学	98	7	山西大学	54

续表

排序	高校	专业布点	排序	高校	专业布点
2	四川大学	84	8	吉林大学	53
3	北京大学	77	9	上海大学	53
4	广西大学	58	10	厦门大学	52
5	武汉大学	56	11	西北大学	52
6	南京大学	55			

（2）1999年度，有30.98%的高校设置的专业在11—20种，20.20%的高校设置的专业在6—10种。专业布点在20个以下的高校共421所，占70.88%，如表4.7。特别是，仅设置一种专业的高校仍有4所，这4所高校分别是赣南医学院、广州大学、海南医学院和药王山藏医学院。

表4.7　　　　　　　　1999年度高校专业设置规模　　　　单位：个，所，%

次序	专业布点	高校数	比例	累积比例
1	51—100	11	1.85	1.85
2	41—50	24	4.04	5.89
3	31—40	50	8.42	14.31
4	21—30	88	14.81	29.12
5	11—20	184	30.98	60.10
6	6—10	120	20.20	80.30
7	2—5	113	19.02	99.32
8	1	4	0.67	100.00

3. 分学校特征的专业分布

（1）从办学类型看，属于大学类型的高校，共有本科专业布点6536个，占高校专业总布点的66.17%；属于学院类型的高校，共有本科专业布点3341个，占高校专业总布点的33.83%。

（2）如表4.8，从学校的性质类别看，本科专业布点最多的是理工院校，专业布点3539个，占所有专业布点的35.83%；其次是综合大学，专业布点2481个，占所有专业布点的25.12%。综合大学与理工院校占所有专业布点的 60.95%，即 1999 年度超过 60% 的专业集中在理工院校和综合大学。体育院校和政法院校设置的专业布点仍低于 1%。

表 4.8　　　　1999 年度分学校性质类别专业设置状况　　　单位：个，%

学校性质类别	专业布点	比例
综合大学	2481	25.12
理工院校	3539	35.83
农业院校	652	6.60
林业院校	114	1.15
医药院校	439	4.45
师范院校	1433	14.51
语文院校	148	1.50
财经院校	573	5.80
政法院校	66	0.67
体育院校	59	0.60
艺术院校	161	1.63
民族院校	211	2.14
总计	9876	100.00

4. 分学校所在地的专业分布

（1）华北地区高校专业布点 1901 个，占高校专业布点的 19.25%；东北地区高校专业布点 1364 个，占高校专业布点的 13.81%；华东地区高校专业布点 2764 个，占高校专业布点的 27.99%；中南地区高校专业布点 1292 个，占高校专业布点的 19.53%；西南地区高校专业布点 943 个，占高校专业布点的 9.55%；西北地区高校专业布点 975 个，占高校专业布点的 9.87%。与上一年度相比，华北地区和华东地区高校的本科专业所占比重有所下降，但仍接近 50%。

（2）从所在省份（省、市、自治区）看，如表 4.9，高校专业布点超过 500 个的省份有 7 个，依次是北京、江苏、湖北、辽宁、陕西、上海和山东。北京市高校本科专业布点最多，其布点有 942 个，占全国专业布点的 9.54%。但与上一年度相比，北京市高校减少了 200 个布点。而西藏、海南、青海和宁夏 4 个省份的高校本科专业布点仍少于 100 个。

表4.9　　　1999年度各省（市、自治区）高校专业设置状况　　　单位：个

排序	省份	专业布点	排序	省份	专业布点
1	北京	942	17	天津	252
2	江苏	674	18	重庆	240
3	湖北	640	19	福建	225
4	辽宁	582	20	江西	223
5	陕西	517	21	山西	210
6	上海	516	22	云南	210
7	山东	515	23	甘肃	191
8	广东	408	24	广西	177
9	吉林	396	25	新疆	171
10	黑龙江	386	26	内蒙古	159
11	四川	364	27	贵州	112
12	湖南	354	28	宁夏	53
13	河北	338	29	青海	43
14	安徽	318	30	海南	40
15	河南	310	31	西藏	17
16	浙江	293	合计		9876

（3）从所在城市看，如表4.10，1999年度，全国9876个专业布点分布在139个城市。没有一个城市的本科专业布点超过1000个，本科专业布点超过900个的也只有一个城市，较多城市专业布点都在50个以下。

表4.10　　　　　1999年度高校专业设置城市布点　　　　　单位：个

排序	专业布点	城市数	排序	专业布点	城市数
1	900以上	1	8	41—50	8
2	501—600	2	9	31—40	11
3	201—500	11	10	21—30	18
4	101—200	15	11	11—20	36

续表

排序	专业布点	城市数	排序	专业布点	城市数
5	81—100	2	12	6—10	18
6	61—80	3	13	1—5	12
7	51—60	2	合计		139

1999年度，省会城市（或直辖市）高校本科专业布点7258个，占所有专业布点的73.49%；而非省会城市高校本科专业布点2618个，占全国专业布点的26.51%。

如表4.11，高校专业布点超过200个的城市共14个。这14个城市全部都是省会城市或直辖市。值得注意的是，武汉市超过了直辖市上海成为全国第二多专业布点的城市。在非省会城市（或直辖市）中，大连市和青岛市的高校专业布点分别是181个、177个，分别排名第18位、第19位。

表4.11 1999年度高校专业布点超过200个的城市的专业布点设置状况

单位：个

排序	城市	专业布点	排序	城市	专业布点
1	北京市	942	8	广州市	293
2	武汉市	542	9	哈尔滨市	279
3	上海市	516	10	沈阳市	278
4	西安市	429	11	成都市	274
5	南京市	368	12	重庆市	240
6	天津市	298	13	杭州市	211
7	长春市	294	14	昆明市	207

二 2003年度全国高校专业设置状况

2003年度，全国本科院校646所，本科专业布点18235个，校均设置28.23个专业。与1999年度相比，专业布点总数和校均专业设置规模都有了较大幅度提高。

（一）专业布点的学科门类分布

专业布点的门类从多到少依次为：工学、理学、文学、管理学、经济学、法学、医学、教育学、农学、历史学和哲学。其中工学专业布点5378个，占高校专业布点的29.49%，其专业布点比1999年度增加2024个，但其比例却有所下降。而布点最少的仍然是哲学门类，仅有55个专业布点，其专业布点比例仅为0.30%，如表4.12。专业布点在门类上分布不均衡。

表4.12　　2003年度全国高校本科专业布点的门类分布　　单位：个,%

门类	哲学	经济学	法学	教育学	文学	历史学
专业布点	55	877	860	791	2895	214
占比例	0.30	4.81	4.72	4.34	15.88	1.17
门类	理学	工学	农学	医学	管理学	总计
专业布点	2947	5378	553	806	2859	18235
占比例	16.16	29.49	3.03	4.42	15.68	100.00

（二）专业布点的专业类分布

2003年度，全国高校本科专业布点覆盖了全部专业类，平均每个专业类约有250个专业布点，比1999年度增加115个，增幅85.19%。

如表4.13，专业布点超过500个的专业类有10个，比1999年度增加6个。专业布点最多的仍是电子信息类，布点1705个，比1999年度增加695个，增幅67.16%；其次是工商管理类，布点1600个，比1999年度增加770个，增幅92.77%；再次是艺术类，布点1134个，比1999年度增加668个，增幅149.78%。另外，专业布点少于10个的专业类只有3个，这比1999年度少了6个。这三类分别是系统学类、天文学类和马克思主义理论类。

表4.13　　　　　2003年度各专业类的专业布点　　　　　单位：个

专业类名称	专业布点	专业类名称	专业布点
电子信息类	1705	环境生态类	124
工商管理类	1600	统计学类	118

续表

专业类名称	专业布点	专业类名称	专业布点
艺术类	1134	心理学类	117
外国语言文学类	961	职业技术教育类	114
经济学类	877	护理学类	113
机械类	700	农业工程类	107
数学类	623	中医学类	92
管理科学与工程类	602	水利类	87
土建类	595	农业经济管理类	79
公共管理类	522	动物生产类	67
化学类	419	口腔医学类	59
中国语言文学类	409	工程力学类	58
新闻传播学类	391	图书档案学类	56
生物科学类	386	哲学类	55
体育学类	348	森林资源类	55
法学类	346	动物医学类	53
轻工纺织食品类	333	测绘类	51
教育学类	329	预防医学类	50
材料类	324	水产类	46
物理学类	314	公安学类	36
政治学类	293	武器类	35
地理科学类	290	林业工程类	32
电子信息科学类	284	航空航天类	27
临床医学与医学技术类	279	草业科学类	25
环境与安全类	274	地质学类	23
化工与制药类	265	海洋科学类	21
历史学类	214	法医学类	19
交通运输类	192	海洋工程类	17
药学类	184	大气科学类	16
植物生产类	183	力学类	16
社会学类	177	公安技术类	15

续表

专业类名称	专业布点	专业类名称	专业布点
环境科学类	176	地球物理学类	12
生物工程类	163	基础医学类	10
仪器仪表类	147	马克思主义理论类	8
材料科学类	127	天文学类	3
地矿类	126	系统学类	2
能源动力类	125		

(三) 专业布点的具体分析

2003年度，全国高校本科专业有407种，其中目录外专业151种，平均每种专业布点有44.80个，每种专业的平均布点比1999年度增加12.42个。如表4.14，一般控制专业的布点966个，比1999年度增加528个，增幅120.55%；目录外专业的布点812个，比1999年度增加662个，增幅441.33%；从严控制专业的布点49个；引导性专业的布点201个；试办专业6个。专业布点呈多样化。一般控制专业和目录外专业有了大幅度提升。

表4.14　　　　　2003年度各专业类别的布点情况　　　　单位：个，%

门类	一般控制专业	从严控制专业	目录外专业	试办专业	引导性专业
专业布点	966	49	812	6	201
占比例	5.30	0.27	4.45	0.03	1.10

1. 布点最多和最少的专业

（1）2003年度，布点超过100个的专业有58种，这58种专业有11846个布点，占全国各高校专业布点的64.96%。其中，专业布点的高校覆盖率超过50%的专业有5种，分别是英语、计算机科学与技术、法学、国际经济与贸易和工商管理。其中英语专业和计算机科学与技术专业的高校覆盖率分别是77.09%和74.15%，即2003年度全国3/4的高校都设置了英语和计算机科学与技术专业。这两个专业发展非常快，如表4.15。

表 4.15　　　　　2003 年度专业布点超过 200 个的专业　　　　单位：个,%

排序	专业	专业布点	高校覆盖率
1	英语	498	77.09
2	计算机科学与技术	479	74.15
3	法学	346	53.56
4	国际经济与贸易	332	51.39
5	工商管理	326	50.46
6	信息与计算科学	322	49.85
7	信息管理与信息系统	317	49.07
8	艺术设计	304	47.06
9	数学与应用数学	301	46.59
10	电子信息工程	298	46.13
11	汉语言文学	287	44.43
12	会计学	286	44.27
13	市场营销	277	42.88
14	公共事业管理	238	36.84
15	机械设计制造及其自动化	231	35.76
16	自动化	224	34.67
17	应用化学	222	34.37
18	通信工程	220	34.06
19	经济学	216	33.44
20	环境工程	214	33.13
21	土木工程	211	32.66
22	旅游管理	208	32.20
23	物理学	206	31.89
24	工业设计	205	31.73

（2）如表 4.16，布点少于 50 个的专业共 305 种，占总设置专业种数的 74.94%。其中，有 99 种专业仅有一所高校设置。

表 4.16　　　　　　　2003 年度专业布点统计简表　　　单位：个，种，%

序号	布点数	专业种数	比例	累积比例
1	1	99	24.32	24.32
2	2—5	67	16.46	40.78
3	6—10	45	11.06	51.84
4	11—50	94	23.10	74.94
5	51—100	44	10.81	85.75
6	101—200	34	8.35	94.10
7	201—300	15	3.69	97.79
8	301—400	7	1.72	99.51
9	401 以上	2	0.49	100.00

2. 专业布点较多的高校和专业布点较少的高校

（1）设置的本科专业在 50 个以上的高校共 83 所，占所有本科院校的 12.85%，这比 1999 年度增加了 72 所，增幅高达 654.55%。2003 年度学校专业设置超过 100 个的高校有 5 所，如表 4.17。高校设置最多专业的是吉林大学。这 5 所本科专业布点最多的高校都是综合大学。

表 4.17　　　2003 年度设置的本科专业在 100 种以上的高校　　　单位：个

排序	高校	专业布点
1	吉林大学	114
2	四川大学	109
3	浙江大学	109
4	武汉大学	102
5	北京大学	100

（2）2003 年度，本科专业数量在 2—30 个的高校有 395 所，占 61.15%，即大多数高校专业数在 30 个以内，如表 4.18。2003 年度没有高校只设置一个本科专业。

表 4.18　　　　　　　　　2003 年度高校专业设置规模　　　　　单位：个，所，%

次序	专业布点	高校数	比例	累积比例
1	100 以上	5	0.77	0.77
2	51—99	77	11.92	12.69
3	41—50	68	10.53	23.22
4	31—40	101	15.63	38.85
5	21—30	126	19.50	58.36
6	11—20	146	22.60	80.96
7	6—10	90	13.93	94.89
8	2—5	33	5.11	100.00

3. 分学校特征的专业分布

（1）从办学类型看，属于大学类型的高校，共有本科专业布点11738个，占高校专业总布点的64.37%，与1999年度相比，专业布点有大幅度上升，但比重却略有下降；属于学院类型的高校，共有本科专业布点6497个，占高校专业总布点的35.63%。

（2）如表4.19，从学校的性质类别看，本科专业布点最多的是理工院校，专业布点5804个，占所有专业布点的31.83%，专业布点比1999年度有较大幅度增长，但其所占比重却有所下降。其次是综合大学，专业布点5045个，占所有专业布点的27.67%。综合大学与理工院校占所有专业布点的59.50%，与1999年度相比下降了1.45%。体育院校和政法院校高校的专业设置有所增加，但其比例仍低于1%。

表 4.19　　　　　　　2003 年度分学校性质类别专业设置状况　　　　　单位：个，%

学校性质类别	专业布点	比例
综合大学	5045	27.67
理工院校	5804	31.83
农业院校	1181	6.48
林业院校	230	1.26
医药院校	712	3.90
师范院校	3110	17.06

续表

学校性质类别	专业布点	比例
语文院校	247	1.35
财经院校	992	5.44
政法院校	149	0.82
体育院校	105	0.58
艺术院校	224	1.23
民族院校	436	2.39
总计	18235	100.00

4. 分学校所在地的专业分布

（1）华北地区高校专业布点3276个，占高校专业布点的17.97%；东北地区高校专业布点2270个，占高校专业布点的12.45%；华东地区高校专业布点5429个，占高校专业布点的29.77%；中南地区高校专业布点3567个，占高校专业布点的19.56%；西南地区高校专业布点1965个，占高校专业布点的10.78%；西北地区高校专业布点1728个，占高校专业布点的9.48%。与1999年度相比，华北地区、东北地区和西北地区高校的本科专业所占比重有所下降。

（2）从所在省份（省、市、自治区）看，高校专业布点超过500个的省份有17个，比1999年增加了10个省份。布点最多的3个省份依次是江苏、北京和山东，布点均超过1000个。其中江苏省增加的速度和规模都很大。1999年度江苏省高校专业布点有674个，到2003年度增加到1432个，增加了758个专业布点。仅这个增量就超过当年度高校专业布点最少的22个省市的专业布点数的总和。而西藏、海南、青海和宁夏4个省份的高校本科专业布点仍少于100个，如表4.20。

表4.20　　2003年度各省（市、自治区）高校专业设置状况　　单位：个

排序	省份	专业布点	排序	省份	专业布点
1	江苏	1432	17	江西	506
2	北京	1390	18	天津	455
3	山东	1080	19	重庆	436

续表

排序	省份	专业布点	排序	省份	专业布点
4	湖北	994	20	福建	407
5	辽宁	924	21	云南	404
6	陕西	888	22	山西	386
7	四川	836	23	甘肃	377
8	广东	801	24	内蒙古	314
9	河北	731	25	广西	295
10	上海	711	26	新疆	270
11	湖南	709	27	贵州	254
12	吉林	686	28	宁夏	97
13	浙江	685	29	青海	96
14	河南	684	30	海南	84
15	黑龙江	660	31	西藏	35
16	安徽	608	合计	总计	18235

（3）从所在城市看，如表4.21，2003年全国18235个专业布点分布在194个城市。本科专业布点超过1000个的只有北京市，较多城市专业布点都在50个以下。

表4.21　　　　　2003年度高校专业设置城市布点　　　　单位：个

排序	专业布点	城市数	排序	专业布点	城市数
1	1001以上	1	5	51—100	36
2	501—1000	5	6	21—50	63
3	201—500	20	7	5—20	59
4	101—200	10	合计		194

2003年度，省会城市（或直辖市）高校本科专业布点11867个，占所有专业布点的65.08%，与1999年度相比，所占比重有所下降。而非省会城市高校本科专业布点6368个，占全国专业布点的34.92%。

如表4.22，高校专业布点超过200个的城市共26个。这26个城市的高校专业布点11676个，占高校专业布点的64.03%。武汉市高校专业布点753个，仍是全国第二多专业布点的城市。这些城市中除青岛和大连外，其他都是省会城市（或直辖市）。

表4.22 2003年度高校专业布点超过200个的城市的专业布点设置状况

单位：个

排序	城市	专业布点	排序	城市	专业布点
1	北京市	1390	14	昆明市	342
2	武汉市	753	15	兰州市	334
3	上海市	711	16	济南市	330
4	南京市	692	17	青岛市	329
5	西安市	678	18	郑州市	305
6	天津市	525	19	长沙市	300
7	成都市	488	20	大连市	297
7	广州市	488	21	南昌市	296
9	长春市	473	22	合肥市	272
10	哈尔滨市	466	23	太原市	267
11	重庆市	436	24	石家庄市	237
12	沈阳市	427	25	贵阳市	214
13	杭州市	419	26	呼和浩特市	207

三　2006年度全国高校专业设置状况

2006年度，全国本科院校1043所，本科专业布点30709个，校均设置29.44个专业，与2003年度相比，专业布点总数有了较大幅度增加。

（一）专业布点的学科门类分布

2006年度，专业布点的门类次序从多到少依次为工学、管理学、文学、理学、经济学、法学、教育学、医学、农学、历史学和哲学。其中工学专业布点8901个，占高校专业布点的28.98%，其专业布点比2003年度增加3523个，增幅65.51%，但其占高校专业布点比例仍略有下降。布点最少的仍然是哲学门类，仅有71个专业布点，其专业布点占高校专业布点的比例下降到0.23%，如表4.23。专业布点在门类上分布仍不均衡。

表 4.23　　　　2006 年度全国高校本科专业布点的门类分布　　　单位：个, %

门类	哲学	经济学	法学	教育学	文学	历史学
专业布点	71	1521	1347	1338	5300	263
占比例	0.23	4.95	4.39	4.36	17.26	0.86
门类	理学	工学	农学	医学	管理学	总计
专业布点	4472	8901	772	1325	5399	30709
占比例	14.56	28.98	2.51	4.31	17.58	100.00

（二）专业布点的专业类分布

2006 年度，全国高校本科专业布点覆盖了全部专业类，平均每个专业类约有 420 个专业布点，比 2003 年度增加 170 个，增幅 68.27%。

如表 4.24，2006 年度专业布点超过 500 个的专业类有 18 个，比 2003 年度多 8 个。专业布点超过 1000 个的专业类有 7 个，这 7 个专业类有专业布点 14026 个，占高校专业布点的 45.67%。专业布点最多的专业类不再是 2003 年度的电子信息类，而是工商管理类，其布点 3232 个，与 2003 年度相比，其布点增加 1632 个，增幅 102.00%。专业布点数第二的是电子信息类，其专业布点有 3229 个，比 2003 年度增加 1524 个布点，增幅 89.38%。专业布点数第三的仍是艺术类，其专业布点 2165 个，比 2003 年度增加 1031 个，增幅是 90.92%。

专业布点少于 10 个的专业类只有 3 个，分别是系统学类、天文学类和马克思主义理论类。

表 4.24　　　　　　2006 年度各专业类的专业布点　　　　　　单位：个

专业类名称	专业布点	专业类名称	专业布点
工商管理类	3232	护理学类	186
电子信息类	3229	统计学类	175
艺术类	2165	地矿类	171
外国语言文学类	1641	能源动力类	164
经济学类	1521	中医学类	144
机械类	1178	职业技术教育类	138

续表

专业类名称	专业布点	专业类名称	专业布点
管理科学与工程类	1060	农业工程类	121
土建类	988	水利类	116
公共管理类	958	口腔医学类	92
数学类	915	测绘类	90
新闻传播学类	757	动物生产类	88
中国语言文学类	737	农业经济管理类	88
教育学类	630	预防医学类	84
生物科学类	615	动物医学类	76
法学类	606	工程力学类	73
化学类	602	哲学类	71
体育学类	570	森林资源类	64
轻工纺织食品类	535	图书档案学类	61
电子信息科学类	487	公安学类	59
材料类	449	水产类	55
临床医学与医学技术类	445	武器类	43
地理科学类	428	航空航天类	40
物理学类	417	林业工程类	37
化工与制药类	411	海洋科学类	31
环境与安全类	403	公安技术类	30
政治学类	393	草业科学类	30
药学类	336	地质学类	29
交通运输类	310	法医学类	26
社会学类	281	地球物理学类	23
环境科学类	267	海洋工程类	23
生物工程类	266	力学类	21
植物生产类	265	大气科学类	19
历史学类	263	基础医学类	12
心理学类	244	马克思主义理论类	8
仪器仪表类	224	天文学类	4
环境生态类	194	系统学类	3
材料科学类	192		

(三) 专业布点的具体分析

2006年度，全国高校本科专业有515种，其中目录外专业170种，平均每种专业布点有59.63个，每种专业的平均布点比2003年度增加14.83个。

如表4.25，2006年度，全国高校本科专业30709个专业布点中，一般控制专业的布点1578个，比2003年度增加612个，增幅63.35%；目录外专业的布点2299个，比2003年度增加1487个，增幅183.13%；引导性专业的布点862个，也有很大增长；从严控制的专业布点63个。专业布点呈多样化。一般控制专业、目录外专业和引导性专业得到了快速发展。

表4.25　　　　　　　　　2006年度各专业类别的布点情况　　　　　　单位：个,%

门类	一般控制专业	从严控制专业	目录外专业	试办专业	引导性专业
专业布点	1578	63	2299	218	862
占比例	5.14	0.21	7.49	0.71	2.81

1. 布点最多和最少的专业

（1）2006年度，布点超过300个的专业有29种。这29种专业有13202个布点，占全国各高校专业布点的42.99%。其中，专业布点的高校覆盖率超过一半的专业有9种，分别是英语、计算机科学与技术、国际经济与贸易、艺术设计、市场营销、法学、信息管理与信息系统、电子信息工程和工商管理。其中英语专业和计算机科学与技术专业的高校覆盖率都在80%以上，分别是83.51%和80.15%。与2003年度相比，英语专业和计算机科学与技术专业的专业布点分别增加373个和357个，增幅分别达74.90%和74.53%。英语和计算机科学与技术专业仍然快速发展，如表4.26。

表4.26　　　　　　　　2006年度专业布点超过300个专业　　　　　　单位：个,%

排序	专业	专业布点	高校覆盖率
1	英语	871	83.51

续表

排序	专业	专业布点	高校覆盖率
2	计算机科学与技术	836	80.15
3	国际经济与贸易	636	60.98
4	艺术设计	619	59.35
5	市场营销	602	57.72
6	法学	599	57.43
7	信息管理与信息系统	545	52.25
8	电子信息工程	540	51.77
9	工商管理	529	50.72
10	汉语言文学	499	47.84
11	会计学	492	47.17
12	信息与计算科学	471	45.16
13	数学与应用数学	443	42.47
14	公共事业管理	424	40.65
15	旅游管理	398	38.16
16	机械设计制造及其自动化	387	37.10
17	土木工程	373	35.76
18	通信工程	372	35.67
19	自动化	366	35.09
20	财务管理	346	33.17
21	日语	342	32.79
22	应用化学	329	31.54
23	生物技术	324	31.06
24	经济学	316	30.30
25	电气工程及其自动化	313	30.01
26	金融学	311	29.82
27	人力资源管理	308	29.53
28	电子商务	308	29.53
29	环境工程	303	29.05

(2) 如表 4.27，2006 年度，布点少于 50 个的专业共 376 种，占总设置专业种数的 73.01%。其中，有 104 种专业仅有一所高校设置。

表4.27　　　　　　　　2006年度专业布点统计简表　　　　单位：个，种，%

序号	布点数	专业种数	比例	累积比例
1	1	104	20.2	20.2
2	2—5	126	24.5	44.7
3	6—10	44	8.5	53.2
4	11—50	102	19.8	73.0
5	51—100	52	10.1	83.1
6	101—200	39	7.6	90.7
7	201—300	19	3.7	94.4
8	301—400	15	2.9	97.3
9	401—600	9	1.7	99.0
10	601以上	5	1.0	100.0

2. 专业布点较多的高校和专业布点较少的高校

（1）2006年度，设置的本科专业50个以上的高校共160所，占所有本科院校的15.34%，这比2003年度增加77所，增幅96.25%。2006年度高校专业设置超过100个的高校有7所，比2003年度增加了贵州大学和山东大学，如表4.28。本科专业布点最多的高校仍是吉林大学，该校2006年度有130个本科专业。这7所本科专业布点最多的高校都是综合大学。

表4.28　　　　2006年度设置的本科专业在100种以上的高校　　　　单位：个

排序	高校	专业布点
1	吉林大学	130
2	四川大学	118
3	浙江大学	115
4	贵州大学	106
5	武汉大学	106
6	北京大学	104
7	山东大学	103

(2) 如表 4.29,2006 年度,本科专业数量在 11—20 种的高校共 284 所,占 27.23%,设置 20 种专业以下的高校共 450 所,占高校总数的 43.14%。2006 年度只设置一个本科专业的高校已经没有了。

表 4.29　　　　　2006 年度高校专业设置规模　　　单位:个,所,%

次序	专业布点	高校数	比例	累积比例
1	100 以上	7	0.67	0.67
2	71—99	36	3.45	4.12
3	51—70	117	11.22	15.34
4	41—50	114	10.93	26.27
5	31—40	149	14.29	40.56
6	21—30	170	16.30	56.86
7	11—20	284	27.23	84.09
8	6—10	135	12.94	97.03
9	2—5	31	2.97	100.00

3. 分学校特征的专业分布

(1) 从办学类型看,属于大学类型的高校,共有本科专业布点 16059 个,占高校专业总布点的 52.29%,与 2003 年度相比,专业布点增加 4321 个,但属于大学类型院校的专业布点占高校专业总布点的比例则有大幅度下降,下降了 12.08%。属于学院类型的高校,共有本科专业布点 9352 个,占高校专业总布点的 30.46%。与 2003 年度不同的是,2006 年度在办学类型中增加了独立学院一类[①]。2006 年度独立学院,共有本科专业布点 5398 个,占所有专业布点的 17.25%。

(2) 如表 4.30,从高校的性质类别看,本科专业布点最多的是理工院校,专业布点 9786 个,占所有专业布点的 31.87%,专业布点比 2003 年度有较大幅度增长,其所占比重也略有增加。其次是综合大学,专业布点 8930 个,占所有专业布点的 29.08%。综合大学与理工院校占所有专业布点的 60.95%,与 2003 年度相比增加 1.45%。体育院校和政法院校

---

① 我国高校中"独立学院"的建制始于 2004 年度。

的专业设置有所增加，但其比例仍低于1%。

表4.30　　　　2006年度分高校性质类别专业设置状况　　单位：个,%

高校性质类别	专业布点	比例
综合大学	8930	29.08
理工院校	9786	31.87
农业院校	1769	5.76
林业院校	310	1.01
医药院校	1257	4.09
师范院校	4680	15.24
语文院校	460	1.50
财经院校	2181	7.10
政法院校	236	0.77
体育院校	160	0.52
艺术院校	385	1.25
民族院校	555	1.81
总计	30709	100.00

4. 分高校举办者和主管部门专业分布

（1）从高校举办者看，教育部院校的本科专业布点4348个，占高校专业布点的14.16%；国家其他部属院校本科专业布点1202个，占高校专业布点的3.91%；省级教育部门高校的本科专业布点17036个，占高校专业布点的55.48%；省级其他部门的高校本科专业布点527个，占高校专业布点的1.72%；地级教育部门的高校本科专业布点1560个，占高校专业布点的5.08%；地级其他部门的高校本科专业布点298个，占高校专业布点的0.97%；民办院校[①]共5735个，占高校专业布点的18.69%。

（2）从高校主管部门看，如表4.31，部委主管的高校的专业布点5482个，占全国高校专业布点的17.85%。除国家相关部委外，主管的高

---

① 本书中，民办院校包括普通民办院校、独立学院和中外合作办大学。

校的专业布点超过1000个的主管部门有11个。其中江苏省主管的高校的专业布点1777个，位列第二。而西藏、青海、海南和宁夏4个省份所主管的高校专业布点均少于200个。

表4.31　　　　2006年度分主管部门高校专业设置状况　　　　单位：个

排序	主管部门	专业布点	排序	主管部门	专业布点
1	部委	5482	17	山西	679
2	江苏	1777	18	福建	662
3	山东	1564	19	云南	638
4	浙江	1377	20	广西	629
5	河北	1375	21	上海	585
6	湖北	1371	22	天津	558
7	辽宁	1342	23	北京	543
8	湖南	1305	24	贵州	489
9	广东	1299	25	重庆	454
10	河南	1223	26	内蒙古	444
11	江西	1066	27	甘肃	420
12	陕西	1026	28	新疆	357
13	四川	934	29	青海	152
14	安徽	901	30	海南	151
15	吉林	883	31	宁夏	109
16	黑龙江	813	32	西藏	101

5. 分学校所在地的专业分布

（1）华北地区高校专业布点5060个，占高校专业布点的16.48%；东北地区高校专业布点3586个，占高校专业布点的11.68%；华东地区高校专业布点9421个，占高校专业布点的30.68%；中南地区高校专业布点6852个，占高校专业布点的22.31%；西南地区高校专业布点3091个，占高校专业布点的10.07%；西北地区高校专业布点2699个，占高校专业布点的8.79%。华东地区和中南地区高校本科专业布点占全国的52.99%。与2003年度相比，华北地区、东北地区和西北地区高校的本科专业所占比重有所下降。

（2）从所在省份（省、市、自治区）看，如表4.32，高校专业布点超过500个的省份有24个，布点超过1000个的省份有16个，这比2003年度增加13个省份。布点最多的是江苏省，该省高校本科专业布点2250个。与2003年度相比，其余各省份高校专业布点都有了很大发展，仅有8个省份高校的专业布点少于500个。

表4.32　　2006年度各省（市、自治区）高校专业设置状况　　单位：个

排序	省份	专业布点	排序	省份	专业布点
1	江苏	2250	17	黑龙江	991
2	湖北	1882	18	福建	792
3	北京	1809	19	天津	705
4	山东	1790	20	山西	679
5	辽宁	1526	21	云南	638
6	广东	1526	22	重庆	631
7	浙江	1492	23	广西	629
8	湖南	1441	24	甘肃	543
9	河北	1423	25	贵州	489
10	陕西	1408	26	新疆	448
11	四川	1264	27	内蒙古	444
12	河南	1223	28	青海	152
13	吉林	1069	29	海南	151
14	江西	1066	30	宁夏	148
15	上海	1030	31	西藏	69
16	安徽	1001	合计		30709

（3）从所在城市看，如表4.33，2006年度全国30709个专业布点分布在231个城市。本科专业布点超过1000个的城市有5个，较多城市专业布点都在100个以下。

表4.33　　　　　　　2006年度高校专业设置城市布点　　　　　单位：个

排序	专业布点	城市数	排序	专业布点	城市数
1	1001以上	5	5	51—100	50
2	501—1000	11	6	21—50	84
3	201—500	16	7	2—20	34
4	101—200	31	合计		231

2006年度，省会城市（或直辖市）高校本科专业布点18525个，占所有专业布点的60.32%。与2003年度相比，其比重下降了约5个百分点。而非省会城市高校本科专业布点12184个，占全国专业布点的39.68%。

高校专业布点超过200个的城市共32个，这比2003年度增加6个。这32个城市的高校专业布点19788个，占高校专业布点的64.03%。其中布点超过500个的城市有16个，如表4.34。武汉市高校专业布点1359个，仍是全国第二多专业布点的城市。高校专业布点超过500个的城市都是省会城市（或直辖市）。

表4.34　　　　2006年度高校专业布点超过500个的城市的
　　　　　　　　　专业布点设置状况　　　　　　　　　单位：个

排序	城市	专业布点	排序	城市	专业布点
1	北京市	1809	9	杭州市	728
2	武汉市	1359	10	成都市	709
3	西安市	1051	11	沈阳市	691
4	上海市	1030	12	哈尔滨市	686
5	南京市	1012	13	重庆市	631
6	广州市	887	14	南昌市	628
7	长春市	766	15	长沙市	551
8	天津市	762	16	济南市	523

四 2009年度全国高校专业设置状况

2009年度，全国本科院校1092所，本科专业布点36523个，校均设置33.43个专业。与2006年度相比，专业布点总数和校均专业设置规模都有所提高。

（一）专业布点的学科门类分布

如表4.35，2009年度，专业布点的门类次序从多到少依次为工学、文学、管理学、理学、经济学、教育学、医学、法学、农学、历史学和哲学。其中工学专业布点10829个，占高校专业布点的29.65%，其专业布点比2006年度增加1928个，增幅21.60%，其占高校专业布点的比例也有所增加。布点最少的仍然是哲学门类，仅有82个专业布点，其专业布点占高校专业布点的比例已下降到0.22%。此外，历史学门类专业布点所占比重也有所下降。专业布点在门类上分布仍不均衡。

表4.35　　　2009年度全国高校本科专业布点的门类分布　　　单位：个，%

门类	哲学	经济学	法学	教育学	文学	历史学
专业布点	82	1730	1466	1622	6641	289
占比例	0.22	4.74	4.01	4.44	18.18	0.79
门类	理学	工学	农学	医学	管理学	总计
专业布点	5124	10829	865	1489	6386	36523
占比例	14.03	29.65	2.37	4.08	17.48	100.00

（二）专业布点的专业类分布

2009年度，全国高校本科专业布点覆盖了全部专业类，平均每个专业类约500个专业布点，比2006年度增加80个，增幅19.05%。专业布点超过500个的专业类有20个，比2006年度多2个。专业布点超过1000个的专业类有10个，这10个专业类有专业布点20314个，占高校专业布点的55.65%。

专业布点最多的专业类不再是2006年度的工商管理类，而是电子信息类，其布点 3921 个，与 2006 年度相比，其布点增加 692 个，增幅 21.43%，有所下降。专业布点数量第二的是工商管理类，其专业布点有 3808 个，比 2006 年度增加 576 个布点，增幅 17.82%。专业布点数量第三的仍是艺术类，其专业布点 2782 个，比 2006 年度增加 617 个，增幅 28.50%，如表 4.36。

专业布点少于 10 个的专业类只有系统学类、天文学类和马克思主义理论类。

表 4.36　　　　　　　　2009 年度各专业类的专业布点　　　　　　单位：个

专业类名称	专业布点	专业类名称	专业布点
电子信息类	3921	能源动力类	228
工商管理类	3808	环境生态类	227
艺术类	2782	地矿类	218
外国语言文学类	1985	护理学类	202
经济学类	1728	中医学类	157
机械类	1466	职业技术教育类	156
管理科学与工程类	1251	水利类	135
土建类	1214	测绘类	126
公共管理类	1158	农业工程类	125
数学类	1001	预防医学类	107
中国语言文学类	952	口腔医学类	100
新闻传播学类	918	动物生产类	97
教育学类	786	农业经济管理类	96
化学类	693	哲学类	82
生物科学类	688	工程力学类	82
体育学类	680	动物医学类	82
轻工纺织食品类	650	森林资源类	70
法学类	623	公安学类	68
电子信息科学类	561	图书档案学类	66
材料类	556	水产类	59
化工与制药类	498	武器类	53
地理科学类	490	航空航天类	51

续表

专业类名称	专业布点	专业类名称	专业布点
临床医学与医学技术类	480	海洋科学类	46
物理学类	476	林业工程类	38
环境与安全类	469	地质学类	37
政治学类	436	公安技术类	34
药学类	396	草业科学类	30
交通运输类	376	法医学类	30
社会学类	330	海洋工程类	25
心理学类	303	地球物理学类	24
植物生产类	300	力学类	23
生物工程类	297	大气科学类	21
环境科学类	295	基础医学类	17
历史学类	289	马克思主义理论类	8
仪器仪表类	262	天文学类	4
统计学类	231	系统学类	3
材料科学类	228		

（三）专业布点的具体分析

2009年度，全国高校本科专业有536种，其中目录外专业170种，平均每种专业布点68.10个，比2006年度增加8.47个。如表4.37，一般控制专业的布点2057个，比2006年度增加479个，增幅30.35%；目录外专业的布点3171个，比2006年度增加872个，增幅37.93%；引导性专业的布点1030个，比2006年度增加168个，增幅19.49%；试办专业布点550个，比2006年度增加332个布点，增幅152.29%。专业布点呈多样化。

表4.37　　　　　2009年度各专业类别的布点情况　　　　　单位：个，%

门类	一般控制专业	从严控制专业	目录外专业	试办专业	引导性专业
专业布点	2057	79	3171	550	1030
占比例	5.63	0.22	8.69	1.51	2.82

1. 布点最多和最少的专业

（1）2009年度，布点超过300个的专业有36种，共13202个，占全国各高校专业布点的46.98%。专业布点超过400个的专业共22种，如表4.38。其中，专业布点的高校覆盖率超过一半的专业有10种，分别是英语、计算机科学与技术、艺术设计、国际经济与贸易、市场营销、法学、电子信息工程、信息管理与信息系统、工商管理和汉语言文学。英语专业和计算机科学与技术专业的高校覆盖率都在80%以上，分别是86.08%和81.32%。与2006年度相比，英语专业和计算机科学与技术专业布点数量及增幅都有所增加。英语专业和计算机科学与技术专业仍然快速发展。

表4.38　　　　2009年度专业布点超过400个专业　　　单位：个,%

排序	专业	专业布点	高校覆盖率
1	英语	940	86.08
2	计算机科学与技术	888	81.32
3	艺术设计	730	66.85
4	国际经济与贸易	707	64.74
5	市场营销	701	64.19
6	法学	613	56.14
7	电子信息工程	602	55.13
8	信息管理与信息系统	599	54.85
9	工商管理	567	51.92
10	汉语言文学	552	50.55
11	会计学	540	49.45
12	信息与计算科学	509	46.61
13	数学与应用数学	490	44.87
14	公共事业管理	472	43.22
15	旅游管理	454	41.58
16	财务管理	447	40.93
17	机械设计制造及其自动化	440	40.29
18	日语	436	39.93
19	通信工程	427	39.10

续表

排序	专业	专业布点	高校覆盖率
20	土木工程	423	38.74
21	自动化	418	38.28
22	电气工程及其自动化	406	37.18

（2）如表4.39，布点少于11个的专业共268种，占总设置专业种数的50.00%，即正好一半的专业的高校覆盖率少于1%。其中，有88种专业仅有一所高校设置。

表4.39　　　　　2009年度专业布点统计简表　　　　单位：个，种，%

序号	布点数	专业种数	比例	累积比例
1	1	88	16.42	16.42
2	2—5	127	23.69	40.11
3	6—10	53	9.89	50.00
4	11—50	120	22.39	72.39
5	51—100	47	8.77	81.16
6	101—200	38	7.09	88.25
7	201—300	27	5.04	93.29
8	301—400	14	2.61	95.90
9	401—600	15	2.80	98.70
10	601以上	7	1.31	100.00

2. 专业布点较多的高校和专业布点较少的高校

（1）设置的本科专业50个以上的高校有211所，占所有本科院校的19.32%，这比2006年度增加51所，增幅31.88%。设置的本科专业在100种以上的高校有10所，如表4.40。这比2006年度增加3所，增加的3所高校是苏州大学、广西大学和西南大学。本科专业设置最多的学校仍然是吉林大学，该校2009年度有132个本科专业。这10所本科专业布点最多的高校都是综合大学。

表4.40　　　　2009年度设置的本科专业在100种以上的高校　　　单位：个

排序	高校	专业布点
1	吉林大学	132
2	四川大学	126
3	贵州大学	121
4	浙江大学	116
5	山东大学	112
6	北京大学	111
7	武汉大学	110
8	苏州大学	103
9	广西大学	101
10	西南大学	101

（2）如表4.41，2009年度本科专业布点在11—20个的高校共265所，占24.27%，接近1/4。高校设置20种专业以下的学校共369所，比2006年度减少81所。2009年度学校设置专业最少的两所高校是北京协和医学院和西藏藏医学院，它们均只设置两个专业。

表4.41　　　　　　2009年度高校专业设置规模　　　　单位：个，所，%

次序	专业布点	高校数	比例	累积比例
1	100以上	10	0.92	0.92
2	71—99	47	4.30	5.22
3	51—70	154	14.10	19.32
4	41—50	150	13.74	33.06
5	31—40	169	15.48	48.54
6	21—30	193	17.67	66.21
7	11—20	265	24.27	90.48
8	6—10	85	7.78	98.26
9	2—5	19	1.74	100.00

3. 分高校特征的专业分布

（1）从办学类型看，属于大学类型的高校，共有本科专业布点18289

个，占高校专业总布点的 50.10%。与 2006 年度相比，专业布点增加 2230 个，但属于大学类型院校的本科专业布点占高校专业布点的比例却有所下降，下降了 2.19%。属于学院类型的高校，共有本科专业布点 11518 个，占高校专业总布点的 31.45%。独立学院设置的本科专业布点 6736 个，占所有专业布点的 18.45%。

（2）如表 4.42，从高校的性质类别看，本科专业布点最多的是理工院校，专业布点 11568 个，占高校专业布点的 31.67%，专业布点比 2006 年度有较大幅度增长，但其所占比重略有下降。其次是综合大学，专业布点 10606 个，占高校专业布点的 29.04%。综合大学与理工院校布点占所有专业布点的 60.71%，与 2006 年度几乎一致。林业院校、体育院校和政法院校的专业布点所占比例均低于 1%。

表 4.42　　　　2009 年度分高校性质类别专业设置状况　　　　单位：个,%

高校性质类别	专业布点	比例
综合大学	10606	29.04
理工院校	11568	31.67
农业院校	1950	5.34
林业院校	352	0.96
医药院校	1438	3.94
师范院校	5673	15.53
语文院校	592	1.62
财经院校	2748	7.52
政法院校	277	0.76
体育院校	192	0.53
艺术院校	481	1.32
民族院校	646	1.77
总计	36523	100.00

4. 分高校举办者和主管部门专业分布

（1）从高校举办者看，教育部院校的本科专业布点有 4642 个，占高校专业布点的 12.71%，与 2006 年度相比，所占的比例有所下降；国家其他部属院校本科专业布点 1283 个，占高校专业布点的 3.51%；省级教育部门高校的本科专业布点19785个，占高校专业布点的54.17%；省级其他部门的高校本科专业布点647个，占高校专业布点的1.77%；地级教育部门高校的本科专业布点2102个，占高校专业布点的5.76%；地级其他部门的高校本科专业布点447个，占高校专业布点的1.22%；民办院校共7617个，占高校专业布点的20.86%。这表明，民办高等教育高校的专业设置得到了较大发展。

（2）从高校主管部门看，如表4.43，部委主管的高校专业布点5925个，占全国高校专业的16.22%。除国家相关部委外，主管的高校专业布点超过1000个的部门有14个。江苏省主管的高校专业布点2133个，位列第二。而且，所有主管部门主管的高校的专业布点均超过100个，布点最少的是西藏自治区，为106个。

表4.43　　　　2009年度分主管部门高校专业设置状况　　　　单位：个

排序	主管部门	专业布点	排序	主管部门	专业布点
1	部委	5925	17	广西	845
2	江苏	2133	18	福建	831
3	山东	1904	19	山西	793
4	浙江	1655	20	云南	779
5	湖北	1650	21	上海	708
6	河北	1632	22	天津	645
7	广东	1594	23	贵州	604
8	河南	1593	24	北京	597
9	湖南	1579	25	重庆	557
10	辽宁	1538	26	内蒙古	548
11	陕西	1300	27	甘肃	520
12	江西	1223	28	新疆	391
13	安徽	1191	29	海南	196
14	四川	1147	30	青海	174
15	吉林	1064	31	宁夏	146
16	黑龙江	955	32	西藏	106

5. 分学校所在地的专业分布

(1) 华北地区高校专业布点 5752 个，占高校专业布点的 15.75%；东北地区高校专业布点 4157 个，占高校专业布点的 11.38%；华东地区高校专业布点 11268 个，占高校专业布点的 30.85%；中南地区高校专业布点 8405 个，占高校专业布点的 23.01%；西南地区高校专业布点 3712 个，占高校专业布点的 10.16%；西北地区高校专业布点 3229 个，占高校专业布点的 8.84%。华东地区和中南地区的高校本科专业布点占全国的一半以上。与 2006 年度相比，各大区高校的本科专业布点所占比重没有太大的变化。

(2) 从所在省份（省、市、自治区）看，如表 4.44，高校专业布点超过 500 个的省份有 26 个。布点超过 1000 个的省份有 17 个，这比 2006 年度增加 1 个省份。布点最多的是江苏省，该省高校本科专业布点共 2644 个。与 2006 年度相比，其余各省份高校专业布点都有了很大发展。仅有新疆、海南、宁夏、青海和西藏 5 个省份高校的专业布点少于 500 个。

表 4.44　2009 年度各省（市、自治区）高校专业设置状况　　单位：个

排序	省份	专业布点	排序	省份	专业布点
1	江苏	2644	17	黑龙江	1151
2	湖北	2198	18	福建	977
3	山东	2139	19	广西	845
4	北京	1943	20	天津	799
5	广东	1848	21	云南	779
6	浙江	1800	22	山西	764
7	辽宁	1754	23	重庆	753
8	湖南	1725	24	甘肃	658
9	陕西	1708	25	贵州	604
10	河北	1698	26	内蒙古	548
11	河南	1593	27	新疆	498
12	四川	1505	28	海南	196
13	安徽	1295	29	宁夏	191
14	吉林	1252	30	青海	174
15	江西	1223	31	西藏	71
16	上海	1190	合计		36523

（3）从所在城市看，如表4.45，2009年度全国36523个专业布点分布在243个城市。其中，本科专业布点超过1000个的城市有6个，较多城市专业布点都在100个以下。

表4.45　　　　　2009年度高校专业设置城市布点　　　单位：个

排序	专业布点	城市数	排序	专业布点	城市数
1	1000以上	6	5	51—100	57
2	501—1000	16	6	21—50	86
3	201—500	15	7	2—20	28
4	101—200	35	合计		243

2009年度，省会城市（或直辖市）高校本科专业布点21544个，占所有专业布点的58.99%。与2006年度相比，其比重下降了1.33%。而非省会城市高校本科专业布点14979个，占全国专业布点的41.01%。

高校专业布点超过200个的城市共37个，这比2006年度增加5个城市。其中布点超过500个的城市有22个，如表4.46。这37个城市的高校专业布点24125个，占高校专业布点的66.09%。武汉市高校专业布点1543个，仍是全国第二多专业布点的城市。高校专业布点超过500个的城市中大连市和青岛市为非省会城市（直辖市）。

表4.46　　　　2009年度高校专业布点超过500个的城市的
　　　　　　　　专业布点设置状况　　　　　　　单位：个

排序	城市	专业布点	排序	城市	专业布点
1	北京市	1943	12	沈阳市	786
2	武汉市	1543	13	重庆市	753
3	西安市	1258	14	南昌市	713
4	上海市	1190	15	长沙市	650
5	南京市	1182	16	济南市	617
6	广州市	1095	17	郑州市	599
7	长春市	899	18	昆明市	587

续表

排序	城市	专业布点	排序	城市	专业布点
8	天津市	860	19	兰州市	542
9	杭州市	833	20	大连市	534
10	成都市	823	21	石家庄市	509
11	哈尔滨市	800	22	青岛市	508

五 2012年度全国高校专业设置状况

2012年度，全国本科院校1147所，专业布点42293个，校均设置36.87个专业。与2009年度相比，专业布点总数和校均专业设置规模都有较大提高。

（一）专业布点的学科门类分布

2012年度，专业布点的门类次序从多到少依次为工学、文学、管理学、理学、教育学、经济学、医学、法学、农学、历史学和哲学。其中工学专业布点13153个，占高校专业布点的31.10%，其专业布点比2009年度增加2324个，增幅24.47%，其占高校专业布点的比例仍有所增加。而布点最少的仍然是哲学门类，仅有87个专业布点，其专业布点占高校专业布点的比例已下降到0.21%。此外，历史学专业布点所占比重也有所下降。专业布点在门类上分布仍不均衡，如表4.47。

表4.47　　2012年度全国高校本科专业布点的门类分布　　单位：个,%

门类	哲学	经济学	法学	教育学	文学	历史学
专业布点	87	1917	1617	1925	7809	320
占比例	0.21	4.53	3.82	4.55	18.46	0.76
门类	理学	工学	农学	医学	管理学	总计
专业布点	5651	13153	962	1636	7216	42293
占比例	13.36	31.10	2.27	3.87	17.06	100.00

（二）专业布点的专业类分布

2012年度，全国高校本科专业布点覆盖了全部专业类，平均每个专业类约有 580 个专业布点，比 2009 年度增加 80 个，增幅 16.00%。专业布点超过 500 个的专业类有 25 个，比 2009 年度多 5 个。专业布点超过 1000 个的专业类有 12 个，这 12 个专业类有专业布点 25785 个，占高校专业布点的 60.97%。

专业布点最多的专业类是电子信息类，布点 4766 个，与 2009 年度相比，增加布点 845 个，增幅 21.55%，略有上涨。专业布点数第二的是工商管理类，其专业布点有 4321 个，比 2009 年度增加 513 个布点，增幅 13.47%，有所下降。专业布点数第三的仍是艺术类，其专业布点 3400 个，比 2009 年度增加 618 个，增幅 22.21%，有所下降。另外，专业布点少于 10 个的专业类只有 3 个，分别是系统学类、天文学类和马克思主义理论类，如表 4.48。

表 4.48　　　　　　　　2012 年度各专业类的专业布点　　　　　　　单位：个

专业类名称	专业布点	专业类名称	专业布点
电子信息类	4766	仪器仪表类	289
工商管理类	4321	材料科学类	261
艺术类	3400	环境生态类	245
外国语言文学类	2334	护理学类	217
经济学类	1917	职业技术教育类	191
机械类	1745	测绘类	162
土建类	1468	中医学类	162
管理科学与工程类	1396	水利类	158
公共管理类	1318	农业工程类	133
中国语言文学类	1058	预防医学类	127
数学类	1045	农业经济管理类	112
新闻传播学类	1017	动物生产类	105
教育学类	968	口腔医学类	102
轻工纺织食品类	802	公安学类	101
体育学类	766	动物医学类	91
生物科学类	759	工程力学类	90
化学类	755	哲学类	87
材料类	745	森林资源类	73

续表

专业类名称	专业布点	专业类名称	专业布点
法学类	644	图书档案学类	69
化工与制药类	640	航空航天类	67
电子信息科学类	638	水产类	65
地理科学类	530	武器类	59
环境与安全类	528	海洋科学类	56
临床医学与医学技术类	520	公安技术类	49
物理学类	515	地质学类	43
政治学类	477	海洋工程类	42
药学类	458	林业工程类	40
交通运输类	442	草业科学类	33
社会学类	386	法医学类	32
植物生产类	350	地球物理学类	28
心理学类	345	力学类	23
能源动力类	324	大气科学类	22
历史学类	320	基础医学类	18
环境科学类	318	马克思主义理论类	9
生物工程类	311	天文学类	4
统计学类	305	系统学类	4
地矿类	293		

（三）专业布点的具体分析

2012年度全国高校本科专业有598种，其中目录外专业172种，平均每种专业布点有70.72个，比2009年略有增加。如表4.49，一般控制专业的布点2376个，比2009年度增加319个，增幅15.51%；目录外专业的布点4268个，比2009年度增加1097个，增幅34.59%；引导性专业的布点1178个，比2009年度增加148个，增幅14.37%；试办专业布点1468个，比2009年度增加918个，增幅166.91%。专业布点呈多样化。

表 4.49　　　　　　2012 年度各专业类别的布点情况　　　　　单位：个,%

门类	一般控制专业	从严控制专业	目录外专业	试办专业	引导性专业
专业布点	2376	96	4268	1468	1178
占比例	5.62	0.23	10.09	3.47	2.79

1. 布点最多和最少的专业

（1）2012 年度，布点超过 300 个的专业有 45 种，共 21590 个布点，占全国各高校专业布点的 51.05%。专业布点超过 400 个的专业共 25 种。其中，专业布点的高校覆盖率超过一半的专业有 11 种，分别是英语、计算机科学与技术、艺术设计、市场营销、国际经济与贸易、电子信息工程、信息管理与信息系统、法学、会计学、汉语言文学和工商管理，如表 4.50。其中英语专业和计算机科学与技术专业的高校覆盖率都在 80% 以上，分别是 85.98% 和 81.18%。与 2009 年度相比，英语专业和计算机科学与技术专业布点有所增加，但其增长幅度都略有下降。

表 4.50　　　　　　2012 年度专业布点超过 400 个的专业　　　　　单位：个,%

排序	专业	专业布点	高校覆盖率
1	英语	987	85.98
2	计算机科学与技术	932	81.18
3	艺术设计	782	68.12
4	市场营销	757	65.94
5	国际经济与贸易	734	63.94
6	电子信息工程	635	55.31
7	信息管理与信息系统	631	54.97
8	法学	623	54.27
9	会计学	598	52.09
10	汉语言文学	590	51.39
11	工商管理	581	50.61
12	财务管理	539	46.95
13	信息与计算科学	525	45.73

续表

排序	专业	专业布点	高校覆盖率
14	数学与应用数学	517	45.03
15	旅游管理	504	43.90
16	日语	496	43.21
17	通信工程	495	43.12
18	公共事业管理	495	43.12
19	机械设计制造及其自动化	485	42.25
20	电气工程及其自动化	473	41.20
21	土木工程	470	40.94
22	自动化	452	39.37
23	应用化学	437	38.07
24	人力资源管理	423	36.85
25	工程管理	407	35.45

（2）2012年度，专业布点少于50个的专业共494种，占总设置专业种数的73.41%。其中，有86种专业仅有一所高校设置，如表4.51。

表4.51　　　　　　2012年度专业布点统计简表　　　单位：个，种，%

序号	布点数	专业种数	比例	累积比例
1	1	86	14.38	14.38
2	2—5	138	23.08	37.46
3	6—10	73	12.21	49.67
4	11—50	142	23.75	73.41
5	51—100	44	7.36	80.77
6	101—200	47	7.86	88.63
7	201—300	23	3.85	92.47
8	301—400	20	3.34	95.82
9	401—600	17	2.84	98.66
10	601以上	8	1.34	100.00

2. 专业布点较多的高校和专业布点较少的高校

(1) 2012年度,设置的本科专业在50种以上的高校有315所,占所有本科院校的27.44%,这比2009年度增加104所,增幅49.29%。设置的本科专业在100种以上的高校有14所,如表4.52。这比2009年度增加4所,这4所高校分别是中山大学、扬州大学、南昌大学和郑州大学。本科专业布点最多的高校是四川大学,该校2012年度有136个本科专业。这14所本科专业布点最多的高校都是综合大学。

表4.52　　　2012年度设置的本科专业在100种以上的高校　　　单位:个

排序	高校	专业布点
1	四川大学	136
2	吉林大学	134
3	浙江大学	126
4	贵州大学	125
5	武汉大学	121
6	北京大学	119
7	中山大学	115
8	山东大学	114
9	苏州大学	114
10	西南大学	110
11	扬州大学	107
12	广西大学	104
13	南昌大学	102
14	郑州大学	102

(2) 2012年度,本科专业布点在11—20个的高校共221所,占19.27%,接近1/5。高校本科专业布点少于20个的高校共312所,比2009年度减少57所,如表4.53。2012年度,高校本科专业最少的两所高校是北京协和医学院和西藏藏医学院,它们均只设置两个专业。

表4.53　　　　　　　　2012年度高校专业设置规模　　　　单位：个，所，%

次序	专业布点	高校数	比例	累积比例
1	100以上	14	1.22	1.22
2	71—99	76	6.63	7.85
3	51—70	208	18.13	25.98
4	41—50	143	12.47	38.45
5	31—40	169	14.73	53.18
6	21—30	225	19.62	72.80
7	11—20	221	19.27	92.07
8	6—10	72	6.28	98.35
9	2—5	19	1.66	100.00

3. 分高校特征的专业分布

（1）从高校举办本科教育的时间看，如表4.54，2000年以来的新办院校专业布点16071个，占所有专业布点的38.00%；1949年及以前的高校专业布点22396，占所有专业布点的52.95%；2010年以来新办的本科院校专业布点598个，占所有专业布点的1.14%。

表4.54　　2012年度分高校开办本科教育年度的专业设置规模　　单位：个，%

次序	高校开办本科教育年度	专业布点	比例	累积比例
1	2010—2012	598	1.41	1.41
2	2000—2009	15473	36.59	38.00
3	1990—1999	1254	2.97	40.97
4	1980—1989	2572	6.08	47.05
5	1949—1979	16294	38.53	85.58
6	1895—1948	6102	14.43	100.00

（2）从办学类型看，属于大学类型的高校，共有本科专业布点21219个，占所有专业布点的50.17%。属于学院类型的高校，共有本科专业布点13629个，占所有专业布点的32.23%。独立学院本科专业布点共7445个，占所有专业布点的17.60%，独立学院的专业布点占所有专业布点比重有所下降。

(3) 如表4.55，从高校的性质类别看，本科专业布点最多的是理工院校，专业布点13166个，占所有专业布点的31.13%，专业布点比2009年度有一定增长，但其所占比重略有下降。其次是综合大学，专业布点12355个，占所有专业布点的29.21%，其所占比重略有增加。综合大学与理工院校占所有专业布点的60.34%，略少于2009年度。林业院校、体育院校和政法院校的专业布点有所增加，但其比例仍低于1%。

表4.55　　　　　2012年度分高校性质类别专业设置状况　　　　单位：个，%

高校性质类别	专业布点	比例
综合大学	12355	29.21
理工院校	13166	31.13
农业院校	2148	5.08
林业院校	379	0.90
医药院校	1641	3.88
师范院校	6722	15.89
语文院校	748	1.77
财经院校	3187	7.54
政法院校	379	0.90
体育院校	216	0.51
艺术院校	603	1.43
民族院校	749	1.77
总计	42293	100.00

4. 分高校举办者和主管部门专业分布

(1) 从高校举办者看，教育部院校的本科专业布点4924个，占高校专业布点的11.64%，与2009年度相比，所占的比重有所下降；国家其他部属院校本科专业布点1435个，占高校专业布点的3.39%；省级教育部门高校的本科专业布点22621个，占高校专业布点的53.49%；省级其他部门的高校本科专业布点827个，占高校专业布点的1.96%；地级教育部门高校的本科专业布点2625个，占高校专业布点的6.21%；地级其他部门的高校本科专业布点563个，占高校专业布点的1.33%；民办院校共9298个，占高校专业布点的21.98%。与2009年度相比，不同举办者的高校专业设置的占比并没有发生很大变化。民办高等教育学校的专业设置的比重略有增加。

（2）从高校主管部门看，如表4.56，部委主管的高校专业布点6359个，占全国高校专业的15.04%，与2009年度相比，所占比重有所下降。除国家相关部委外，主管的高校的专业布点超过1000个的主管部门有18个。江苏省主管的高校的专业布点2415个，位列第二。而且，所有主管部门主管的高校的专业布点均超过100个，布点最少的是西藏自治区，为124个。

表4.56　　　　　2012年度分高校主管部门专业设置状况　　　　单位：个

排序	主管部门	专业布点	排序	主管部门	专业布点
1	部委	6359	17	广西	1030
2	江苏	2415	18	福建	1022
3	山东	2232	19	云南	1004
4	河南	1994	20	山西	937
5	湖北	1866	21	贵州	789
6	浙江	1863	22	上海	746
7	广东	1862	23	天津	733
8	河北	1851	24	重庆	692
9	湖南	1784	25	北京	670
10	辽宁	1703	26	内蒙古	667
11	安徽	1534	27	甘肃	619
12	陕西	1519	28	新疆	441
13	江西	1434	29	海南	233
14	四川	1385	30	青海	187
15	吉林	1260	31	宁夏	180
16	黑龙江	1158	32	西藏	124

5. 分学校所在地的专业分布

（1）华北地区高校专业布点6497个，占高校专业布点的15.36%；东北地区高校专业布点4765个，占高校专业布点的11.27%；华东地区高校专业布点12968个，占高校专业布点的30.66%；中南地区高校专业布点9809个,占高校专业布点的23.19%;西南地区高校专业布点4545个,占高校专业布点的10.75%;西北地区高校专业布点3709个,占高校专业布点的8.77%。华东地区和中南地区高校本科专业占全国的一半以上。与2009年度相比,各大区高校的本科专业所占比重没有太大的变化。

(2)从所在省份(省、市、自治区)看,如表4.57,高校专业布点超过500个的省份有27个,布点超过1000个的省份有20个,这比2009年度增加3个省份。布点最多的是江苏省,该省高校本科专业布点2968个。与2009年度相比,其余各省份高校专业布点都有了很大发展。仅有海南、宁夏、青海和西藏4个省份高校的专业布点少于500个。

表4.57　2012年度各省(市、自治区)高校专业设置状况　　单位:个

排序	省份	专业布点	排序	省份	专业布点
1	江苏	2968	17	上海	1243
2	山东	2472	18	福建	1177
3	湖北	2455	19	广西	1030
4	广东	2150	20	云南	1004
5	北京	2104	21	山西	907
6	浙江	2027	22	重庆	900
7	河南	1994	23	天津	894
8	陕西	1961	24	贵州	789
9	湖南	1947	25	甘肃	766
10	辽宁	1943	26	内蒙古	667
11	河北	1925	27	新疆	561
12	四川	1771	28	宁夏	234
13	安徽	1647	29	海南	233
14	吉林	1453	30	青海	187
15	江西	1434	31	西藏	81
16	黑龙江	1369	合计		42293

(3)从所在城市看,如表4.58,2012年度,全国42293个专业布点分布在249个城市。本科专业布点超过1000个的城市有7个,较多城市

专业布点都在 100 个以下。

表 4.58　　　　　2012 年度高校专业设置城市布点　　　　　单位：个

排序	专业布点	城市数	排序	专业布点	城市数
1	1000 以上	7	5	51—100	59
2	501—1000	19	6	21—50	90
3	201—500	17	7	2—20	17
4	101—200	40	合计		249

2012 年度，省会城市（或直辖市）高校本科专业布点 24688 个，占所有专业布点的 58.37%，与 2009 年度相比，其所占比重略有下降。而非省会城市高校本科专业布点 17605 个，占全国专业布点的 41.63%。

高校专业布点超过 200 个的城市共 43 个，这比 2009 年度增加 6 个城市。这 43 个城市的高校专业布点 28901 个，占高校专业布点的 68.34%。其中布点超过 500 个的城市有 26 个，如表 4.59。武汉市高校专业布点 1737 个，仍是全国第二多专业布点的城市。高校专业布点超过 500 个的城市中大连市和青岛市为非省会城市（或直辖市）。

表 4.59　　2012 年度高校专业布点超过 500 个的城市的
专业布点设置状况　　　　　单位：个

排序	城市	专业布点	排序	城市	专业布点
1	北京市	2104	14	南昌市	836
2	武汉市	1737	15	郑州市	777
3	西安市	1437	16	长沙市	767
4	南京市	1320	17	昆明市	724
5	广州市	1267	18	济南市	701
6	上海市	1243	19	合肥市	625
7	长春市	1053	20	兰州市	618
8	天津市	958	21	大连市	608
9	成都市	953	22	青岛市	577

续表

排序	城市	专业布点	排序	城市	专业布点
10	哈尔滨市	937	23	石家庄市	577
11	杭州市	934	24	太原市	539
12	重庆市	900	25	福州市	512
13	沈阳市	879	26	贵阳市	511

第五章 第五次全国高校专业调整后典型年度的专业设置

一 2013年度全国高校专业设置状况

2013年度，全国本科院校1170所，本科专业布点45530个，校均设置38.91个专业。与2012年度相比，专业布点总数和校均专业设置规模都有一定提高。

（一）专业布点的学科门类分布

2013年度，专业布点的门类次序从多到少依次为工学、管理学、艺术学、文学、理学、经济学、教育学、医学、法学、农学、历史学和哲学。其中工学专业布点14604个，占高校专业布点的32.08%，其专业布点比2012年度增加1451个，增幅11.03%，其占高校专业布点的比例有所增加。而布点最少的仍然是哲学门类，仅有89个专业布点，其专业布点占高校专业布点的比例下降到0.20%。此外，历史学专业布点所占比重也有所下降。专业布点门类分布仍不均衡，如表5.1。

表5.1　　2013年度全国高校本科专业布点的门类分布　　单位：个，%

门类	哲学	经济学	法学	教育学	文学	历史学
专业布点	89	2204	1651	1772	4696	312
占比例	0.20	4.84	3.63	3.89	10.31	0.69
门类	理学	工学	农学	医学	管理学	艺术学
专业布点	4472	14604	1001	1761	7637	5331
占比例	9.82	32.08	2.20	3.87	16.77	11.71

（二）专业布点的专业类分布

2012 年颁布的本科专业目录，将专业类划分为 92 个。2013 年度全国高校本科专业布点覆盖了全部专业类，平均每个专业类约有 496 个专业布点。

2013 年度，专业布点超过 500 个的专业类有 34 个。其中，专业布点超过 1000 个的专业类有 13 个，如表 5.2。这 13 个专业类有专业布点 22200 个，占高校专业布点的 48.97%。专业布点最多的专业类是工商管理类，其专业布点 3367 个。专业布点位列第二的是设计学类，其专业布点 2513 个，这是 2013 年新设置的专业类。专业布点位列第三的是外国语言文学类，其专业布点 2505 个，与 2012 年度相比，该专业类的布点略有增加。

表 5.2   2013 年度专业布点超过 1000 的专业类   单位：个

排序	专业类名称	专业布点	排序	专业类名称	专业布点
1	工商管理类	3367	8	中国语言文学类	1141
2	设计学类	2513	9	公共管理类	1122
3	外国语言文学类	2505	10	戏剧与影视学类	1094
4	计算机类	2235	11	新闻传播学类	1052
5	电子信息类	2126	12	数学类	1015
6	机械类	1799	13	音乐与舞蹈学类	1006
7	管理科学与工程类	1225			

如表 5.3，专业布点少于 50 个的专业类有 12 个，其中天文学类和艺术学理论类仅有 5 个布点。

表 5.3   2013 年度专业布点少于 50 个的专业类   单位：个

排序	专业类名称	专业布点	排序	专业类名称	专业布点
1	天文学类	5	7	法医学类	29
2	艺术学理论类	5	8	草学类	30
3	工业工程类	10	9	林业工程类	35

续表

排序	专业类名称	专业布点	排序	专业类名称	专业布点
4	民族学类	17	10	海洋工程类	43
5	大气科学类	21	11	中西医结合类	45
6	地球物理学类	27	12	地质学类	49

（三）专业布点的具体分析

2013年度，全国高校本科专业有509种，其中特设专业124种，控制专业29种，特设控制专业35种，平均每种专业布点89.47个，而各高校的专业布点则存在着极大差异。

1. 布点最多和最少的专业

（1）2013年度，布点超过300个的专业有48种，共23125个布点，占全国各高校总专业布点的50.79%。其中，专业布点超过400个的专业共28种。专业布点的高校覆盖率超过一半的专业有12种，分别是英语、计算机科学与技术、市场营销、国际经济与贸易、视觉传达设计、环境设计、电子信息工程、法学、信息管理与信息系统、会计学、财务管理和汉语言文学。其中英语专业的高校覆盖率最高布点981个，其覆盖率达83.85%。计算机科学与技术专业位列第二，布点929个，其覆盖率为79.40%。但与2012年度相比，英语专业和计算机科学与技术专业的高校覆盖率略有下降，如表5.4。比较突出的是，视觉传达设计和环境设计两个艺术专业布点较多，高校覆盖率均超过60%。

表5.4 2013年度专业布点数超过400个的专业 单位：个,%

排序	专业	专业布点	高校覆盖率
1	英语	981	83.85
2	计算机科学与技术	929	79.40
3	市场营销	762	65.13
4	国际经济与贸易	732	62.56
5	视觉传达设计	721	61.62
6	环境设计	715	61.11
7	电子信息工程	632	54.02

第五章 第五次全国高校专业调整后典型年度的专业设置 143

续表

排序	专业	专业布点	高校覆盖率
8	法学	617	52.74
9	信息管理与信息系统	606	51.79
10	会计学	603	51.54
11	财务管理	596	50.94
12	汉语言文学	595	50.85
13	工商管理	582	49.74
14	电气工程及其自动化	521	44.53
15	数学与应用数学	510	43.59
16	信息与计算科学	501	42.82
17	日语	499	42.65
18	通信工程	499	42.65
19	旅游管理	498	42.56
20	机械设计制造及其自动化	489	41.79
21	土木工程	488	41.71
22	产品设计	485	41.45
23	公共事业管理	475	40.60
24	应用化学	441	37.69
25	自动化	439	37.52
26	软件工程	439	37.52
27	人力资源管理	427	36.50
28	工程管理	419	35.81

（2）如表5.5，专业布点少于50个的专业共329种，占总设置专业种数的64.64%。其中，有59种专业仅有一所高校设置。

表5.5　　　　　2013年度专业布点统计简表　　　　单位：个，种，%

序号	布点数	专业种数	比例	累积比例
1	1	59	11.59	11.59
2	2—5	76	14.93	26.52

续表

序号	布点数	专业种数	比例	累积比例
3	6—10	56	11.00	37.52
4	11—50	138	27.11	64.64
5	51—100	50	9.82	74.46
6	101—200	57	11.20	85.66
7	201—300	26	5.11	90.77
8	301—400	19	3.73	94.50
9	401—600	18	3.54	98.04
10	601以上	10	1.96	100.00

2. 专业布点较多的高校和专业布点较少的高校

（1）2013年度，设置的本科专业在50种以上的高校共362所，占所有本科院校的30.94%。这比2012年度增加47所，增幅14.92%。设置的本科专业在100种以上的高校有16所，比2012年度多了两所，如表5.6。新增加的高校是内蒙古科技大学、河北师范大学和青岛大学。值得注意的是，2012年度广西大学设置的本科专业布点104个，经过调整后少于100个。2013年四川大学和贵州大学并列为专业布点设置最多的高校，两校均设置了132个本科专业布点。这16所本科专业布点最多的高校中除河北师范大学外，其他都是综合大学。

表5.6　　　2013年度设置的本科专业在100种以上的高校　　　单位：个

排序	高校	专业布点
1	贵州大学	132
2	四川大学	132
3	浙江大学	125
4	苏州大学	124
5	吉林大学	123
6	北京大学	119
7	中山大学	118

续表

排序	高校	专业布点
8	山东大学	116
9	武汉大学	116
10	扬州大学	110
11	南昌大学	109
12	郑州大学	107
13	内蒙古科技大学	103
14	西南大学	101
15	河北师范大学	100
16	青岛大学	100

（2）2013年度，设置的本科专业布点在11—20个的学校共173所，占所有本科院校的14.79%。设置的本科专业布点在20个以下的学校共258所，这比2012年度减少54所，如表5.7。这表明学校的专业规模越来越大。2013年度，学校设置专业最少高校是北京第二外国语学院中瑞酒店管理学院，该校只设置了1个专业。

表5.7　　　　　　2013年度高校专业设置规模　　　　单位：个，所，%

次序	专业布点	高校数	比例	累积比例
1	100以上	16	1.37	1.37
2	71—99	97	8.29	9.66
3	51—70	233	19.91	29.57
4	41—50	139	11.88	41.45
5	31—40	176	15.04	56.49
6	21—30	251	21.45	77.94
7	11—20	173	14.79	92.73
8	6—10	58	4.96	97.69
9	1—5	27	2.31	100.00

3. 分高校特征的专业分布

（1）从高校举办本科教育的时间看，2000年以来的新办院校专业布点 17874 个，占所有专业布点的 39.26%；1949 年及以前的高校专业布点 6265 个，占所有专业布点的 13.76%；2010 年以来新办的本科院校专业布点 978 个，占所有专业布点的 2.15%，如表 5.8。

表 5.8　　　　2013 年度分高校开办本科教育年度的专业设置规模　　单位：个，%

次序	高校开办本科教育年度	专业设置数	比例	累积比例
1	2010—2013	978	2.15	2.15
2	2000—2009	16896	37.11	39.26
3	1990—1999	1384	3.04	42.30
4	1980—1989	2777	6.10	48.40
5	1949—1979	17567	38.58	86.98
6	1895—1949	5928	13.02	100.00

（2）从办学类型看，属于大学类型的高校的本科专业布点 22928 个，占所有专业布点的 50.36%。属于学院类型的高校的本科专业布点 15086 个，占所有专业布点的 33.13%。独立学院有专业布点 7516 个，占所有专业布点的 16.51%。独立学院的专业布点占所有专业布点的比重持续下降。

（3）如表 5.9，从高校的性质类别看，本科专业布点最多的是理工院校，专业布点 13895 个，占所有专业布点的 30.52%，专业布点比 2012 年度有一定增长，但其所占比重略有下降。其次是综合大学，专业布点 13564 个，占所有专业布点的 29.79%，其所占比重略有上升。综合大学与理工院校占所有专业布点的 60.31%，略少于 2012 年度。林业院校、体育院校和政法院校的专业布点有所增加，但其比例仍低于 1%。

表 5.9　　　　2013 年度分高校性质类别专业设置状况　　单位：个，%

高校性质类别	专业布点	比例
综合大学	13564	29.79
理工院校	13895	30.52
农业院校	2175	4.78
林业院校	372	0.82
医药院校	1755	3.85

续表

高校性质类别	专业布点	比例
师范院校	7176	15.76
语文院校	796	1.75
财经院校	3558	7.81
政法院校	400	0.88
体育院校	225	0.49
艺术院校	790	1.74
民族院校	824	1.81
总计	45530	100.00

（4）从高校是否有硕士、博士学位授予权看，有博士学位授予权的高校专业布点18731个，占所有专业布点的41.14%；无博士学位授予权的高校专业布点26799个，占所有专业布点的58.86%。有硕士学位授予权的高校专业布点26574个，占所有专业布点的58.37%；无硕士学位授予权的高校专业布点18956个，占所有专业布点的41.63%。

（5）从高校是否为国家重点大学看，全国有"985"工程高校38所，"985"工程院校专业布点3073个，占所有专业布点的6.75%，校均专业规模80.87个；非"985"工程高校专业布点42457个，占所有专业布点的93.25%，校均专业规模37.51个。全国有"211"工程院校112所，专业布点7736个，占所有专业布点的16.99%，校均专业规模69.07个；非"211"工程院校专业布点37794个，占所有专业布点的83.01%，校均专业规模35.72个。

4. 分高校举办者和主管部门专业分布

（1）从高校举办者看，教育部院校的本科专业布点4868个，占高校专业布点的10.69%，与2012年度相比，占比有所下降；国家其他部属院校本科专业布点1473个，占高校专业布点的3.24%；省级教育部门高校的本科专业布点24569个，占高校专业布点的53.96%；省级其他部门的高校本科专业布点940个，占高校专业布点的2.06%；地级教育部门的高校本科专业布点2958个，占高校专业布点的6.50%；地级其他部门的高校本科专业布点682个，占所有专业布点的1.50%；民办院校共

10040 个,占所有专业布点的 22.05%。与 2012 年度相比,不同举办者的高校专业设置的比例并没有发生很大变化。民办高等教育学校的专业设置的比重略有增加。

(2) 从高校主管部门看,如表 5.10,部委主管的高校专业布点 6341 个,占全国高校专业的 13.93%,与 2012 年度相比,所占比重有所下降。除国家相关部委外,主管的高校的专业布点超过 1000 个的部门有 19 个。江苏省主管的高校的专业布点 2644 个,位列第二。除西藏自治区外,各主管部门主管的高校的专业布点均超过 100 个。

表 5.10　　　　　2013 年度分高校主管部门专业设置状况　　　　单位:个

排序	主管部门	专业布点	排序	主管部门	专业布点
1	部委	6341	17	云南	1156
2	江苏	2644	18	广西	1139
3	山东	2451	19	福建	1120
4	河南	2221	20	山西	1035
5	湖北	2100	21	贵州	865
6	广东	2024	22	天津	799
7	河北	2000	23	上海	783
8	浙江	1957	24	重庆	776
9	辽宁	1871	25	内蒙古	734
10	湖南	1854	26	甘肃	694
11	安徽	1702	27	北京	693
12	陕西	1641	28	新疆	482
13	四川	1573	29	海南	256
14	江西	1532	30	青海	199
15	吉林	1358	31	宁夏	191
16	黑龙江	1250	32	西藏	89

5. 分高校所在地的专业分布

(1) 华北地区高校专业布点 6879 个,占高校专业布点的 15.11%;东北地区高校专业布点 5127 个,占高校专业布点的 11.26%;华东地区高校专业布点 13905 个,占高校专业布点的 30.54%;中南地区高校专业布点 10639 个，占高校专业布点的 23.37%；西南地区高校专业布点 4982 个，占高校专业布点的 10.94%；西北地区高校专业布点 3998 个，占高校专业布点的 8.78%。华东地区和中南地区高校本科专业占全国的一半以上。与 2012 年度相比，各大区高校的本科专业所占比重没有太大的变化。

（2）从所在省份（省、市、自治区）看，如表 5.11，高校专业布点超过 500 个的省份有 27 个，布点超过 1000 个的省份有 21 个，比 2012 年度多 1 个省份。布点最多的是江苏省，该省高校本科专业布点 3175 个。仅有海南、宁夏、青海和西藏 4 个省份高校的专业布点少于 500 个。

表 5.11　　2013 年度各省（市、自治区）高校专业设置状况　　单位：个

排序	省份	专业布点	排序	省份	专业布点
1	江苏	3175	17	福建	1289
2	湖北	2704	18	上海	1269
3	山东	2694	19	云南	1156
4	广东	2307	20	广西	1139
5	河南	2221	21	山西	1001
6	浙江	2125	22	重庆	966
7	辽宁	2124	23	天津	964
8	北京	2106	24	贵州	865
9	陕西	2087	25	甘肃	850
10	河北	2074	26	内蒙古	734
11	湖南	2012	27	新疆	608
12	四川	1950	28	海南	256
13	安徽	1821	29	宁夏	254
14	吉林	1549	30	青海	199
15	江西	1532	31	西藏	45
16	黑龙江	1454	合计		45530

（3）从所在城市看，2013 年度全国 45530 个专业布点分布在 252 个城市。如表 5.12，本科专业布点超过 1000 个的城市有 9 个，较多城市专业布点都在 100 个以下。

表 5.12　　　　　2013 年度高校专业设置城市布点　　　　单位：个

排序	专业布点	城市数	排序	专业布点	城市数
1	1000 以上	9	5	51—100	60
2	501—1000	17	6	21—50	91
3	201—500	21	7	2—20	11
4	101—200	43	合计		252

2013 年度，省会城市（或直辖市）高校本科专业布点 26413 个，占所有专业布点的 58.01%，与 2012 年度相比，其所占比重略有下降。而非省会城市高校本科专业布点 19117 个，占全国专业布点的 41.99%。

2013 年度，高校专业布点超过 200 个的城市共 47 个，这比 2012 年度增加 4 个城市。其中布点超过 500 个的城市有 26 个，如表 5.13。北京市高校专业布点最多，共有 2102 个，其次是武汉市，其高校专业布点 1893 个。高校专业布点超过 500 个的城市中大连市和青岛市为非省会城市（或直辖市）。

表 5.13　　　2013 年度高校专业布点超过 500 个的城市的
专业布点设置状况　　　　单位：个

排序	省份	专业布点	排序	省份	专业布点
1	北京市	2102	14	郑州市	893
2	武汉市	1893	15	南昌市	886
3	西安市	1529	16	昆明市	827
4	南京市	1398	17	济南市	805
5	广州市	1375	18	长沙市	776
6	上海市	1269	19	兰州市	687
7	长春市	1126	20	大连市	685
8	成都市	1041	21	合肥市	672
9	天津市	1034	22	石家庄市	640
10	哈尔滨市	988	23	青岛市	617
11	杭州市	979	24	太原市	594

续表

排序	省份	专业布点	排序	省份	专业布点
12	重庆市	966	25	贵阳市	553
13	沈阳市	945	26	福州市	550

二 2015年度全国高校专业设置状况

2015年度，全国本科院校1217所，本科专业布点49132个，校平均设置40.37个专业。

（一）专业布点的学科门类分布

如表5.14，2015年度，专业布点的门类次序从多到少依次为工学、管理学、艺术学、文学、理学、经济学、医学、教育学、法学、农学、历史学和哲学。其中工学专业有15915个布点，占高校专业布点的32.39%。而布点最少的哲学和历史学专业布点都低于1%。专业布点门类分布不均衡。

表5.14　　2015年度全国高校本科专业布点的门类分布　　单位：个，%

门类	哲学	经济学	法学	教育学	文学	历史学
专业布点	90	2415	1725	1886	5147	332
占比例	0.18	4.92	3.51	3.84	10.48	0.68
门类	理学	工学	农学	医学	管理学	艺术学
专业布点	4617	15915	1057	1928	8329	5691
占比例	9.40	32.39	2.15	3.92	16.95	11.58

（二）专业布点的专业类分布

2015年度，全国高校本科专业布点覆盖了全部专业类。全国高校本科专业布点分属92个专业类，平均每个专业类约有534个专业布点。

如表5.15，专业超过1000个布点的专业类有16个。这16个专业类有专业布点27221个，占全国专业布点的55.40%，即全国有一半以上的专业集中在这16个专业类。其中工商管理类专业布点最多，该专业类有

3625 个布点，占所有高校专业布点的 7.38%。

表 5.15　　　　2015 年度专业布点超过 1000 个的专业类　　　　单位：个

排序	专业类名称	专业布点	排序	专业类名称	专业布点
1	工商管理类	3625	9	公共管理类	1174
2	外国语言文学类	2777	10	戏剧与影视学类	1156
3	设计学类	2688	11	新闻传播学类	1152
4	计算机类	2552	12	材料类	1069
5	电子信息类	2237	13	音乐与舞蹈学类	1064
6	机械类	2005	14	土木类	1061
7	管理科学与工程类	1366	15	教育学类	1049
8	中国语言文学类	1222	16	数学类	1024

另外，如表 5.16，2015 年度专业布点不足 50 个的专业类有 12 个，其中天文学类专业仅有 6 个布点。

表 5.16　　　　2015 年度专业布点少于 50 个的专业类　　　　单位：个

排序	专业类名称	专业布点	排序	专业类名称	专业布点
1	天文学类	6	7	地球物理学类	28
2	艺术学理论类	14	8	法医学类	30
3	工业工程类	17	9	草学类	30
4	基础医学类	18	10	林业工程类	35
5	民族学类	21	11	中西医结合类	47
6	大气科学类	21	12	海洋工程类	48

（三）专业布点的具体分析

2015 年度，全国高校本科专业有 516 种，其中特设专业 130 种，控制专业 29 种，特设控制专业 36 种，平均每种专业布点有 95.22 个，而各高校的专业布点数则存在着很大差异。

1. 布点最多和最少的专业

（1）2015 年度，高校专业布点超过 500 个的专业有 22 种。这 22 种专业有 13931 个布点，占全国各高校专业布点的 28.32%，如表 5.17。其中，布点最多的是英语专业。2015 年度全国 1217 所本科院校中有 989 所设置了英语专业，英语专业的高校覆盖率为 81.27%。在没有设置英语专业的高校中，有 18 所设置了与英语专业非常类似的"商务英语"专业，如果将"商务英语"专业也计入英语专业的话，那么全国高校中设置英语专业的有 1007 所。

表 5.17　　　　2015 年度专业布点超过 500 个的专业　　　单位：个,%

排序	专业	专业布点	高校覆盖率
1	英语	989	81.27
2	计算机科学与技术	943	77.49
3	市场营销	779	64.01
4	国际经济与贸易	745	61.22
5	视觉传达设计	740	60.81
6	环境设计	727	59.74
7	电子信息工程	661	54.31
8	财务管理	649	53.33
9	法学	619	50.86
10	会计学	615	50.53
11	信息管理与信息系统	614	50.45
12	汉语言文学	601	49.38
13	工商管理	584	47.99
14	电气工程及其自动化	554	45.52
15	土木工程	526	43.22
16	通信工程	525	43.14
17	数学与应用数学	517	42.48
18	机械设计制造及其自动化	516	42.40
19	日语	506	41.58
20	旅游管理	503	41.33
21	信息与计算科学	502	41.25
22	软件工程	501	41.17

（2）如表 5.18，布点不超过 50 个的专业共 319 种，占总设置专业种

数的 61.82%。其中，52 种专业仅有一所高校设置，比如伦理学、犯罪学、边防指挥、工程物理、生物医学、拉丁语等。

表 5.18　　　　　　　2015 年度专业布点统计简表　　　单位：个，种，%

序号	布点数	专业种数	比例	累积比例
1	1	52	10.08	10.08
2	2—10	126	24.42	34.50
3	11—50	141	27.33	61.82
4	51—100	58	11.24	73.06
5	101—200	57	11.05	84.11
6	201—300	29	5.62	89.73
7	301—400	20	3.88	93.60
8	401—500	11	2.13	95.74
9	501 以上	22	4.26	100.00

2. 专业布点较多的高校和专业布点较少的高校

（1）设置的本科专业在 100 种以上（含 100 种）的高校有 16 所，按高校专业规模依次是：贵州大学、四川大学、苏州大学、浙江大学、吉林大学、中山大学、北京大学、山东大学、武汉大学、扬州大学、南昌大学、郑州大学、西南大学、河北师范大学、内蒙古科技大学和青岛大学。

（2）如表 5.19，设置 10 个以下（不含 10 个）专业的高校共 87 所，其中设置 5 个以下（不含 5 个）专业的高校有 12 所，分别是上海兴伟学院、北京协和医学院、西藏藏医学院、甘肃医学院、广西警察学院、上海健康医学院、中国音乐学院、中央音乐学院、北京第二外国语学院中瑞酒店管理学院、贵州商学院、桂林旅游学院和郑州财经学院。这 12 所院校中，除了北京协和医学院、西藏藏医学院、中国音乐学院和中央音乐学院 4 所高校外，其余的都是近年来新建的本科院校。

表 5.19　　　　　　　2015 年度高校专业设置规模　　　　单位：所，%

次序	专业布点	高校数	比例	累积比例
1	100 以上	16	1.31	1.31

续表

次序	专业布点	高校数	比例	累积比例
2	91—100	20	1.64	2.95
3	81—90	42	3.45	6.40
4	71—80	61	5.01	11.41
5	61—70	102	8.38	19.79
6	51—60	155	12.74	32.53
7	41—50	139	11.42	43.95
8	31—40	172	14.13	58.08
9	21—30	243	19.97	78.05
10	11—20	170	13.97	92.02
11	6—10	71	5.83	97.85
12	1—5	26	2.14	100.00

3. 分高校特征的专业分布

（1）从高校举办本科教育的时间看，如表5.20，2000年度以来的新办院校专业布点20087个，占所有专业布点的40.88%；1949年度及以前的高校专业布点6522个，占所有专业布点的13.27%；2010年度以来新办的本科院校专业布点1668个，占所有专业布点的3.40%。

表5.20　　2015年度分高校开办本科教育年度的专业设置规模　　单位：个,%

次序	高校开科本科教育年度	专业布点	比例	累积比例
1	2010—2015	1668	3.40	3.40
2	2000—2009	18419	37.49	40.89
3	1990—1999	1486	3.02	43.91
4	1980—1989	2914	5.93	49.84
5	1949—1979	18477	37.61	87.45
6	1895—1948	6168	12.55	100.00

（2）从办学类型看，大学类型的高校本科专业布点24434个，占所有专业布点的49.73%；学院类型的高校专业布点17062个，占所有专业布点的34.73%；独立学院专业布点7636个，占所有专业布点的15.54%。

（3）从高校的性质类别看，如表5.21，本科专业布点最多的是理工院校，专业布点14948个，占所有专业布点的30.42%；其次是综合大学，专业布点14496个，占所有专业布点的29.50%。综合大学与理工院校占所有专业布点的59.92%，即我国接近60%的专业集中在理工院校和综合大学。体育院校、林业院校和政法院校这三类高校本科专业布点仍低于1%。

表5.21　　　　2015年度分高校性质类别专业设置状况　　　　单位：个，%

高校性质类别	专业布点	比例
综合大学	14496	29.50
理工院校	14948	30.42
农业院校	2290	4.66
林业院校	389	0.79
医药院校	1920	3.91
师范院校	7796	15.87
语文院校	874	1.78
财经院校	3928	7.99
政法院校	456	0.93
体育院校	247	0.50
艺术院校	903	1.84
民族院校	885	1.80
总计	49132	100.00

（4）从高校是否有硕士、博士授予权看，有博士授予权的高校专业布点19547个，占39.78%；无博士授予权的高校专业布点29585个，占高校专业布点的60.22%。有硕士授予权的高校专业布点27891个，占高校专业布点的56.77%；无硕士授予权的高校专业布点21241个，占高校专业布点的43.23%。

（5）从高校是否为国家重点大学看，全国有"985"工程高校38所，"985"工程院校专业布点3156个，占高校专业布点的6.42%，校均专业布点83.05个；非"985"工程高校专业布点45976个，占高校专业布点的93.58%，校均专业布点39.00个。全国有"211"工程院校112所，专业布点 7995 个，占高校专业布点的 16.27%，校均专业布点 71.38 个；非"211"工程院校专业布点 41137 个，占高校专业布点的 83.73%，校均专业布点 37.23 个。

4. 分高校举办者和主管部门专业分布

（1）从高校举办者看，教育部院校的本科专业布点 5011 个，占高校专业布点的 10.20%；国家其他部属院校的本科专业布点 1546 个，占高校专业布点的 3.15%；省级教育部门高校的本科专业布点 26247 个，占高校专业布点的 53.42%；省级其他部门的高校本科专业布点 1068 个，占高校专业布点的 2.17%；地级教育部门的高校本科专业布点 3308 个，占高校专业布点的 6.73%；地级其他部门的高校本科专业布点 789 个，占高校专业布点的 1.61%；民办院校共 11163 个，占高校专业布点的 22.72%。

（2）从学校主管部门看，国家部委主管的高校专业布点 6557 个，占全国高校专业的 13.35%。主管高校专业布点 2000 个以上的主管部门分别是国家部委、江苏、山东、河南、湖北、广东、河北、浙江，主管高校专业布点少于 500 个的主管部门分别是西藏、青海、宁夏、海南，如表 5.22。

表 5.22　　　　　　2015 年度分主管部门高校专业设置状况　　　　单位：个

排序	主管部门	专业布点	排序	主管部门	专业布点
1	部委	6557	17	云南	1276
2	江苏	2890	18	广西	1268
3	山东	2662	19	福建	1234
4	河南	2433	20	山西	1132
5	湖北	2299	21	贵州	975
6	广东	2238	22	重庆	869
7	河北	2169	23	天津	846
8	浙江	2081	24	上海	817
9	湖南	1999	25	内蒙古	797
10	辽宁	1967	26	甘肃	765
11	安徽	1847	27	北京	739
12	陕西	1792	28	新疆	518

续表

排序	主管部门	专业布点	排序	主管部门	专业布点
13	四川	1740	29	海南	267
14	江西	1677	30	青海	212
15	吉林	1428	31	宁夏	207
16	黑龙江	1336	32	西藏	95

5. 分学校所在地的专业分布

（1）华北地区高校专业布点7371个，占高校专业布点的15.00%；东北地区高校专业布点5407个，占高校专业布点的11.01%；华东地区高校专业布点14966个，占高校专业布点的30.46%；中南地区高校专业布点11583个，占高校专业布点的23.58%；西南地区高校专业布点5495个，占高校专业布点的11.18%；西北地区高校专业布点4310个，占高校专业布点的8.77%。华东地区和中南地区高校占全国专业布点的54.04%。

（2）从所在省份（省、市、自治区）看，江苏省高校本科专业布点最多，达到3431个，占全国专业布点的6.98%，也是专业布点唯一超过3000个的省份。高校本科专业布点超过2000个的省份有湖北、山东、广东、河南、河北、浙江、陕西、辽宁、湖南、北京和四川。专业布点少于1000个的省份分别是西藏、青海、海南、宁夏、新疆、内蒙古、甘肃和贵州，如表5.23。西藏自治区内只有西藏大学和西藏藏医学院两所本科院校，共有本科专业布点48个。

表5.23　　　　2015年度各省（市、自治区）高校专业设置状况　　　　单位：个

排序	所在省份	专业布点	排序	所在省份	专业布点
1	江苏	3431	17	福建	1414
2	湖北	2924	18	上海	1308
3	山东	2909	19	云南	1276
4	广东	2531	20	广西	1268
5	河南	2433	21	山西	1095
6	河北	2312	22	重庆	1066

续表

排序	所在省份	专业布点	排序	所在省份	专业布点
7	浙江	2257	23	天津	1016
8	陕西	2248	24	贵州	975
9	辽宁	2233	25	甘肃	924
10	湖南	2160	26	内蒙古	797
11	北京	2151	27	新疆	652
12	四川	2130	28	宁夏	274
13	安徽	1970	29	海南	267
14	江西	1677	30	青海	212
15	吉林	1630	31	西藏	48
16	黑龙江	1544	合计		49132

（3）从所在城市看，如表5.24，2015年度全国49132个专业布点分布在259个城市。

2015年度，省会城市（或直辖市）高校有28369个本科专业布点，占所有专业布点的57.74%；非省会城市共20763个专业布点，占全国专业布点的42.26%。

2015年度，高校专业布点超过1000个的城市共12个。这12个城市都是省会城市（或直辖市），分别是北京市、武汉市、西安市、南京市、广州市、上海市、长春市、成都市、天津市、重庆市、哈尔滨市、杭州市。非省会城市中高校专业布点超过500个的城市有大连市和青岛市。

表5.24　　　　　2015年度高校专业设置城市布点　　　　　单位：个

排序	专业布点	城市数	排序	专业布点	城市数
1	1000以上	12	7	401—500	1
2	901—1000	3	8	301—400	5
3	801—900	6	9	201—300	14
4	701—800	5	10	101—200	47
5	601—700	1	11	51—100	70
6	501—600	1	12	3—50	94

第六章 综合大学本科专业设置发展

一 1994—2015年度综合大学专业设置基本状况

综合大学的本科专业布点占全国高校专业布点的1/4以上。如图6.1和图6.2，1994—2015年度，我国综合大学数和综合大学本科专业布点，以及综合大学校均专业布点都在快速增加。

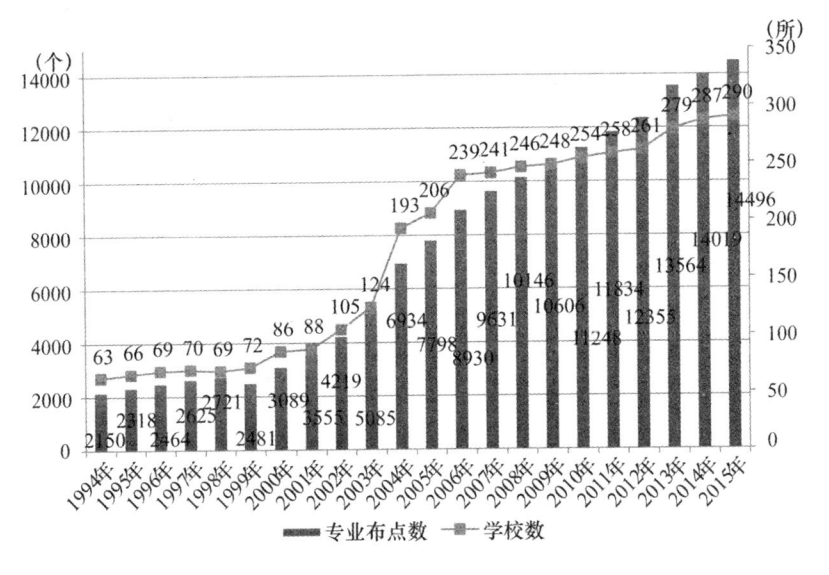

图 6.1 1994—2015 年度综合大学专业布点数与学校数

1994年度，全国综合大学本科专业布点2150个，2015年度为14496个，2015年度本科专业布点是1994年度的6.74倍。1994—2015年度，综合大学平均每年增加587.90个本科专业布点，其中增加最快的是2004年度和2013年度，分别增加1849个和1209个专业布点。

1994年度，全国综合大学共63所，2015年度为290所，综合大学数增加3.60倍。1994年度综合大学校均本科专业34.13个，2015年度49.99个，综合大学校均专业设置的规模增加15.86个。

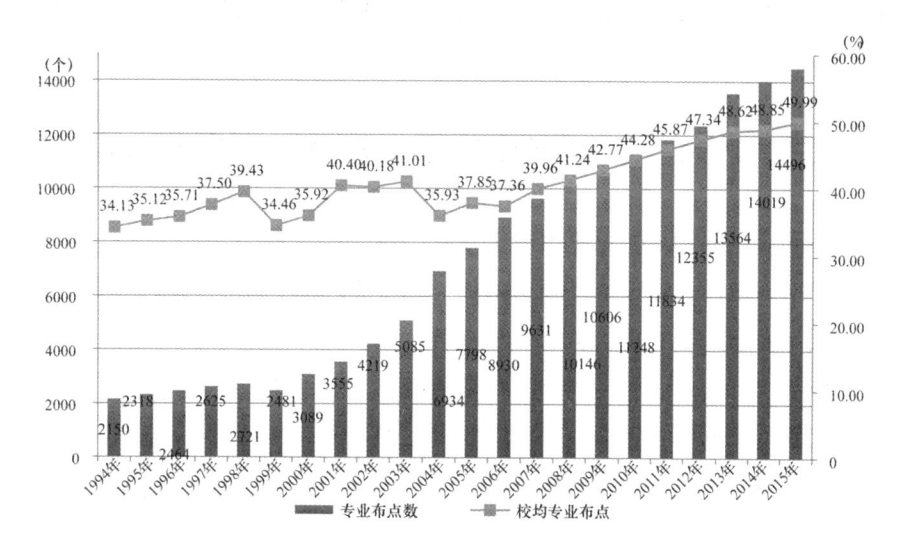

图6.2 1994—2015年度综合大学专业布点数与校均专业布点数

随着国家专业目录的调整，专业布点的变化有较大起伏，如图6.3。

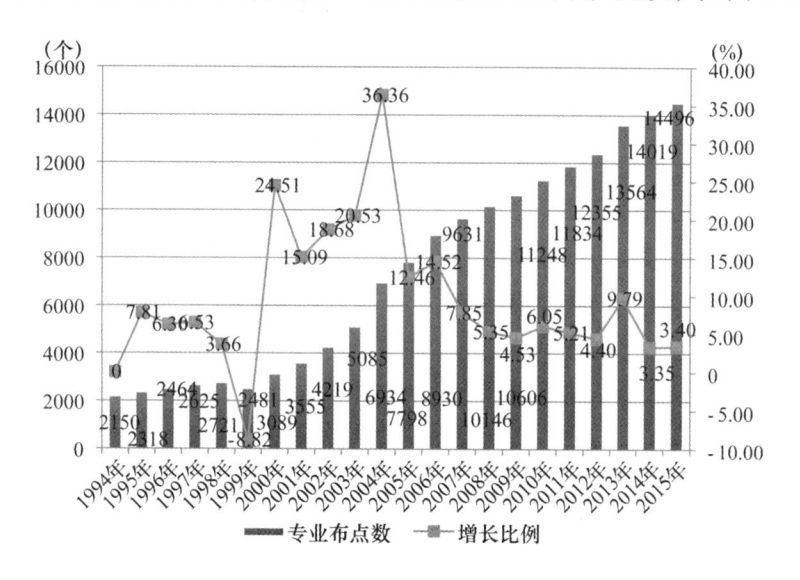

图6.3 1994—2015年度综合大学专业布点数与专业布点增长趋势

1994—1998年度，专业布点一直都在增加；1998—1999年度则在减少。2000—2007年度，专业布点增幅一直较高，2000年度增幅24.51%，2004年度增幅36.36%，2006年度增幅14.52%。从2007年度开始，专业布点增加的速度开始逐渐平缓，特别是2014年度和2015年度的增幅都低于4%。

二　1994—2015年度综合大学分门类专业布点

（一）1994—1998年度综合大学分门类专业布点

1994—1998年度，综合大学的专业布点覆盖了当时所有的十大门类，各门类专业布点不均衡，如图6.4—图6.8。

1994年度，工科门类专业布点624个，占总布点的29.02%。医学、农学、教育学和哲学4个门类专业布点均低于5%。到1998年度，这种不均衡状态并没有发生明显改变。

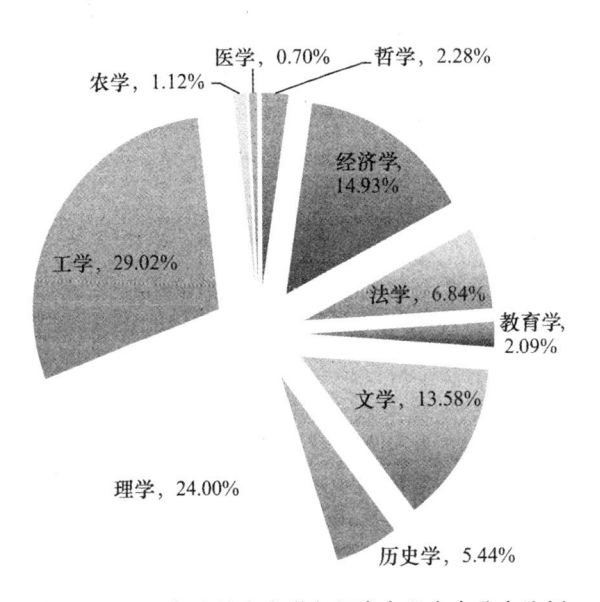

图6.4　1994年度综合大学各门类专业布点分布比例

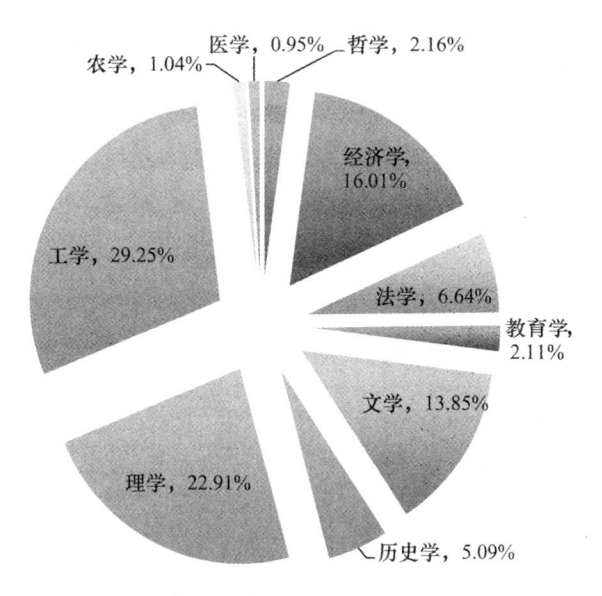

图 6.5 1995 年度综合大学各门类专业布点分布比例

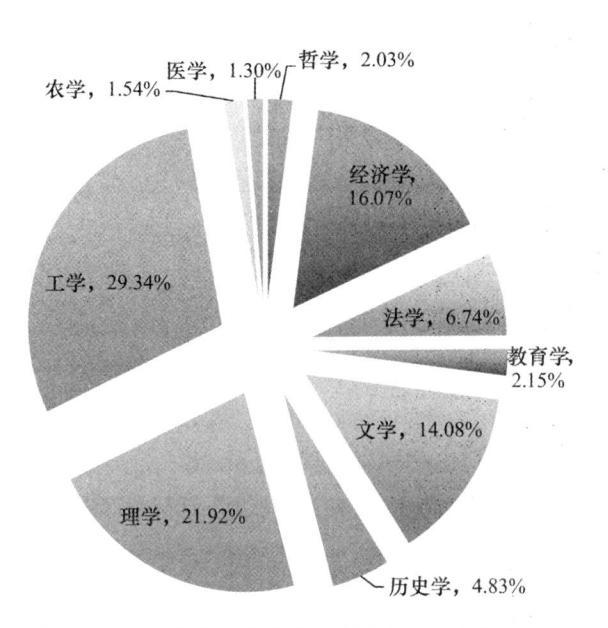

图 6.6 1996 年度综合大学各门类专业布点分布比例

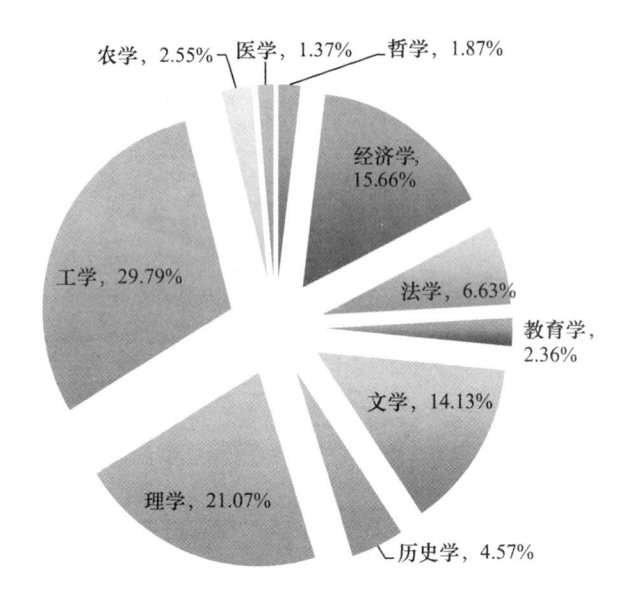

164　中国高校本科专业设置与发展研究(1952—2015)

图6.7　1997年度综合大学各门类专业布点分布比例

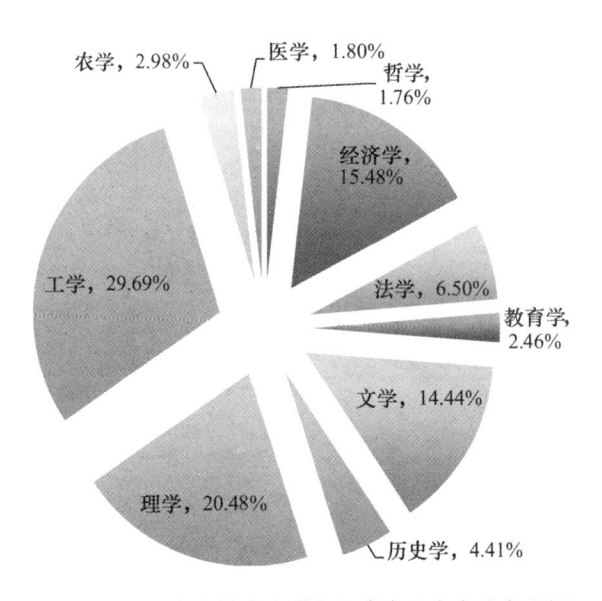

农学，2.55%　医学，1.37%　哲学，1.87%
经济学，15.66%
法学，6.63%
教育学，2.36%
文学，14.13%
历史学，4.57%
理学，21.07%
工学，29.79%

图6.8　1998年度综合大学各门类专业布点分布比例

农学，2.98%　医学，1.80%　哲学，1.76%
经济学，15.48%
法学，6.50%
教育学，2.46%
文学，14.44%
历史学，4.41%
理学，20.48%
工学，29.69%

1994—1998年度，除哲学门类的专业减少一个布点外，其余9个门类的专业布点都有所增加。增加比例最高的是农学门类专业，其次是医学门类专业。值得注意的是，尽管农学门类和医学门类专业的增幅很高，但是由于这两门类专业在1994年度的布点很少，所以绝对增加的布点数并不高。到1998年度农学门类专业布点仅为81个，占高校专业布点的2.98%；医学门类专业布点也仅为49个，占全国高校专业的1.80%。

1994—1998年度，综合大学中除哲学门类的专业布点减少1个外，其他门类专业布点都呈增长趋势。其中农学和医学增长最快，工学、理学和经济学3个门类的专业增长的布点则最多。

（二）1999—2012年度综合大学分门类专业布点

1999—2012年度，综合大学的专业布点全部覆盖当时的十一大门类。各门类专业布点有很大增加，但与前一阶段类似，各门类专业布点仍呈不平衡的状态，如图6.9—图6.19。

1. 哲学门类专业的发展

1999年度，综合大学哲学门类专业布点共33个；2012年度，专业布点增加到53个。1999—2012年度哲学门类增加20个专业布点。在这期间，除2005年度和2009年度外，其余的年度都有专业布点增加。然而，占高校专业布点比重却有了较大幅度下降。1999年度，哲学门类专业布点占高校专业布点的1.33%。2012年度，该比例下降到0.43%，如图6.9。

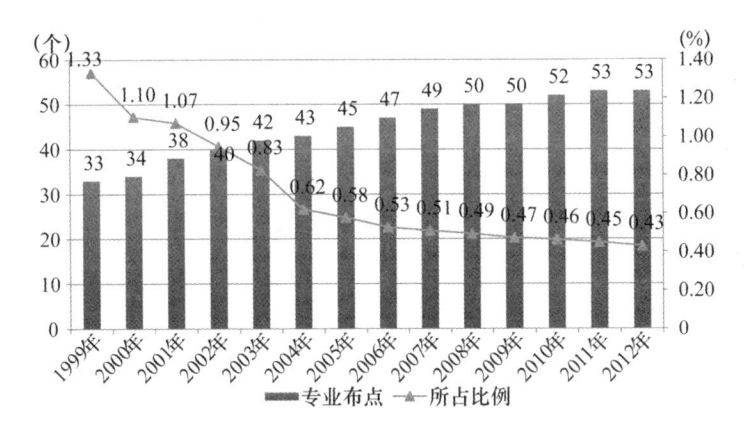

图6.9 1999—2012年度综合大学哲学门类专业布点及其比例

2. 经济学门类专业的发展

1999年度，经济学门类专业布点161个；2012年度，专业布点增加到516个。1999—2012年度经济学门类增加355个专业布点。在这期间经济学门类专业布点逐年增加。尽管如此，该门类专业布点占高校专业布点比重却下降了 2.31 个百分点。1999 年度，经济学门类专业布点占高校专业布点的 6.49%。2012 年度，该比例下降到 4.18%，如图 6.10。

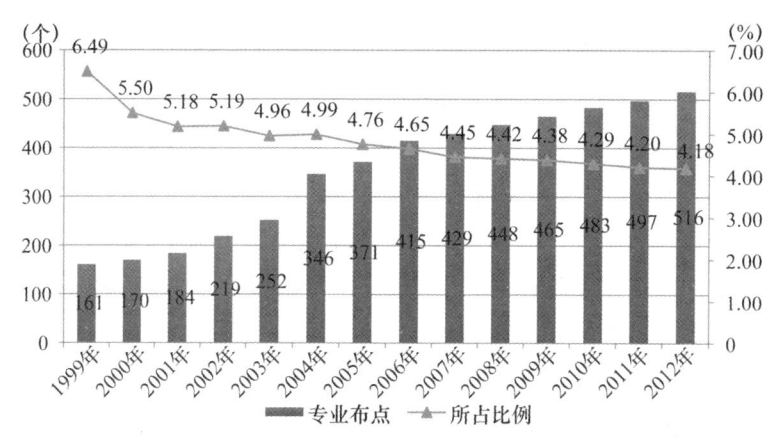

图 6.10　1999—2012 年度综合大学经济学门类专业布点及其比例

3. 法学门类专业的发展

1999 年度，法学门类专业布点 138 个；2012 年度，专业布点增加到 485 个。1999—2012 年度法学专业布点增加 347 个。在这期间法学门类专业布点逐年增加。尽管如此，该门类专业布点占高校专业布点比重却在下降。1999 年度，法学门类专业布点占高校专业布点的 5.56%；2012 年度，该比例下降到 3.93%，如图 6.11。

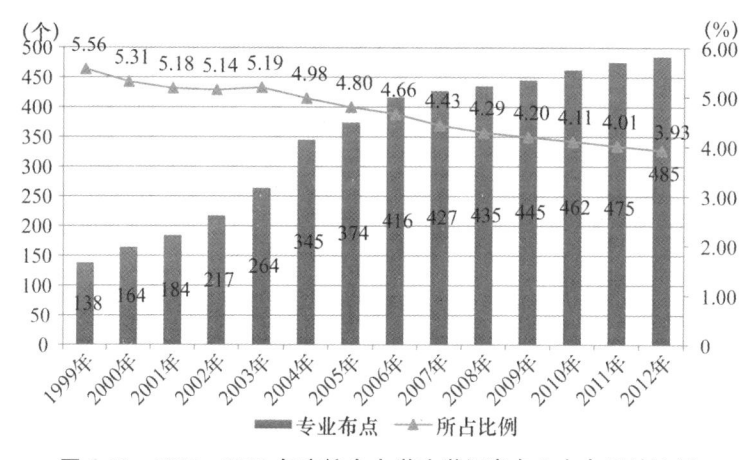

图 6.11　1999—2012 年度综合大学法学门类专业布点及其比例

4. 教育学门类专业的发展

1999年度，教育学门类专业布点52个；到2012年度，专业布点增加到613个。1999—2012年度教育学门类专业布点增加561个。在这期间教育学门类专业布点逐年迅速增加，专业布点占高校专业布点比重有了较大幅度提升。1999年度，教育学门类专业布点仅占高校专业布点的2.10%；2012年度，该比例上升到4.96%，如图6.12。

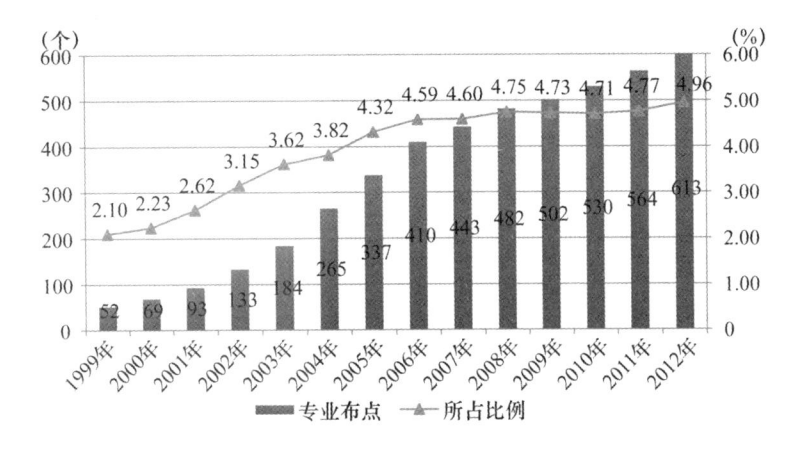

图6.12　1999—2012年度综合大学教育学门类专业布点及其比例

5. 文学门类专业的发展

1999年度，文学门类专业布点420个；2012年度，文学门类专业布

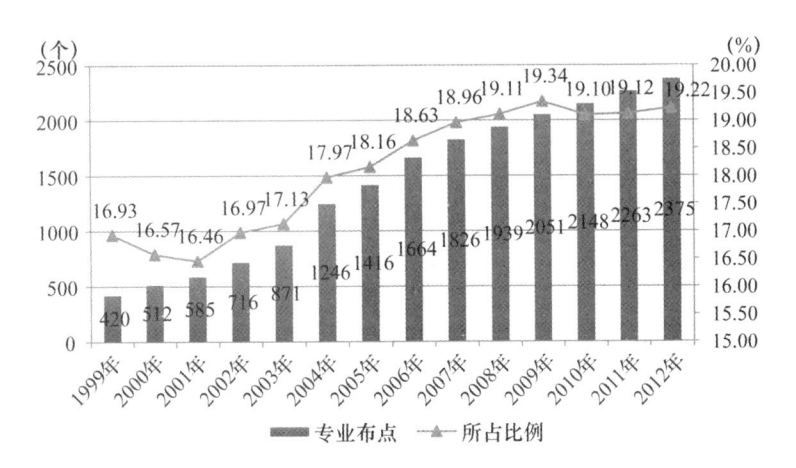

图6.13　1999—2012年度综合大学文学门类专业布点及其比例

点增加到 2375 个。1999—2012 年度文学门类专业增加 1955 个布点。在这期间文学门类专业布点逐年迅速增加，专业布点占高校专业布点比重也有所提升。1999 年度，文学门类专业布点占高校专业布点的 16.93%。2012 年度，该比例上升到 19.22%，如图 6.13。

6. 历史学门类专业的发展

1999 年度，历史学门类专业布点 71 个；2012 年度，专业布点增加到 147 个。1999—2012 年度历史学门类增加 76 个专业布点。在这期间历史学门类专业布点逐年增加。尽管如此，专业布点占高校专业布点比重却逐年下降。1999 年度，历史学门类专业布点占高校专业布点的 2.86%；2012 年度，该比例下降到 1.19%，如图 6.14。

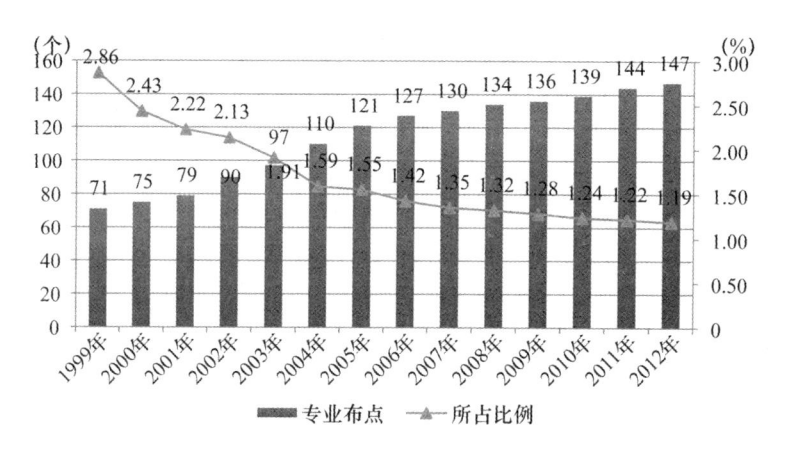

图 6.14　1999—2012 年度综合大学历史学门类专业布点及其比例

7. 理学门类专业的发展

1999 年度，理学门类专业布点 523 个；2012 年度，专业布点增加到 1896 个。1999—2012 年度理学门类专业增加 1373 个布点。在这期间理学门类专业布点逐年增加。尽管如此，理学门类专业布点占高校专业布点比重却大幅度下降。1999 年度，理学门类专业布点占高校专业布点的 21.08%；2012 年度，该比例下降到 15.35%，如图 6.15。

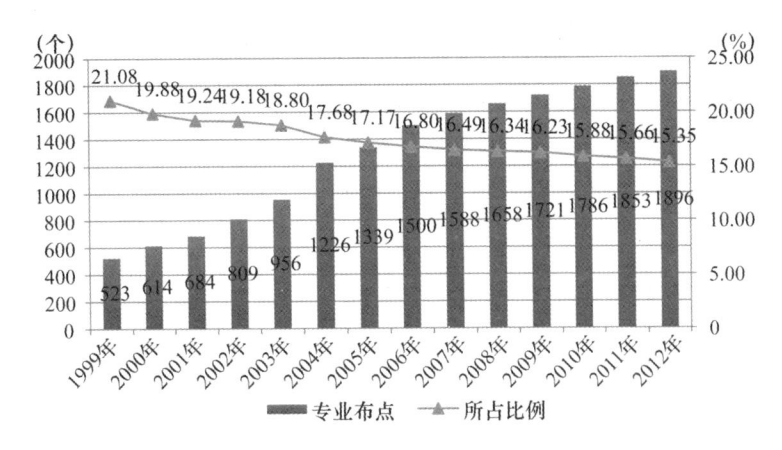

图 6.15 1999—2012 年度综合大学理学门类专业布点及其比例

8. 工学门类专业的发展

1999 年度工学门类专业布点 615 个；2012 年度，专业布点增加到 3607 个。1999—2012 年度工学门类专业增加 2992 个布点。在这期间工学门类专业布点逐年迅速增加，占高校专业布点比重有了较大幅度的提升。1999 年度，工学门类专业布点占高校专业布点的 24.79%；2012 年度该比例上升到 29.19%，如图 6.16。

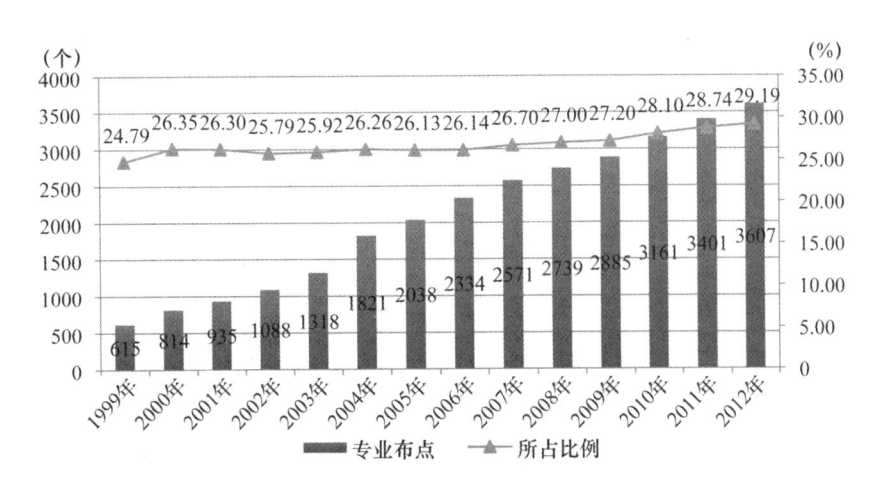

图 6.16 1999—2012 年度综合大学工学门类专业布点及其比例

9. 农学门类专业的发展

1999 年度，农学门类专业布点 71 个；2012 年度，专业布点增加到

308 个。1999—2012 年度农学门类专业布点增加 237 个。在这期间农学门类专业布点逐年增加。尽管如此，该门类专业布点占高校专业布点比重却有所下降。1999 年度，农学门类专业布点占高校专业布点的 2.86%；2012 年度该比例下降到 2.49%，如图 6.17。

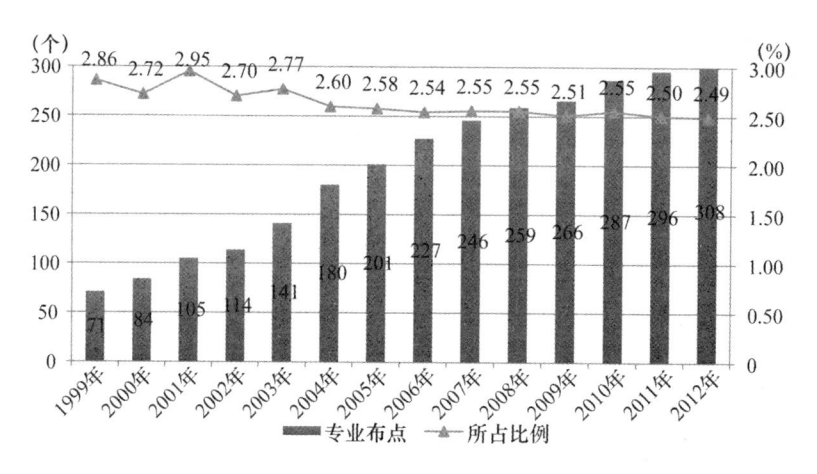

图 6.17　1999—2012 年度综合大学农学门类专业布点及其比例

10. 医学门类专业的发展

1999 年度，医学门类专业布点 53 个；2012 年度，专业布点增加到 454 个。1999—2012 年度医学门类专业增加 394 个布点。在这期间医学门

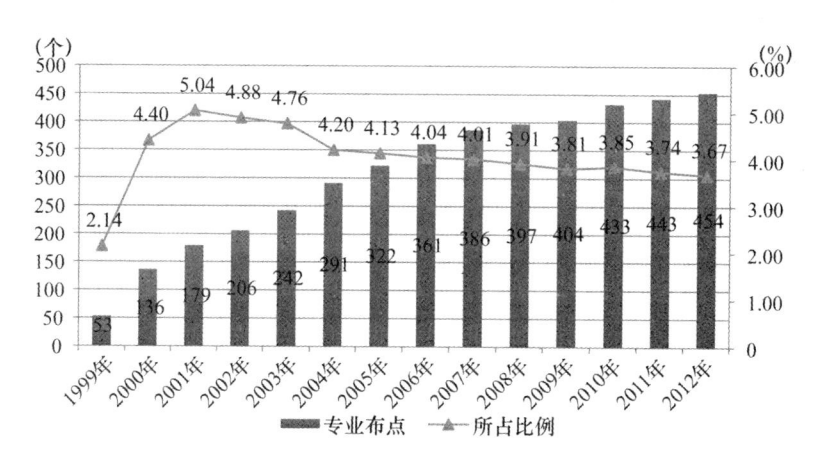

图 6.18　1999—2012 年度综合大学医学门类专业布点及其比例

类专业布点逐年迅速增加，专业布点占高校专业布点比重有了较大幅度的提升。1999 年度，医学门类专业布点占高校专业布点的 2.14%；2012 年度，该比例上升到 3.67%，如图 6.18。

11. 管理学门类专业的发展

1999 年度，管理学门类专业布点共 344 个；2012 年度，专业布点增加到 1901 个。1999—2012 年度管理学门类专业增加 1557 个布点。在这期间，管理学门类专业布点逐年迅速增加，专业布点占高校专业布点比重有一定提升。1999 年度，管理学门类专业布点占高校专业布点的 13.87%。2012 年度，该比例上升到 15.39%，如图 6.19。

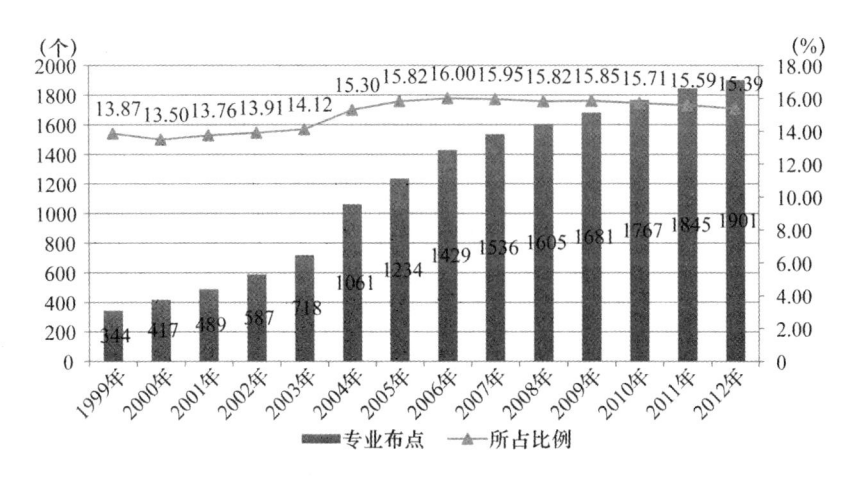

图 6.19　1999—2012 年度综合大学管理学门类专业布点及其比例

可见，1999—2012 年度，各门类专业布点有较大发展。从布点增长的绝对数看，工学、文学、管理学和理学的专业布点的增长占绝大部分，占总增长布点的 80%。从增长的速度看，医学和教育学这两个门类发展最快。从门类的专业布点所占比重来看，布点绝对数较少的门类，比如哲学、历史学、农学，其比重呈逐年下降趋势。总之，增加的专业布点主要集中在部分门类专业上，门类专业布点在发展速度和规模上，以及所占比重方面不均衡现象很明显。

(三) 2013—2015 年度综合大学分门类专业布点

2013—2015 年度，综合大学的专业布点全部覆盖目前的十二大门类。

各门类专业布点都有所增加，不过仍与前一阶段相类似，各门类专业布点仍呈不平衡的状态，如图6.20—图6.22。

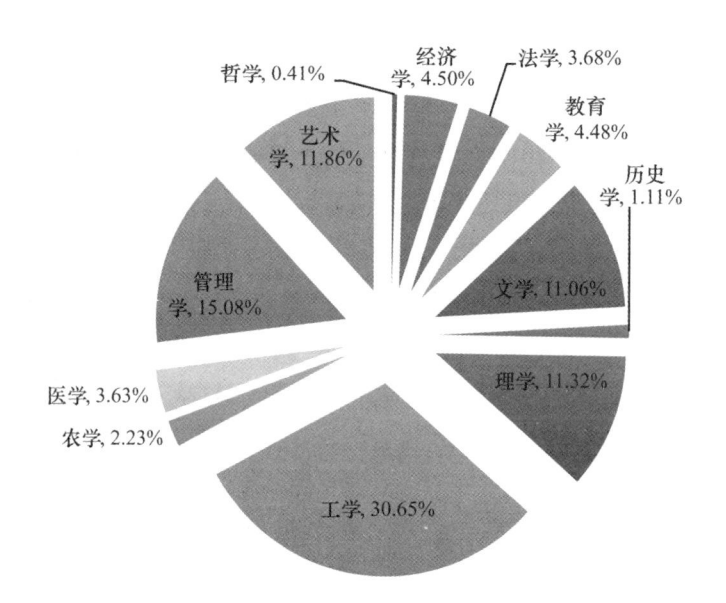

图6.20 2013年度综合大学各门类专业布点分布比例

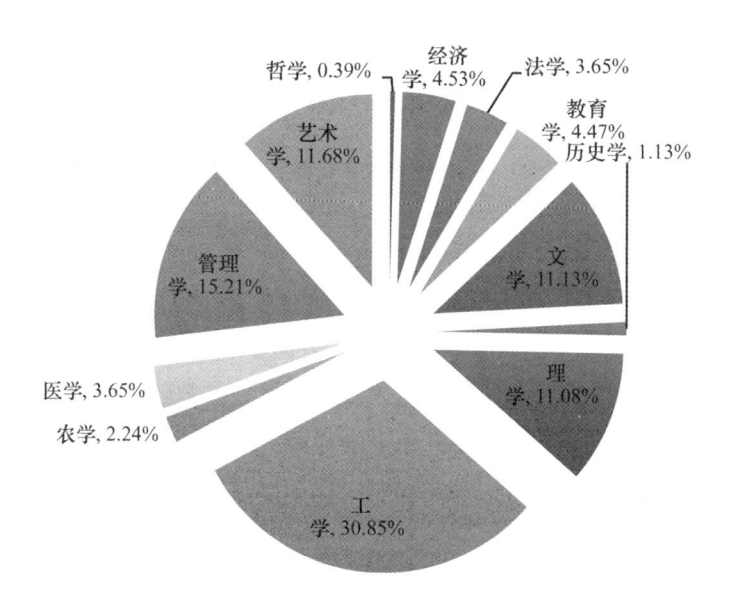

图6.21 2014年度综合大学各门类专业布点分布比例

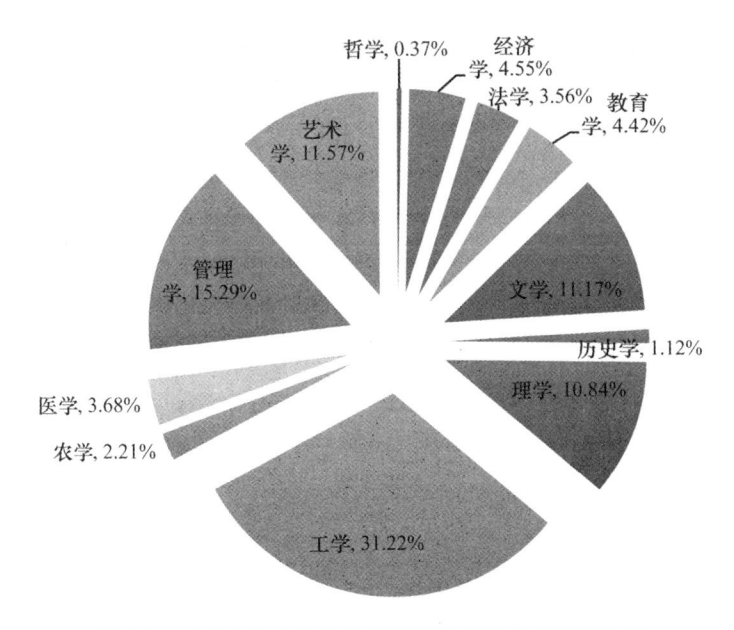

图 6.22　2015 年度综合大学各门类专业布点分布比例

2013—2015 年度，各门类专业布点所占比重变化不很明显。以 2015 年度为例，各门类专业布点所占的比重如下：哲学 0.37%、经济学 4.55%、法学 3.56%、教育学 4.42%、文学 11.17%、历史学 1.12%、理学 10.84%、工学 31.22%、农学 2.21%、医学 3.68%、管理学 15.29% 和艺术学 11.57%。2013—2015 年度最突出的特点就是，艺术学门类专业布点有了很大发展。艺术学门类的专业布点主要是从原文学门类中分化出来的，所以文学门类的专业布点比重大幅度下降。另外，与 2012 年度相比，2013—2015 年度这三个年度的哲学、法学、教育学、历史学、理学、农学和医学 7 个门类专业布点的比重都有所下降，而工学、经济学和管理学则有所上升。

三　1994—2015 年度综合大学分专业类专业布点

(一) 1994—1998 年度综合大学分专业类专业布点

1. 1994—1998 年度综合大学各专业类专业布点基本状况

1994—1998 年度，综合大学设置的本科专业覆盖专业类的比例较高，且逐年上升，如图6.23。1994年度综合大学设置的专业共覆盖了61个专业类，占总专业类的84.72%；到1998年度综合大学设置的专业覆盖的专业类增加到67个，覆盖比例达93.06%。

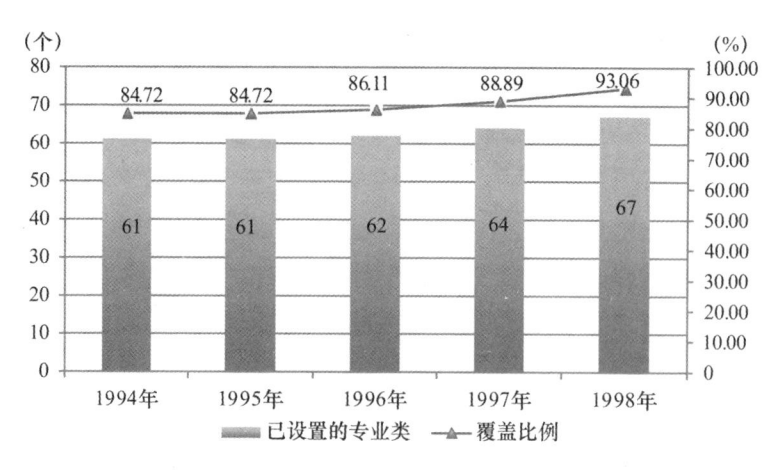

图6.23　1994—1998年度综合大学已设置的专业类及其覆盖比例

2. 1994—1998年度综合大学专业布点最多的专业类

1994年度，专业布点最多的专业类是电子与信息类，其专业布点达197个。1995—1998年度，专业布点最多的是经济学类；其次是电子与信息类专业，其专业布点保持在200个以上，并逐年增长，如表6.1。

表6.1　　1994—1998年度专业布点最多的前10个专业类　　单位：个

专业类	1994年	1995年	1996年	1997年	1998年
经济学类	186	209	223	230	233
电子与信息类	197	206	218	227	226
工商管理类	135	162	173	181	188
外国语言文学类	148	158	162	169	175
数学类	124	129	135	138	139
机械类	102	114	120	127	128
法学类	91	95	99	102	102
中国语言文学类	74	79	84	89	91

续表

专业类	1994 年	1995 年	1996 年	1997 年	1998 年
生物科学类	78	82	83	85	86
化学类	74	75	77	78	81

3. 1994—1998 年度综合大学专业布点所占比重最大的专业类

当前我国高校按性质类别可分为 12 类，即综合大学、理工院校、农业院校、林业院校、医药院校、师范院校、语文院校、财经院校、政法院校、体育院校、艺术院校和民族院校。在本书中，通过考察综合大学专业布点来比较综合大学特定性质类别的院校的专业布点与其他 11 类院校专业设置的特点。

1994—1998 年度综合大学专业布点占全国布点比重较大的专业类主要有图书信息档案学类、天文学类、力学类、信息与电子科学类、材料科学类、海洋科学类、哲学类和环境科学类 8 个专业类，如表 6.2。这表明这些本科专业主要是由综合大学设置。比如，1994—1998 年度，尽管哲学类专业布点有所减少，但 1998 年度综合大学的哲学类专业布点仍占全国哲学类专业布点的 86.11%，即 1994—1998 年度我国哲学类专业主要是在综合大学设置。

表 6.2　1994—1998 年度综合大学专业布点占全国布点比重最大的前 8 个专业类　　单位：个，%

年度		哲学类	图书信息档案学类	天文学类	海洋科学类	力学类	信息与电子科学类	材料科学类	环境科学类
1994	专业布点	31	52	2	7	6	39	20	21
	占比例	88.57	77.61	66.67	100.00	85.71	79.59	76.92	84.00
1995	专业布点	32	52	2	7	6	40	21	22
	占比例	88.89	74.29	66.67	100.00	85.71	76.92	70.00	84.62
1996	专业布点	32	52	2	7	6	39	21	23
	占比例	88.89	74.29	66.67	100.00	75.00	75.00	65.63	85.19
1997	专业布点	31	52	2	7	6	40	22	23
	占比例	88.57	74.29	66.67	100.00	75.00	75.47	64.71	82.14

续表

年度		哲学类	图书信息档案学类	天文学类	海洋科学类	力学类	信息与电子科学类	材料科学类	环境科学类
1998	专业布点	31	52	2	7	6	41	22	23
	占比例	86.11	72.22	66.67	100.00	75.00	75.93	64.71	79.31

4. 1994—1998年度综合大学专业布点增加最多的专业类

1994—1998年度专业布点增加最多的专业类分别是工商管理类、经济学类、艺术类、电子与信息类、外国语言文学类、机械类、化工与制药类、植物生产类、动物生产与兽医类、管理工程类10个专业类，如表6.3。

表6.3　　　1994—1998年度专业布点增加最多的前10个专业类　　单位：个,%

专业类	1994年	1998年	增加的专业布点	增加的比例
工商管理类	135	188	53	39.26
经济学类	186	233	47	25.27
艺术类	28	69	41	146.43
电子与信息类	197	226	29	14.72
外国语言文学类	148	175	27	18.24
机械类	102	128	26	25.49
化工与制药类	54	79	25	46.30
植物生产类	10	33	23	230.00
动物生产与兽医类	3	23	20	666.67
管理工程类	36	56	20	55.56

5. 1994—1998年度综合大学专业布点增长速度最快的专业类

1994—1998年度，综合大学专业布点增幅最大的前10个专业类是药学类、动物生产与兽医类、森林资源类、管理类、职业技术教育类、植物生产类、农业工程类、口腔医学类、运输工程类和中医学类，这些专业类的增幅都在150%以上，如表6.4。

表6.4　　　1994—1998年度专业布点增幅最大的前10个专业类　　单位：个，%

专业类	1994年	1998年	增加的专业布点	增加的比例
药学类	1	8	7	700.00
动物生产与兽医类	3	23	20	666.67
森林资源类	1	5	4	400.00
管理类	2	7	5	250.00
职业技术教育类	3	10	7	233.33
植物生产类	10	33	23	230.00
农业工程类	5	15	10	200.00
口腔医学类	1	3	2	200.00
运输工程类	3	8	5	166.67
中医学类	2	5	3	150.00

(二) 1999—2012年度综合大学分专业类专业布点

1. 1999—2012年度综合大学各专业类专业布点基本状况

1999—2012年度，综合大学设置的本科专业覆盖专业类的比例逐年上升，到2004年度则覆盖所有的专业类，如图6.24。

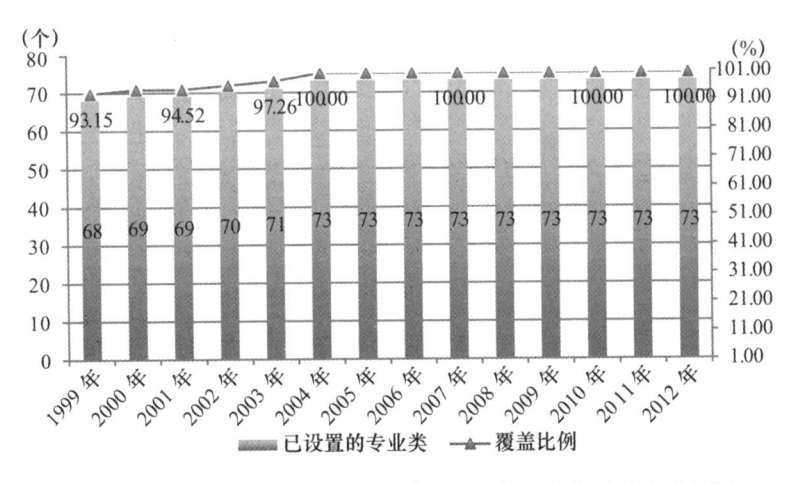

图6.24　1999—2012年度综合大学已设置的专业类及其覆盖比例

2. 1999—2012 年度综合大学专业布点最多的专业类

1999—2012 年度专业布点最多的前 10 个专业类较为稳定，数量和排序在不同年度则有区别，如表 6.5。专业布点最多的是电气信息类，其次是工商管理类。这与前面所讨论过的 1994—1998 年度专业布点最多的前 10 个专业类存在一定差异。1995—1998 年度，专业布点最多的专业类是经济学类，其次是电子与信息类。

表 6.5　　　　1999—2012 年度专业布点最多的前 10 个专业类　　　　单位：个

年度	电气信息类	工商管理类	艺术类	外国语言文学类	经济学类	机械类	土建类	中国语言文学类	教育学类	管理科学与工程类
1999	222	190	90	175	161	76	71	86	11	63
2000	274	227	128	200	170	106	104	105	15	77
2001	309	270	170	213	184	122	116	109	25	91
2002	363	331	229	237	219	139	131	137	45	99
2003	434	416	298	271	252	163	168	164	73	126
2004	646	652	439	378	346	216	237	235	119	186
2005	741	754	532	416	371	247	265	252	163	214
2006	882	877	645	484	415	286	303	290	206	248
2007	964	938	720	525	429	319	333	314	226	269
2008	1028	981	778	546	448	350	349	336	245	285
2009	1079	1031	828	581	465	369	365	354	259	296
2010	1163	1087	882	609	483	407	400	364	276	308
2011	1239	1136	950	635	497	442	427	373	299	316
2012	1309	1171	1011	663	516	464	458	381	338	330

3. 1999—2012 年度综合大学专业布点所占比重最大的专业类

1999—2012 年度，专业布点比重最大的前 10 个专业类，分别是哲学类、马克思主义理论类、历史学类、天文学类、地质学类、大气科学类、基础医学类、图书档案学类、政治学类和物理学类（其中各年度所占比例排名有变化），如表 6.6。这与 1994—1998 年度所占比重最大的前 10 个专业类有很大差异。综合大学专业布点中，所占的比重逐渐增大的只有马克思主义理论类和物理学类，其他的专业类比重则逐渐降低。

表6.6　　1999—2012年度综合大学专业布点占高校专业布点比重最大的前10个专业类　　单位:%

年度	马克思主义理论类	图书档案学类	哲学类	大气科学类	天文学类	历史学类	基础医学类	地质学类	政治学类	物理学类
1999	75.00	84.09	84.62	62.50	66.67	47.97	33.33	57.14	34.97	38.05
2000	75.00	84.44	82.93	62.50	66.67	45.45	71.43	57.14	35.64	38.43
2001	75.00	83.33	82.61	62.50	66.67	43.17	80.00	57.14	35.59	36.76
2002	75.00	78.18	78.43	62.50	66.67	45.00	81.82	54.55	36.67	37.41
2003	75.00	76.79	76.36	62.50	66.67	45.33	80.00	52.17	40.61	38.85
2004	85.71	75.00	70.49	64.71	50.00	47.01	72.73	50.00	40.17	40.11
2005	87.50	71.19	70.31	64.71	50.00	47.64	66.67	50.00	41.42	40.92
2006	87.50	72.13	66.20	63.16	50.00	48.29	66.67	51.72	42.75	41.25
2007	87.50	70.31	62.82	63.16	50.00	47.79	50.00	46.88	42.44	41.40
2008	87.50	70.77	62.50	60.00	50.00	47.35	50.00	45.45	41.84	40.65
2009	87.50	71.21	60.98	57.14	50.00	47.06	47.06	45.95	41.51	40.55
2010	87.50	69.12	61.18	57.14	50.00	46.80	47.06	45.95	41.10	39.44
2011	88.89	69.12	60.92	57.14	50.00	46.60	45.95	45.95	41.25	39.17
2012	88.89	68.12	60.92	54.55	50.00	45.94	44.44	41.86	40.25	39.03

4. 1999—2012年度综合大学专业布点增加最多的专业类

1999—2012年度，专业布点增加最多的前10个专业类，分别是电气信息类、工商管理类、艺术类、外国语言文学类、机械类、土建类、经济学类、教育学类、中国语言文学类和公共管理类，如表6.7。电气信息类增加的专业布点最多，1999—2012年度，该专业类专业布点增加489.64%。工商管理类和艺术类两个专业类的专业布点也超过1000个。

表6.7　　1999—2012专业布点增加最多的前10个专业类　　单位:个,%

专业类	1999年	2012年	增加的专业布点	增加的比例
电气信息类	222	1309	1087	489.64
工商管理类	190	1171	981	516.32
艺术类	90	1011	921	1023.33
外国语言文学类	175	663	488	278.86

续表

专业类	1999年	2012年	增加的专业布点	增加的比例
机械类	76	464	388	510.53
土建类	71	458	387	545.07
经济学类	161	516	355	220.50
教育学类	11	338	327	2972.73
中国语言文学类	86	381	295	343.02
公共管理类	45	328	283	628.89

5. 1999—2012年度综合大学专业布点增长速度最快的专业类

1999—2012年度，多数专业类都有较大幅度增长。专业布点增加比例最大的前10个专业类中，增长幅度最低的也超过800%。测绘类在1999年度只有1个布点，到2012年度该专业类的布点达31个，其增幅为3000%，预防医学类专业增长情况也类似。但是，这些专业类的专业布点都普遍较少。艺术类则不一样，该专业类不仅增幅超过1000%，且该专业类的专业布点在2012年度仅次于电气信息类和工商管理类，位居第三。可见，1999—2012年度综合大学的艺术类专业发展迅速，如表6.8。

表6.8　　　1999—2012专业布点增幅最大的前10个专业类　　单位：个,%

专业类	1999年	2012年	增加的专业布点	增加的比例
测绘类	1	31	30	3000.00
教育学类	11	338	327	2972.73
预防医学类	2	44	42	2100.00
心理学类	8	111	103	1287.50
护理学类	6	80	74	1233.33
口腔医学类	3	37	34	1133.33
艺术类	90	1011	921	1023.33
海洋工程类	1	10	9	900.00
环境生态类	9	84	75	833.33
交通运输类	11	100	89	809.09

(三) 2013—2015 年度综合大学分专业类专业布点

1. 2013—2015 年度综合大学各专业类专业布点基本状况

2013—2015 年度综合大学的专业所属的专业类覆盖全国专业目录的所有专业类。

2. 2013—2015 年度综合大学专业布点最多的专业类

2013—2015 年度，专业布点最多的前 10 个专业类较为稳定。专业布点最多的是工商管理类，其次是外国语言文学类，如表 6.9。这与前面所讨论过的 1994—1998 年度专业布点最多的前 10 个专业类仍存在较大差异。在这布点最多的 10 个专业类中，有 5 个专业类与 1999—2012 年度类似，其余的专业类则差别较大。

表 6.9　　　2013—2015 年度专业布点最多的前 10 个专业类　　　单位：个

专业类	2013 年	2014 年	2015 年
工商管理类	903	933	973
外国语言文学类	729	765	802
设计学类	740	760	782
计算机类	638	675	719
电子信息类	659	671	691
机械类	477	513	541
中国语言文学类	421	434	440
新闻传播学类	351	362	379
教育学类	349	363	371
音乐与舞蹈学类	353	358	365

3. 2013—2015 年度综合大学专业布点所占比重最大的专业类

2013—2015 年度，专业布点比重最大的前 10 个专业类，分别是哲学类、政治学类、历史学类、天文学类、大气科学类、地质学类、基础医学类、图书情报与档案管理类、核工程类和政治学类，如表 6.10。这与 1999—2012 年度所占比重最大的前 10 个专业类变化不大。2015 年度比重最高的是天文学类。

表6.10　2013—2015年度综合大学专业布点占高校专业布点比重最大的前10个专业类　　单位:%

年度	天文学类	图书情报与档案管理类	哲学类	大气科学类	历史学类	基础医学类	核工程类	地质学类	政治学类	马克思主义理论类
2013	60.00	67.16	61.80	52.38	48.08	47.06	42.31	40.82	39.89	40.73
2014	60.00	63.51	60.44	52.38	48.62	42.11	42.31	40.82	40.00	40.29
2015	66.67	61.04	60.00	52.38	48.94	44.44	42.31	42.00	40.21	39.78

4. 2013—2015年度综合大学专业布点增加最多的专业类

2013—2015年度，专业布点增加最多的前10个专业类，如表6.11。在这两年间，计算机类的专业布点增加了81个。这10个专业类专业布点的实际增长较少。

表6.11　2013—2015年度专业布点增加最多的前10个专业类　单位：个,%

专业类	2013年	2015年	增加的专业布点	增加的比例
计算机类	638	719	81	12.70
外国语言文学类	729	802	73	10.01
工商管理类	903	973	70	7.75
机械类	477	541	64	13.42
设计学类	740	782	42	5.68
金融学类	182	217	35	19.23
电子信息类	659	691	32	4.86
旅游管理类	221	249	28	12.67
新闻传播学类	351	379	28	7.98
管理科学与工程类	306	333	27	8.82

5. 2013—2015年度综合大学专业布点增长速度最快的专业类

2013—2015年度，多数专业类的专业布点都有所增长。专业布点增幅最大的前10个专业类中，最低增长幅度是12.94%，最高的增幅仅为33.33%。总体来看，专业布点增幅都较小，如表6.12。

表 6.12　2013—2015 年度专业布点增幅最大的前 10 个专业类　单位：个，%

专业类	2013 年	2015 年	增加的专业布点	增加的比例
天文学类	3	4	1	33.33
工业工程类	3	4	1	33.33
医学技术类	67	88	21	31.34
水产类	19	23	4	21.05
金融学类	182	217	35	19.23
航空航天类	13	15	2	15.38
食品科学与工程类	165	190	25	15.15
民族学类	7	8	1	14.29
机械类	477	541	64	13.42
物流管理与工程类	170	192	22	12.94

四　1994—2015 年度综合大学具体专业布点

(一) 1994—1998 年度综合大学具体专业布点

1. 综合大学设置的本科专业种数

1994—1998 年度，综合大学专业设置的种数逐年增加，各年度专业设置的种数占全国高校本科专业种数的比例呈逐年上升趋势，如表 6.25。

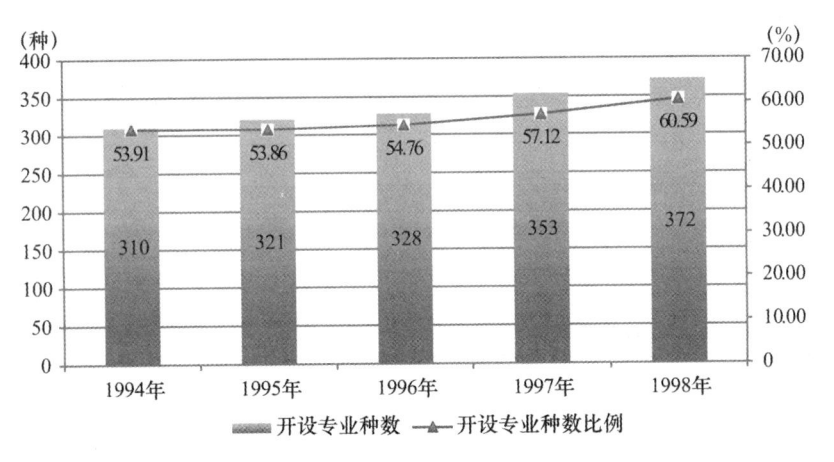

图 6.25　1994—1998 年度综合大学专业种数及其占全国专业种数的比例

1994年度综合大学设置的专业共310种，其专业种数占全国当年度设置的本科专业种数的53.91%，即1994年度综合大学设置的本科专业的种数是当年度全国各类院校设置的本科专业种数的一半以上。到1998年度综合大学设置的专业种数达372种，当年度全国设置的本科专业有614种，综合大学设置的本科专业种数占全国专业设置种数的60.59%。这表明综合大学设置的专业越来越全面，综合性更强。

2. 综合大学较集中设置的本科专业

1994—1998年度，全国所有本科院校设置的本科专业种数600多种，而综合大学本科设置的专业种数都在300种以上。关于具体高校的专业布点，本书将呈现各年度中有一半以上的高校都设置的专业，如表6.13—表6.17。

1994年度，一半以上的高校设置的本科专业有9种，分别是英语、计算机及应用、汉语言文学、会计学、法学、应用数学、日语、应用化学和计算机软件，如表6.13。设置最多的是英语专业，综合大学设置该专业的比例是80.95%。1994年度全国有63所综合大学，其中设置了英语专业的学校有51所，这表明英语在综合大学中设置较为普遍。

表6.13　　　　1994年度一半以上的综合大学设置的本科专业　　　单位：个，%

排序	专业	专业布点	高校覆盖率
1	英语	51	80.95
2	计算机及应用	45	71.43
3	汉语言文学	41	65.08
4	会计学	40	63.49
5	法学	37	58.73
6	应用数学	34	53.97
7	日语	33	52.38
8	应用化学	33	52.38
9	计算机软件	32	50.79

1995年度，一半以上的学校设置的本科专业有10种，分别是英语、计算机及应用、会计学、汉语言文学、法学、日语、应用数学、国际贸易、应用化学和经济法，如表6.14。与1994年度相比，应用数学和应用

化学两种专业布点没有发生变化，其余专业布点都有所增加。其中布点增加最多的是国际贸易专业，该专业1995年度新增7个布点，其高校覆盖率也从1994年度的42.86%上升到1995年度的51.52%。专业的高校覆盖率方面，国际贸易、日语、会计学和汉语言文学4种专业有所上升，其余的专业则有所下降。其中计算机软件专业的高校覆盖率下降了3.82%，其高校覆盖率也跌出50%。

表6.14　　　1995年度一半以上的综合大学设置的本科专业　　　单位：个，%

排序	专业	专业布点	高校覆盖率
1	英语	52	78.79
2	计算机及应用	47	71.21
3	会计学	46	69.70
4	汉语言文学	44	66.67
5	法学	38	57.58
6	日语	35	53.03
7	应用数学	34	51.52
8	国际贸易	34	51.52
9	应用化学	33	50.00
10	经济法	33	50.00

1996年度，一半以上的高校设置的本科专业有8种，分别是英语、计算机及应用、会计学、汉语言文学、法学、国际贸易、日语和应用数学，如表6.15。与1995年度相比，只有法学专业没有新增布点，其余专业布点都有所增加，但增加的数量都较少。高校覆盖率方面，会计学、国际贸易、计算机及应用和应用数学4种专业有所上升，其余的专业则有所下降。应用化学和经济法两种专业的高校覆盖率下降到50%以下。

表6.15　　　1996年度一半以上的综合大学设置的本科专业　　　单位：个，%

排序	专业	专业布点	高校覆盖率
1	英语	53	76.81

续表

排序	专业	专业布点	高校覆盖率
2	计算机及应用	50	72.46
3	会计学	50	72.46
4	汉语言文学	45	65.22
5	法学	38	55.07
6	国际贸易	37	53.62
7	日语	36	52.17
8	应用数学	36	52.17

1997年度，一半以上的高校设置的本科专业有9种，分别是英语、计算机及应用、会计学、汉语言文学、法学、国际贸易、日语、应用数学和经济法，如表6.16。与1996年度相比，应用数学、会计学和国际贸易专业没有新增布点，其余专业各新增1个专业布点。高校覆盖率方面，应用数学、会计学和国际贸易3种专业略有下降，其余的专业则略有上升。其中经济法专业的高校覆盖率又重新上升到50.00%。

表6.16　1997年度一半以上的综合大学设置的本科专业　单位：个，%

排序	专业	专业布点	高校覆盖率
1	英语	54	77.14
2	计算机及应用	51	72.86
3	会计学	50	71.43
4	汉语言文学	46	65.71
5	法学	39	55.71
6	国际贸易	37	52.86
7	日语	37	52.86
8	应用数学	36	51.43
9	经济法	35	50.00

1998年度，一半以上的高校设置的本科专业有11种，分别是英语、计算机及应用、会计学、汉语言文学、法学、日语、国际贸易、应用数学、应用化学、经济法和企业管理，如表6.17。与1997年度相比，英语、会计

学和汉语言文学 3 种专业各减少 1 个专业布点；国际贸易、应用数学和经济法 3 种专业没有新增或减少布点；其余专业布点则有所增加。高校覆盖率方面，英语、会计学和汉语言文学 3 种专业略有下降，其余的专业则略有上升。其中企业管理和应用化学专业的高校覆盖率上升到 50% 以上。

表 6.17　　　　1998 年度一半以上的综合大学设置的本科专业　　　单位：个，%

排序	专业	专业布点	高校覆盖率
1	英语	53	76.81
2	计算机及应用	52	75.36
3	会计学	49	71.01
4	汉语言文学	45	65.22
5	法学	40	57.97
6	日语	38	55.07
7	国际贸易	37	53.62
8	应用数学	36	52.17
9	应用化学	36	52.17
10	经济法	35	50.72
11	企业管理	35	50.72

3. 较集中在综合大学设置的本科专业

如表 6.18，1994 年度，专业布点占全国布点 50% 以上的专业共 121 种，占当年度设置专业的 21.04%。其中，综合大学布点占 80% 以上的专业有 54 种；只有综合大学设置的专业共 39 种。到 1998 年度，专业布点占当年全国布点 50% 以上的专业共 124 种，占年度设置专业的 20.20%。其中，综合大学布点占 80% 以上的专业有 56 种，只有综合大学设置的专业共 42 种。

表 6.18　　　　较集中在综合大学设置的本科专业　　　　单位：种，%

年度	布点占全国 50% 以上的专业		布点占全国 80% 以上的专业种数	布点占全国 100% 的专业种数
	种数	占设置专业种数比例		
1994	121	21.04	54	39

续表

年度	布点占全国50%以上的专业 种数	布点占全国50%以上的专业 占设置专业种数比例	布点占全国80%以上的专业种数	布点占全国100%的专业种数
1995	127	21.31	55	42
1996	124	20.70	54	42
1997	122	19.74	51	41
1998	124	20.20	56	42

4. 增加的本科专业

1994—1998年度，综合大学布点增加的专业有159种，这159种专业平均增加3.20个布点。如表6.19，1994—1998年度，专业布点增加6个以上的专业共25种。其中增加最多的是国际金融、国际贸易、市场营销和数学教育4种本科专业，前3种专业都是经济学类专业。这表明越来越多的综合大学设置经济学类的本科专业。在这5年中，专业布点没有发生变化的专业有125种。

表6.19　　1994—1998年度专业布点增加最多的前25个专业　　单位：个,%

专业	1994年	1998年	增加的专业布点	增加的比例
国际金融	21	31	10	47.62
国际贸易	27	37	10	37.04
市场营销	10	20	10	100.00
数学教育	14	24	10	71.43
会计学	40	49	9	22.50
通信工程	15	24	9	60.00
英语教育	10	18	8	80.00
广告学	11	19	8	72.73
装潢艺术设计	4	12	8	200.00
机械电子工程	14	22	8	57.14
精细化工	12	20	8	66.67
临床医学	6	14	8	133.33
贸易经济	7	14	7	100.00
旅游管理	20	27	7	35.00

续表

专业	1994年	1998年	增加的专业布点	增加的比例
生物技术	13	20	7	53.85
计算机及应用	45	52	7	15.56
畜牧	1	8	7	700.00
兽医	1	8	7	700.00
国际企业管理	6	12	6	100.00
理财学	4	10	6	150.00
社会学	11	17	6	54.55
行政管理学	23	29	6	26.09
体育教育	10	16	6	60.00
汽车与拖拉机	4	10	6	150.00
工业自动化	20	26	6	30.00

从专业布点增加的速度看，1994—1998年度综合大学专业布点超过50%的专业共84种，增幅超过100%的专业共54种。

1994—1998年度综合大学共新设置的本科专业44种，占1998年度综合大学所设置专业种数的7.14%。

5. 布点减少或撤销的本科专业

1994—1998年度，综合大学布点减少的专业有26种，其中被撤销的专业有5种。

(二) 1999—2012年度综合大学具体专业布点

1. 综合大学设置的本科专业种数

1999—2012年度，综合大学专业设置的种数逐年增加，各年度专业设置的种数占全国高校本科专业种数的70%以上，比1994—1998年度有所增加，如图6.26。

经过1998年全国高校本科专业的调整，1999年度全国高校设置的本科专业共305种，比1998年度减少了50%。综合大学1999年设置的专业种数达222种，占当年度全国各类院校设置的本科专业种数的72.79%。到2012年度综合大学设置的专业种数达451种，占当年度全国专业设置种数的75.43%。这表明综合大学设置的专业越来越全面，综合性更强。

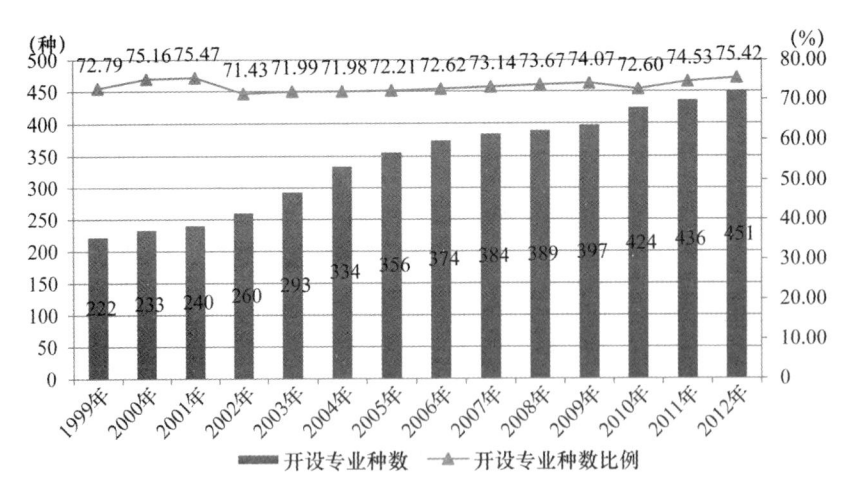

190　中国高校本科专业设置与发展研究(1952—2015)

图 6.26　1999—2012 年度综合大学专业种数及其占高校专业种数的比例

2. 综合大学中较集中设置的本科专业

如表 6.20—表 6.33，1999—2012 年度，一半以上的综合大学都设置的本科专业有 14—24 种。这比 1994—1998 年度有了较大增加。英语、计算机科学与技术、汉语言文学、国际经济与贸易、数学与应用数学、电子信息工程、工商管理、法学、会计学和物理学 10 种专业在各年度都有一半以上的综合大学设置。其中英语专业和计算机科学与技术专业的高校覆盖率都在 90% 以上。综合大学的传统专业，比如汉语言文学、数学与应用数学、物理学和化学等虽然几乎有一半的综合大学都设置了，但是其在综合大学布点的比例则逐年下降。而经济类专业和艺术类专业在综合大学则有了较大发展。

1999 年度，一半以上的综合大学设置的本科专业有 18 种，如表 6.20。与 1998 年度相比，一半以上的综合大学都设置的专业种数有了较大增加。英语、汉语言文学、数学与应用数学和计算机科学与技术专业的高校覆盖率都在 90% 以上。

表 6.20　　　　1999 年度一半以上的综合大学设置的本科专业　　　单位：个,%

排序	专业	专业布点	高校覆盖率
1	英语	67	93.06

续表

排序	专业	专业布点	高校覆盖率
2	汉语言文学	66	91.67
3	数学与应用数学	66	91.67
4	计算机科学与技术	65	90.28
5	工商管理	58	80.56
6	国际经济与贸易	51	70.83
7	会计学	51	70.83
8	法学	49	68.06
9	化学	48	66.67
10	物理学	47	65.28
11	历史学	45	62.50
12	经济学	44	61.11
13	日语	42	58.33
14	应用化学	41	56.94
15	金融学	39	54.17
16	化学工程与工艺	39	54.17
17	电子信息工程	38	52.78
18	信息管理与信息系统	37	51.39

2000年度，一半以上的综合大学设置的本科专业有19种，如表6.21。与1999年度相比，电子信息工程、汉语言文学、英语、计算机科学与技术、旅游管理和自动化专业的高校覆盖率有所上升，其余专业则都有所下降。其中旅游管理和自动化专业上升比例较大，其高校覆盖率首次超过50%。而金融学专业的高校覆盖率从1999年度的54.17%下降到2000年度的47.67%，专业高校覆盖率少于50%。

表6.21　　2000年度一半以上的综合大学设置的本科专业　　单位：个，%

排序	专业	专业布点	高校覆盖率
1	英语	81	94.19
2	汉语言文学	81	94.19
3	数学与应用数学	78	90.70

续表

排序	专业	专业布点	高校覆盖率
4	计算机科学与技术	78	90.70
5	工商管理	61	70.93
6	物理学	56	65.12
7	会计学	55	63.95
8	化学	55	63.95
9	国际经济与贸易	53	61.63
10	法学	52	60.47
11	历史学	48	55.81
12	电子信息工程	48	55.81
13	经济学	45	52.33
14	日语	45	52.33
15	化学工程与工艺	45	52.33
16	自动化	44	51.16
17	旅游管理	44	51.16
18	应用化学	43	50.00
19	信息管理与信息系统	43	50.00

2001年度，一半以上的综合大学设置的本科专业有24种，如表6.22。与2000年度相比，汉语言文学和数学与应用数学专业的高校覆盖率略有下降，其余专业则都在上升。其中上升比例超过10%的专业有3种，分别是通信工程、信息与计算科学和艺术设计。通信工程、信息与计算科学、艺术设计、土木工程和思想政治教育5种专业的高校覆盖率首次达到50%以上。

表6.22　　　2001年度一半以上的综合大学设置的本科专业　　单位：个，%

排序	专业	专业布点	高校覆盖率
1	英语	84	95.45
2	汉语言文学	82	93.18
3	计算机科学与技术	81	92.05
4	数学与应用数学	79	89.77

续表

排序	专业	专业布点	高校覆盖率
5	工商管理	64	72.73
6	物理学	61	69.32
7	国际经济与贸易	59	67.05
8	会计学	57	64.77
9	化学	57	64.77
10	法学	54	61.36
11	电子信息工程	52	59.09
12	信息与计算科学	52	59.09
13	旅游管理	51	57.95
14	历史学	50	56.82
15	日语	48	54.55
16	化学工程与工艺	48	54.55
17	信息管理与信息系统	48	54.55
18	经济学	47	53.41
19	思想政治教育	47	53.41
20	自动化	46	52.27
21	应用化学	46	52.27
22	土木工程	46	52.27
23	通信工程	46	52.27
24	艺术设计	45	51.14

2002年度，一半以上的综合大学设置的本科专业有21种，如表6.23。与2001年度相比，生物科学、法学、信息与计算科学、艺术设计和通信工程专业高校覆盖率略有上升，其余专业则都有所下降。其中，生物科学专业的高校覆盖率首次超过50%。经济学、信息管理与信息系统、自动化和应用化学专业的高校覆盖率则分别下降了3.89个、5.02个、5.61个和6.56个百分点，下降幅度较大，这4种专业的高校覆盖率下降到50%以下。

表 6.23　　2002 年度一半以上的综合大学设置的本科专业　　单位：个，%

排序	专业	专业布点	高校覆盖率
1	英语	98	93.33
2	汉语言文学	97	92.38
3	计算机科学与技术	95	90.48
4	数学与应用数学	92	87.62
5	工商管理	73	69.52
6	物理学	69	65.71
7	国际经济与贸易	68	64.76
8	法学	68	64.76
9	化学	67	63.81
10	信息与计算科学	64	60.95
11	会计学	63	60.00
12	电子信息工程	59	56.19
13	旅游管理	57	54.29
14	历史学	57	54.29
15	思想政治教育	56	53.33
16	日语	55	52.38
17	通信工程	55	52.38
18	艺术设计	55	52.38
19	化学工程与工艺	54	51.43
20	土木工程	54	51.43
21	生物科学	54	51.43

2003 年度，一半以上的综合大学设置的本科专业有 20 种，如表 6.24。与 2002 年度相比，艺术设计、法学、国际经济与贸易、思想政治教育、会计学、计算机科学与技术、电子信息工程、生物科学、土木工程、物理学 10 种专业的高校覆盖率有所上升，其余专业则都有所下降。其中，艺术设计专业的高校覆盖率上升幅度比较大，从 2002 年度的 52.38% 上升到了 61.29%。化学工程与工艺专业的高校覆盖率均下降了 3.04%，其高校覆盖率都下降到 50% 以下。

表6.24　　　　2003年度一半以上的综合大学设置的本科专业　　　单位：个，%

排序	专业	专业布点	高校覆盖率
1	汉语言文学	114	91.94
2	计算机科学与技术	114	91.94
3	英语	113	91.13
4	数学与应用数学	106	85.48
5	法学	86	69.35
6	工商管理	85	68.55
7	国际经济与贸易	85	68.55
8	物理学	82	66.13
9	会计学	77	62.10
10	化学	76	61.29
11	艺术设计	76	61.29
12	信息与计算科学	74	59.68
13	电子信息工程	71	57.26
14	思想政治教育	70	56.45
15	日语	65	52.42
16	土木工程	65	52.42
17	生物科学	65	52.42
18	旅游管理	64	51.61
19	历史学	64	51.61
20	通信工程	64	51.61

2004年度，一半以上的综合大学设置的本科专业有15种，如表6.25。2004年度我国有综合大学193所，比2003年度增加69所，综合大学有了很大幅度增加。与2003年度相比，所有专业布点都有所增加。在高校专业覆盖率方面，则发生了较大变化。市场营销、旅游管理、计算机科学与技术、英语、艺术设计和法学6种专业的高校覆盖率有所上升。其中，市场营销专业的高校覆盖率上升比较大，从2003年度的47.97%上升到了52.33%。2004年度最大的变化是各专业的高校覆盖率下降幅度较大。除上述专业的高校覆盖率上升外，其余的都有所下降。而且，有5种专业下降比例超过了10%，分别是数学与应用数学、思想政治教育、物

理学、历史学和生物科学,各自下降比例分别是 13.46%、12.93%、12.24%、12.23% 和 10.97%。其中日语、土木工程、通信工程、思想政治教育、生物科学和历史学这 6 种专业的高校覆盖率下降到 50% 以下。

表 6.25　　2004 年度一半以上的综合大学设置的本科专业　　单位:个,%

排序	专业	专业布点	高校覆盖率
1	计算机科学与技术	181	93.78
2	英语	179	92.75
3	汉语言文学	172	89.12
4	数学与应用数学	139	72.02
5	法学	134	69.43
6	国际经济与贸易	132	68.39
7	工商管理	124	64.25
8	艺术设计	119	61.66
9	电子信息工程	110	56.99
10	会计学	109	56.48
11	旅游管理	107	55.44
12	物理学	104	53.89
13	市场营销	101	52.33
14	化学	100	51.81
15	信息与计算科学	97	50.26

2005 年度,一半以上的综合大学都设置的本科专业有 15 种,如表 6.26。与 2004 年度相比,汉语言文学、数学与应用数学、会计学和法学 4 种专业的高校覆盖率有所下降。市场营销和艺术设计专业的高校覆盖率上升比较大,分别提升了 7.86% 和 7.27%。

表 6.26　　2005 年度一半以上的综合大学设置的本科专业　　单位:个,%

排序	专业	专业布点	高校覆盖率
1	计算机科学与技术	202	98.06

续表

排序	专业	专业布点	高校覆盖率
2	英语	197	95.63
3	汉语言文学	175	84.95
4	国际经济与贸易	148	71.84
5	数学与应用数学	144	69.90
6	法学	143	69.42
7	艺术设计	142	68.93
8	工商管理	135	65.53
9	市场营销	124	60.19
10	电子信息工程	122	59.22
11	会计学	116	56.31
12	旅游管理	116	56.31
13	物理学	111	53.88
14	信息与计算科学	108	52.43
15	化学	107	51.94

2006年度，一半以上的综合大学设置的本科专业有14种，如表6.27。与2004年度相比，艺术设计、电子信息工程、市场营销和英语4种专业的高校覆盖率有所提高，其他专业则都有所下降。其中化学专业的高校覆盖率下降到50%以下。另外，综合大学设置的计算机科学与技术和英语专业得到了迅速的发展，到2006年度这两种专业的高校覆盖率均为95.28%。

表6.27　　　2006年度一半以上的综合大学设置的本科专业　　单位：个，%

排序	专业	专业布点	高校覆盖率
1	英语	229	95.82
2	计算机科学与技术	229	95.82
3	汉语言文学	200	83.68
4	艺术设计	179	74.90
5	国际经济与贸易	170	71.13
6	数学与应用数学	165	69.04

续表

排序	专业	专业布点	高校覆盖率
7	法学	159	66.53
8	电子信息工程	151	63.18
9	工商管理	149	62.34
10	市场营销	147	61.51
11	会计学	132	55.23
12	旅游管理	130	54.39
13	信息与计算科学	124	51.88
14	物理学	120	50.21

2007年度，一半以上的综合大学设置的本科专业有17种，如表6.28。与2006年度相比，所有专业的高校覆盖率均有所上升。其中，日语和艺术设计专业的高校覆盖率上升幅度比较大，分别提升了5.43%和6.02%。

表6.28　2007年度一半以上的综合大学设置的本科专业　　单位：个，%

排序	专业	专业布点	高校覆盖率
1	英语	235	97.51
2	计算机科学与技术	233	96.68
3	汉语言文学	203	84.23
4	艺术设计	195	80.91
5	国际经济与贸易	175	72.61
6	数学与应用数学	169	70.12
7	法学	161	66.80
8	电子信息工程	160	66.39
9	市场营销	155	64.32
10	工商管理	152	63.07
11	旅游管理	142	58.92
12	会计学	135	56.02
13	信息与计算科学	128	53.11
14	土木工程	126	52.28

续表

排序	专业	专业布点	高校覆盖率
15	物理学	125	51.87
16	日语	124	51.45
17	信息管理与信息系统	121	50.21

2008年度，一半以上的综合大学设置的本科专业有18种，如表6.29。与2007年度相比，数学与应用数学、汉语言文学、英语、法学、物理学和工商管理6种专业的高校覆盖率有所下降，其余专业都有所上升。其中，通信工程专业布点的高校覆盖率上升幅度比较大，从未上榜到本年度高校覆盖率超过了50%。

表6.29　　2008年度一半以上的综合大学设置的本科专业　　单位：个,%

排序	专业	专业布点	高校覆盖率
1	英语	238	96.75
2	计算机科学与技术	238	96.75
3	艺术设计	205	83.33
4	汉语言文学	205	83.33
5	国际经济与贸易	188	76.42
6	数学与应用数学	169	68.70
7	电子信息工程	165	67.07
8	市场营销	163	66.26
9	法学	163	66.26
10	工商管理	155	63.01
11	旅游管理	149	60.57
12	信息与计算科学	139	56.50
13	会计学	138	56.10
14	日语	132	53.66
15	土木工程	132	53.66
16	通信工程	128	52.03
17	物理学	127	51.63
18	信息管理与信息系统	124	50.41

2009 年度,一半以上的综合大学设置的本科专业有 21 种,如表 6.30。与 2008 年度相比,法学、信息与计算科学和汉语言文学 3 种专业的高校覆盖率略有下降,其余专业则都有所上升。其中,音乐学、财务管理和化学专业的高校覆盖率上升幅度比较大,这 4 种专业再度上榜,高校覆盖率超过了 50%。

表 6.30　　2009 年度一半以上的综合大学设置的本科专业　　单位:个,%

排序	专业	专业布点	高校覆盖率
1	英语	240	97.56
2	计算机科学与技术	239	97.15
3	艺术设计	213	86.59
4	汉语言文学	205	83.33
5	国际经济与贸易	194	78.86
6	数学与应用数学	172	69.92
7	市场营销	170	69.11
8	电子信息工程	167	67.89
9	法学	161	65.45
10	工商管理	159	64.63
11	旅游管理	152	61.79
12	会计学	145	58.94
13	日语	143	58.13
14	信息与计算科学	137	55.69
15	土木工程	136	55.28
16	通信工程	129	52.44
17	物理学	129	52.44
18	音乐学	126	51.22
19	财务管理	126	51.22
20	信息管理与信息系统	124	50.41
21	美术学	123	50.00

2010 年度,一半以上的综合大学设置的本科专业有 22 种,如表

6.31。与 2009 年度相比,市场营销、国际经济与贸易、英语、艺术设计、法学、物理学、汉语言文学、电子信息工程和化学 9 种专业的高校覆盖率略有下降,其余专业则都有所上升。其中,美术学专业覆盖率也上升到了 50%。

表 6.31　　2010 年度一半以上的综合大学设置的本科专业　　单位:个,%

排序	专业	专业布点	高校覆盖率
1	计算机科学与技术	247	97.24
2	英语	245	96.46
3	艺术设计	217	85.43
4	汉语言文学	210	82.68
5	国际经济与贸易	198	77.95
6	数学与应用数学	177	69.69
7	电子信息工程	174	68.50
8	市场营销	173	68.11
9	法学	165	64.96
10	工商管理	164	64.57
11	旅游管理	163	64.17
12	会计学	152	59.84
13	日语	149	58.66
14	信息与计算科学	143	56.30
15	土木工程	141	55.51
16	通信工程	141	55.51
17	财务管理	133	52.36
18	物理学	132	51.97
19	信息管理与信息系统	130	51.18
20	音乐学	130	51.18
21	化学	128	50.39
22	美术学	127	50.00

2011 年度,一半以上的综合大学设置的本科专业有 23 种,如表 6.32。与 2010 年度相比,工商管理、法学、信息管理与信息系统、化学、汉语言

文学、数学与应用数学、电子信息工程和物理学 8 种专业的高校覆盖率略有下降，其余专业则都有所上升。其中，机械设计制造及其自动化专业布点高校覆盖率上升幅度比较大，该专业再度上榜，高校覆盖率超过了 50%。

表 6.32　　2011 年度一半以上的综合大学设置的本科专业　　单位：个,%

排序	专业	专业布点	高校覆盖率
1	计算机科学与技术	251	97.29
2	英语	250	96.90
3	艺术设计	224	86.82
4	汉语言文学	212	82.17
5	国际经济与贸易	202	78.29
6	数学与应用数学	179	69.38
7	市场营销	178	68.99
8	电子信息工程	177	68.60
9	旅游管理	168	65.12
10	法学	166	64.34
11	工商管理	165	63.95
12	会计学	160	62.02
13	日语	154	59.69
14	土木工程	150	58.14
15	通信工程	150	58.14
16	信息与计算科学	145	56.20
17	财务管理	142	55.04
18	音乐学	136	52.71
19	机械设计制造及其自动化	135	52.33
20	物理学	134	51.94
21	信息管理与信息系统	131	50.78
22	美术学	130	50.39
23	化学	129	50.00

2012 年度，一半以上的综合大学设置的本科专业有 22 种，如表 6.33。与 2011 年度相比，物理学、工商管理、计算机科学与技术、信息与计算科学、汉语言文学、化学、数学与应用数学和法学 8 种专业的高校

覆盖率略有下降，其余专业则都有所上升。其中，化学专业的高校覆盖率下降到了49.81%，略少于50%。综合大学的英语和计算机科学与技术专业得到了进一步的发展，2012年度英语和计算机科学与技术专业的高校覆盖率分别是97.70%和96.93%。

表6.33　　2012年度一半以上的综合大学设置的本科专业　　单位：个,%

排序	专业	专业布点	高校覆盖率
1	英语	255	97.70
2	计算机科学与技术	253	96.93
3	艺术设计	228	87.36
4	汉语言文学	214	81.99
5	国际经济与贸易	205	78.54
6	市场营销	183	70.11
7	电子信息工程	182	69.73
8	数学与应用数学	180	68.97
9	旅游管理	170	65.13
10	法学	167	63.98
11	工商管理	166	63.60
12	会计学	164	62.84
13	土木工程	161	61.69
14	日语	157	60.15
15	通信工程	152	58.24
16	财务管理	150	57.47
17	信息与计算科学	146	55.94
18	机械设计制造及其自动化	140	53.64
19	音乐学	139	53.26
20	物理学	135	51.72
21	信息管理与信息系统	134	51.34
22	美术学	134	51.34

3. 较集中在综合大学设置的本科专业

1999年度，综合大学专业布点占全国布点50%以上的专业共53种，占当年度设置专业的17.38%，如表6.34。其中，综合大学布点占80%以上的专业有22种，只有综合大学设置的专业共16种。到2012年度，专业布点占全国布点50%以上的专业共83种，占当年度设置专业的13.88%。其中，综合大学布点占80%以上的专业有41种，只有综合大学设置的专业共38种。

表6.34　　1999—2012年度较集中在综合大学设置的本科专业　　单位：种,%

年度	布点占全国50%以上的专业 种数	布点占全国50%以上的专业 占设置专业种数比例	布点占全国80%以上的专业种数	布点占全国100%的专业种数
1999	53	17.38	22	16
2000	56	18.06	24	18
2001	50	15.72	24	17
2002	62	17.03	32	29
2003	72	17.69	44	41
2004	91	19.61	57	55
2005	97	19.68	53	51
2006	92	17.86	44	41
2007	91	17.33	44	41
2008	79	14.96	40	37
2009	78	14.55	43	39
2010	85	14.55	50	45
2011	87	14.87	41	38
2012	83	13.88	41	38

4. 增长的本科专业

（1）如表6.35，1999—2012年度，专业布点增加最多的前25种专业共增加3284个布点，这25种专业所增加的布点占了所有新增布点的33.27%。这表明综合大学专业增加的集中趋势非常明显。从布点增加最多的具体专业看，前十位布点最多的专业主要是新兴的经管或应用类专业。

表 6.35　　1999—2012 年度专业布点增加最多的前 25 种专业　　单位：个，%

专业	1999 年	2012 年	增加的专业布点	增加的比例
艺术设计	27	228	201	744.44
英语	67	255	188	280.60
计算机科学与技术	65	253	188	289.23
市场营销	26	183	157	603.85
国际经济与贸易	51	205	154	301.96
汉语言文学	66	214	148	224.24
电子信息工程	38	182	144	378.95
旅游管理	32	170	138	431.25
财务管理	14	150	136	971.43
土木工程	32	161	129	403.13
通信工程	25	152	127	508.00
音乐学	14	139	125	892.86
法学	49	167	118	240.82
美术学	18	134	116	644.44
日语	42	157	115	273.81
信息与计算科学	31	146	115	370.97
数学与应用数学	66	180	114	172.73
会计学	51	164	113	221.57
对外汉语	4	115	111	2775.00
人力资源管理	8	118	110	1375.00
机械设计制造及其自动化	31	140	109	351.61
公共事业管理	8	117	109	1362.50
软件工程	0	108	108	—
工商管理	58	166	108	186.21
电气工程及其自动化	16	119	103	643.75

（2）从专业布点的发展比例看，在这 13 年间，综合大学专业布点得到了快速发展。1999—2012 年度，专业布点增长 50% 以上的专业有 193 种；增长 100% 以上的专业有 181 种；增长 500% 以上的专业共 70 种；增长 1000% 以上的专业共 29 种；增长 2000% 以上的专业共 7 种。

（3）1999—2012 年度，综合大学不断增加新专业的设置，在这期间新设置的专业共230种，占综合大学2012年度专业总数的51.00%。

5. 布点减少或撤销的本科专业

（1）1999—2012年度，综合大学专业布点减少的专业有两种，分别是农艺教育专业和服装设计与工艺教育专业。

（2）1999—2012年度，所有综合大学都撤销了服装设计与工艺教育专业。

（三）2013—2015年度综合大学具体专业布点

1. 综合大学设置的本科专业种数

2013—2015年度，综合大学专业设置的种数逐年增加，各年度专业设置的种数占全国高校本科专业种数的比重也有所增加，如图6.27。

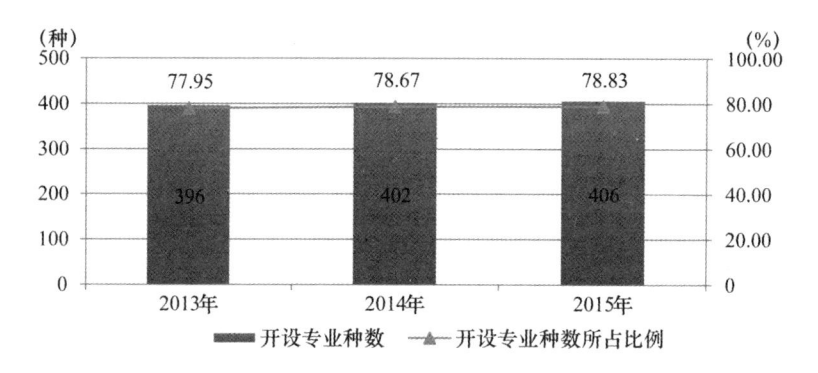

图6.27　2013—2015年度综合大学专业种数及其占全国专业种数的比例

2013年度，综合大学设置的专业共396种，其专业种数占全国当年度设置的本科专业种数的77.95%。2015年度，综合大学设置的专业共406种，其专业种数占全国当年度设置的本科专业种数的比例接近80%。这表明综合大学设置的专业越来越全面，综合性更强。

2. 综合大学中较集中设置的本科专业

2013—2015年度，有20种专业的高校覆盖率保持在50%以上，如表6.36。高校覆盖率在70%以上的专业有6种，分别是计算机科学与技术、英语、汉语言文学、视觉传达设计、环境设计和国际经济与贸易专业。其中，计算机科学与技术专业和英语专业的高校覆盖率在90%以上。

表 6.36　　2013—2015 年度一半以上的综合大学设置的本科专业　单位：个,%

专业	2013 年 专业布点	2013 年 高校覆盖率	2014 年 专业布点	2014 年 高校覆盖率	2015 年 专业布点	2015 年 高校覆盖率
计算机科学与技术	268	96.06	268	93.38	272	93.79
英语	268	96.06	268	93.38	269	92.76
视觉传达设计	224	80.29	227	79.09	230	79.31
汉语言文学	227	81.36	227	79.09	228	78.62
环境设计	218	78.14	218	75.96	223	76.90
国际经济与贸易	214	76.70	214	74.56	217	74.83
电子信息工程	188	67.38	191	66.55	198	68.28
市场营销	192	68.82	195	67.94	197	67.93
财务管理	174	62.37	176	61.32	188	64.83
土木工程	176	63.08	181	63.07	187	64.48
数学与应用数学	183	65.59	185	64.46	186	64.14
旅游管理	174	62.37	173	60.28	175	60.34
通信工程	162	58.06	166	57.84	174	60.00
法学	173	62.01	172	59.93	173	59.66
工商管理	172	61.65	171	59.58	173	59.66
会计学	172	61.65	171	59.58	173	59.66
日语	166	59.50	165	57.49	168	57.93
机械设计制造及其自动化	148	53.05	155	54.01	157	54.14
电气工程及其自动化	144	51.61	147	51.22	156	53.79
信息与计算科学	145	51.97	147	51.22	147	50.69

3. 较集中在综合大学设置的本科专业

2013 年度专业布点占全国布点 50% 以上的专业共 48 种，占当年度设置专业的 9.43%，如表 6.37。其中，综合大学布点占 80% 以上的专业有 16 种，只有综合大学设置的专业共 14 种。到 2015 年度，专业布点占全国布点 50% 以上的专业共 38 种，占当年度设置专业的 7.36%。其中，综合大学布点占全国 80% 以上的专业有 15 种，只有综合大学设置的专业共 13 种，即综合大学专业布点占全国 50%、80% 和 100% 的专业种数及其比重都呈逐年下降趋势。

表 6.37　　2013—2015 年度较集中在综合大学设置的本科专业　　单位：种,%

年度	布点占全国 50% 以上的专业		布点占全国 80% 以上的专业种数	布点占全国 100% 的专业种数
	种数	占设置专业种数比例		
2013 年	48	9.43	16	14
2014 年	44	8.94	15	13
2015 年	38	7.36	15	13

4. 增长的本科专业

2013—2015 年度，综合大学布点增加的专业有 181 种，布点增加最多的前 20 种专业如表 6.38。商务英语专业增加布点最多，共 36 个。

表 6.38　　2013—2015 年度专业布点增加最多的前 20 种专业　　单位：个,%

专业	2013 年	2015 年	增加的专业布点	增加的比例
商务英语	32	68	36	112.50
物联网工程	67	99	32	47.76
酒店管理	27	50	23	85.19
软件工程	122	143	21	17.21
工程造价	29	47	18	62.07
食品质量与安全	47	64	17	36.17
机械电子工程	37	54	17	45.95
翻译	32	49	17	53.13
物流管理	104	120	16	15.38
汽车服务工程	28	44	16	57.14
国际商务	16	32	16	100.00
财务管理	174	188	14	8.05
车辆工程	54	68	14	25.93
风景园林	28	42	14	50.00
金融工程	27	41	14	51.85

续表

专业	2013 年	2015 年	增加的专业布点	增加的比例
网络与新媒体	9	23	14	155.56
数字媒体艺术	28	41	13	46.43
通信工程	162	174	12	7.41
电气工程及其自动化	144	156	12	8.33
网络工程	103	115	12	11.65

2013—2015 年度，综合大学共新设置了 10 种专业，分别是教育康复学、机械工艺技术、铁道工程、服装设计与工艺教育、农业工程、粮食工程、历史建筑保护工程、药物分析、听力与言语康复学和电子商务及法律。

5. 布点减少或撤销的本科专业

2013—2015 年度，专业布点减少的专业共 14 种。专业布点减少最多的是美术学和教育技术学专业，各有 3 所高校撤销该专业。

第七章 理工院校本科专业设置发展

一 1994—2015年度理工院校专业设置基本状况

1994—2015年度，我国理工院校数和理工院校本科专业布点，以及理工院校校均专业数都在快速地增加，如图7.1和图7.2。

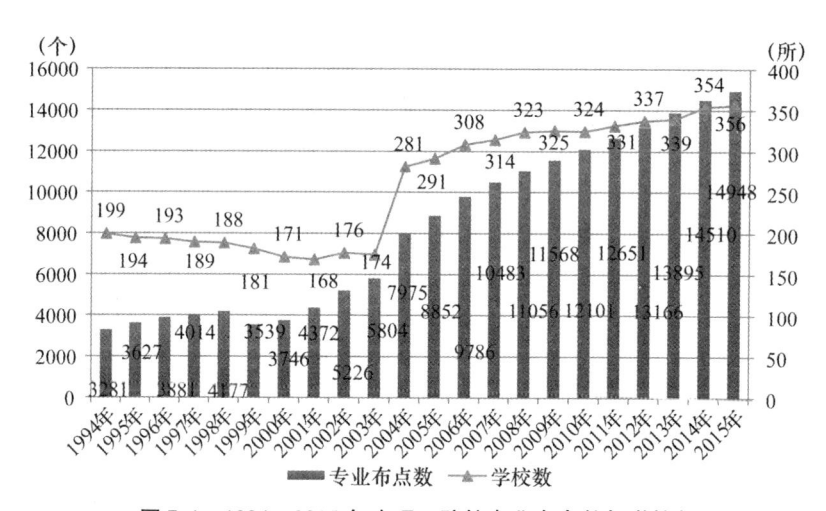

图7.1 1994—2015年度理工院校专业布点数与学校数

1994年度，全国理工院校本科专业布点3281个，2015年度14948个，2015年度本科专业布点是1994年度的4.56倍。这21年间理工院校的专业布点逐年增加，平均每年增加555.57个本科专业布点，其中增加最快的是2004年度，增加了2171个布点。

1994年度，全国理工院校共199所，2015年度356所，2015年度比1994年度理工院校数增加78.89%。其中，1994—2001年度，全国理工院校数呈减少的趋势；2002年度后理工院校数开始逐年增加。1994—

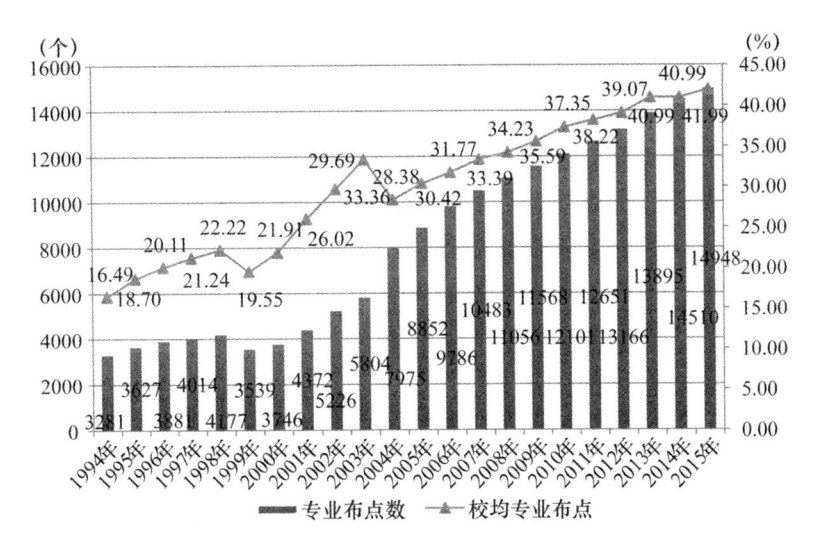

图 7.2　1994—2015 年度理工院校专业布点数与校均专业布点数

2015 年度，理工院校校均本科专业数基本上是逐年上升的，1999 年度例外。1994 年度理工院校校均本科专业 16.49 个。2015 年度升幅最高，校均本科专业 41.99 个。1994—2015 年度，高校专业设置的规模增加 25.50 个，增长的比例为 154.64%。

随着国家专业目录的调整，专业布点的变化有较大起伏，如图 7.3。

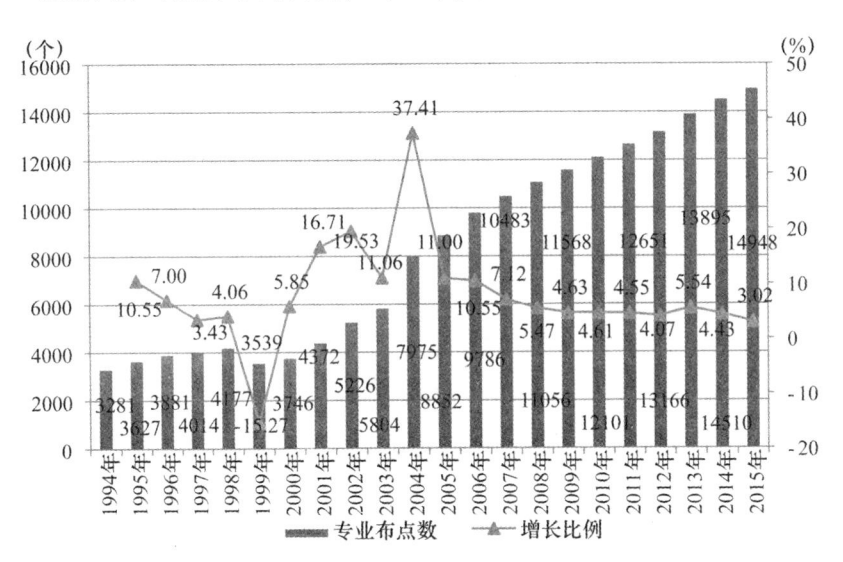

图 7.3　1994—2015 年度理工院校专业布点数与专业布点增长趋势

1994—1998年度，专业布点一直都在增加，1998—1999年度则在减少。2000—2004年度，专业布点一直持续增长，2004年度增加37.41%。从2004年度开始，专业布点增加的速度开始逐渐平缓，2015年度是3.02%。

二 1994—2015年度理工院校分门类专业布点

（一）1994—1998年度理工院校分门类专业布点

1994—1998年度理工院校的专业布点覆盖了当时大多数的门类。工学门类专业布点占主体部分，突出了理工院校的"工科"的特征，但是各年度有差异。各门类专业布点则较不均衡，如图7.4—图7.8。

1994年度，理工院校的专业布点覆盖了哲学、经济学、法学、教育学、文学、理学、工学和农学八大门类，历史学门类和医学门类专业在该年度没有布点。工学专业布点2763个，占总布点的84.21%。工学门类

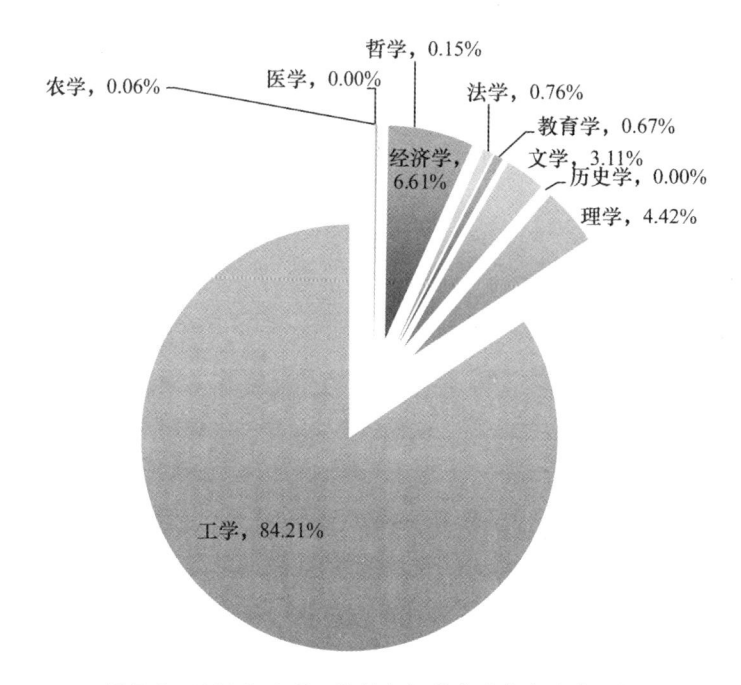

图7.4 1994年度理工院校各门类专业布点分布比例

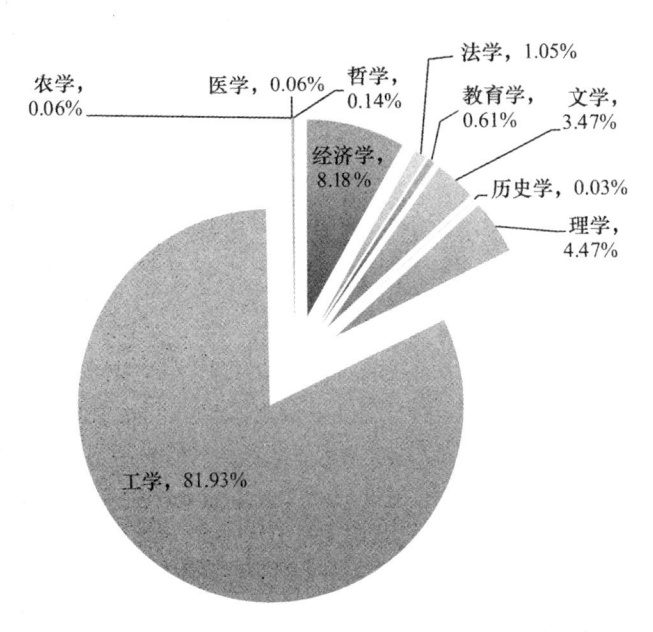

图 7.5　1995 年度理工院校各门类专业布点分布比例

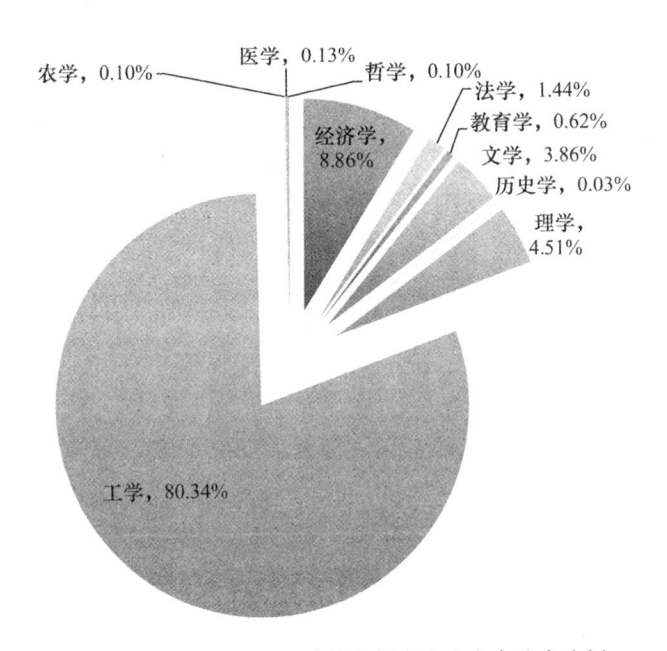

图 7.6　1996 年度理工院校各门类专业布点分布比例

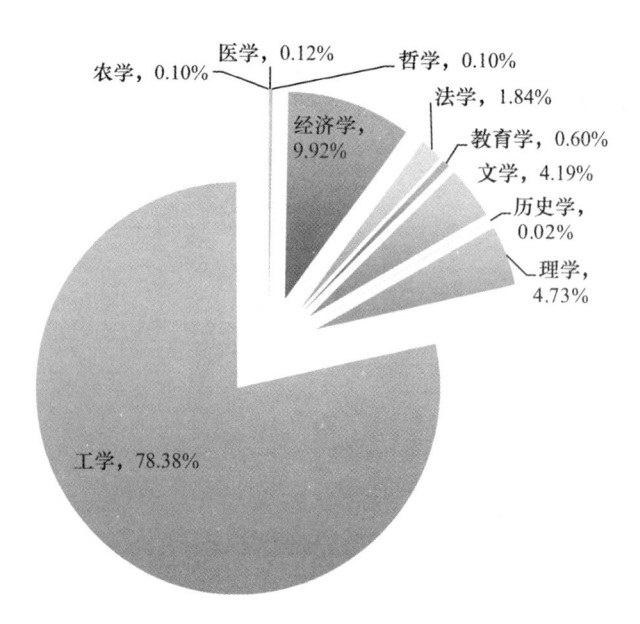

214　中国高校本科专业设置与发展研究(1952—2015)

图 7.7　1997 年度理工院校各门类专业布点分布比例

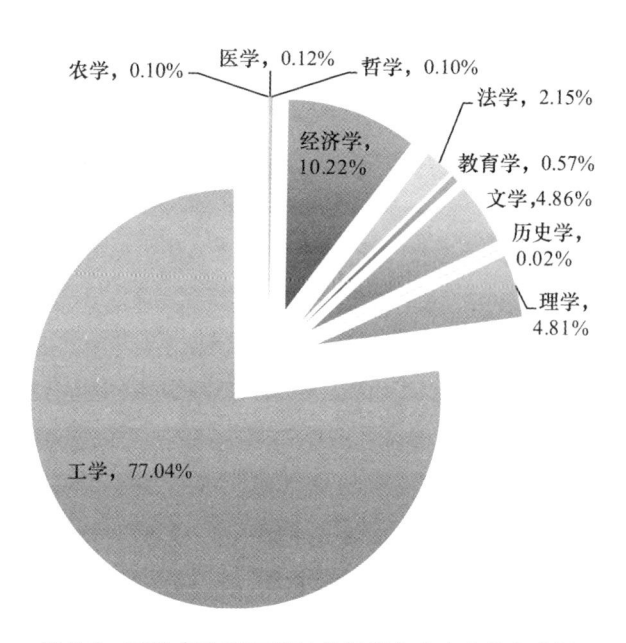

图 7.8　1998 年度理工院校各门类专业布点分布比例

在理工院校居于绝对主体地位，理工院校"工科"特征非常突出。其次是经济学门类专业，其布点 217 个，占总布点的 6.61%。剩余门类的布点占总布点的比例都低于 5%。依次是：理学（4.42%）、文学（3.11%）、法学（0.76%）、哲学（0.15%）、农学（0.06%）。

1998 年度，理工院校的专业布点覆盖了当时所有的十大门类。只有哲学门类专业布点有所减少，减少 1 个专业布点；其他各门类专业布点都有所增加，各门类共增加 897 个布点。1998 年度，工学门类专业布点 3218 个，占理工院校专业总布点的 77.04%。与 1994 年度相比，工学专业布点占总布点比例下降了 7.17%。但工学门类专业布点比 1994 年度增加 455 个布点，这占总增加布点的 50.72%，即从 1994—1998 年度理工院校增加的专业布点中工学门类专业占其一半。

1994—1998 年度，经济学门类专业发展较快。1998 年度经济学门类专业布点 427 个，仅次于占绝对地位的工学门类专业。与 1994 年度相比，专业布点增加 210 个，占高校专业布点的 10.22%，该比例比 1994 年度增加 3.61%。1994—1998 年度，文学、法学和理学门类专业也得到一定发展。1998 年度，文学门类专业布点 203 个，法学专业布点 90 个，理学专业布点 201 个。此外，农学门类和教育学门类理工院校分别增加两个专业布点。

（二）1999—2012 年度理工院校分门类专业布点

1999—2012 年度，理工院校的专业布点几乎覆盖当时的十一大门类。各门类专业布点有很大增加，但与前一阶段类似，各门类专业布点仍呈不平衡的状态，如图 7.9—图 7.19。

1. 哲学门类专业的发展

经过 1998 年的专业调整，1999 年度理工院校没有哲学门类专业布点。直到 2001 年度理工院校才有 1 个哲学类专业布点。到 2012 年度，该门类专业布点 7 个，但是，该门类专业布点占所有门类的比重仅为 0.05%，如图 7.9。

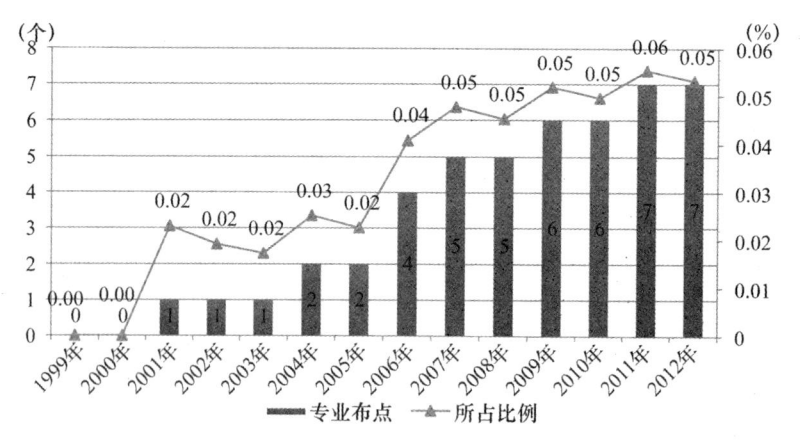

图 7.9　1999—2012 年度理工院校哲学门类专业布点及其比例

2. 经济学门类专业的发展

1999 年度，经济学门类专业布点 161 个；2012 年度，专业布点增加到 478 个。1999—2012 年度，经济学门类专业增加 317 个布点。在这期间经济学门类专业布点逐年增加，该门类专业布点占高校专业布点比重却略有下降。1999 年度，经济学门类专业布点占高校专业布点的 4.55%，2012 年度该比例下降到 3.63%，如图 7.10。

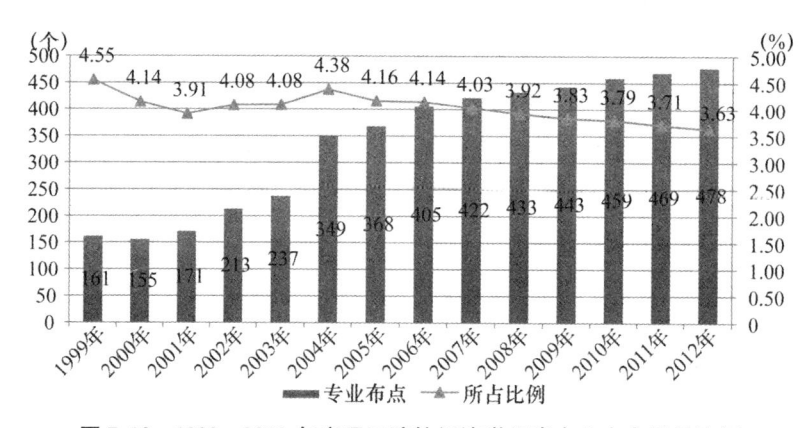

图 7.10　1999—2012 年度理工院校经济学门类专业布点及其比例

3. 法学门类专业的发展

1999 年度，法学门类专业布点 97 个；2012 年度，专业布点增加到 312 个。1999—2012 年度，法学门类专业增加 215 个布点。在这期间，法学门类专业布点逐年增加，该门类专业布点占高校专业布点比重却略有下降。1999年度，法学门类专业布点占高校专业布点的2.74%；2012年度，该比例下降到2.37%，如图7.11。

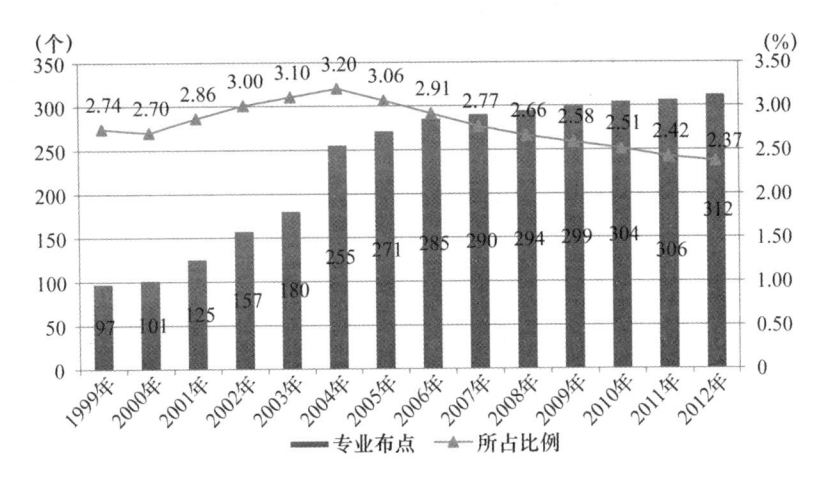

图7.11　1999—2012年度理工院校法学门类专业布点及其比例

4. 教育学门类专业的发展

1999年度，教育学门类专业布点2个；2012年度，专业布点增加到140个。1999—2012年度，教育学门类专业增加138个布点。在这期间教育学门类专业布点逐年迅速增加，该门类专业布点占高校专业布点比重有了较大幅度提升。1999年度教育学门类专业布点仅占高校专业布点的0.06%，2012年度该比例上升到1.06%，如图7.12。

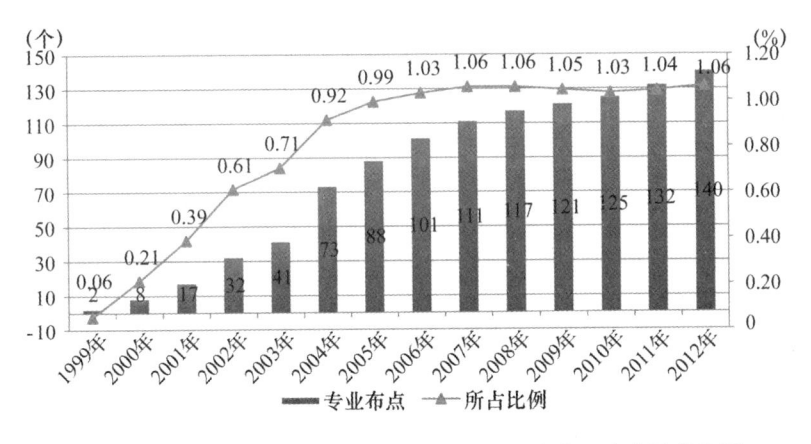

图7.12　1999—2012年度理工院校教育学门类专业布点及其比例

5. 文学门类专业的发展

1999年度，文学门类专业布点209个；2012年度，专业布点增加到1552个。1999—2012年度，文学门类专业增加1343个布点。在这期间文学门类专业布点逐年迅速增加，专业布点占高校专业布点比重有了较大提升。1999年度，文学门类专业布点占高校专业布点的5.91%；2012年度，该比例上升到11.79%，如图7.13。

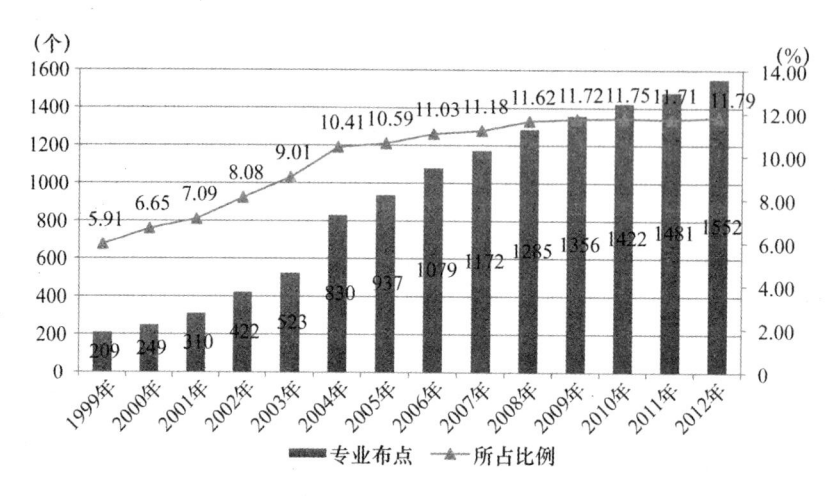

图7.13　1999—2012年度理工院校文学门类专业布点及其比例

6. 历史学门类专业的发展

经过1998年的专业调整，1999年度理工院校没有历史学门类专业布点。2000年度开始有历史学门类专业布点，当年度理工院校只有1个历史学门类布点；到2012年度，该门类专业布点11个。该门类专业布点占所有门类的比重仅为0.08%，如图7.14。

7. 理学门类专业的发展

1999年度，理学门类专业布点288个；2012年度，理学门类专业布点增加到1513个。1999—2012年度，理学门类专业增加1225个布点。在这期间理学门类专业布点逐年迅速增加，专业布点占高校专业布点比重有一定提升。1999年度，理学门类专业布点占高校专业布点的8.14%；2012年度，该比例上升到11.32%，如图7.15。

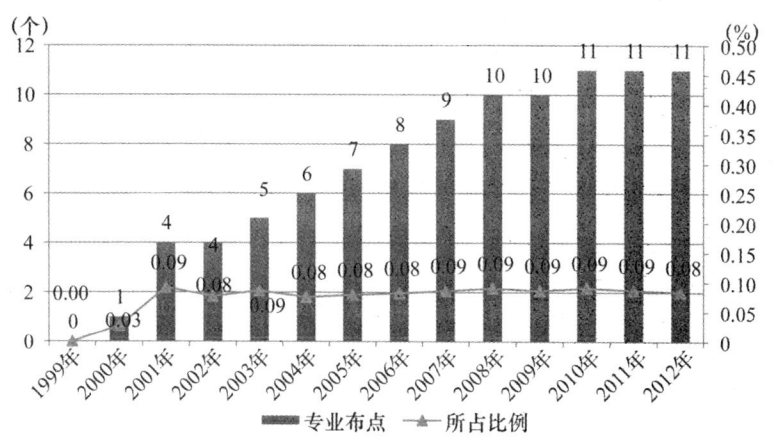

图 7.14　1999—2012 年度理工院校历史学门类专业布点及其比例

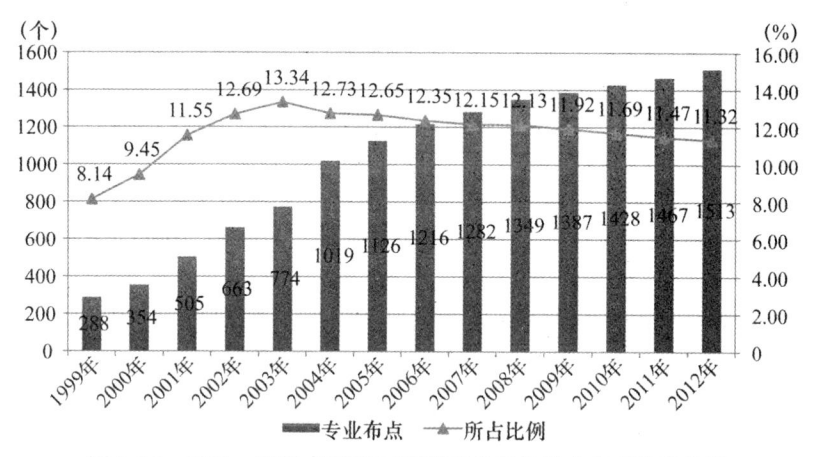

图 7.15　1999—2012 年度理工院校理学门类专业布点及其比例

8. 工学门类专业的发展

1999 年度工学门类专业布点 2250 个；2012 年度，该专业布点增加到 6782 个。1999—2012 年度，工学门类专业增加 4532 个布点。在这期间工学门类专业布点逐年迅速增加，该类专业布点占高校专业布点比重却有较大幅度的下降。1999 年度，工学门类专业布点占高校专业布点的 63.58%；2012 年度，该比例下降到 51.51%，如图 7.16。

9. 农学门类专业的发展

1999 年度，农学门类专业布点 13 个；2012 年度，该专业布点增加到 75 个。1999—2012 年度，农学门类专业增加 62 个布点。在这期间农学门

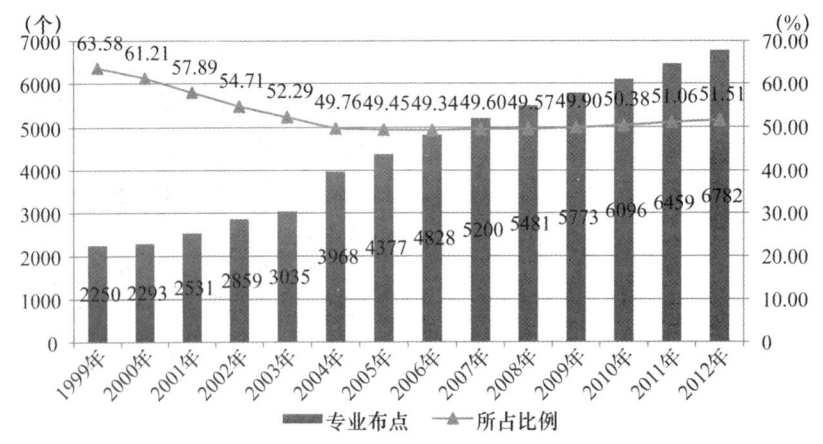

图 7.16 1999—2012 年度理工院校工学门类专业布点及其比例

类专业布点逐年增加,专业布点占高校专业布点比重有所上升。1999 年度,农学门类专业布点占高校专业布点的 0.37%;2012 年度,该比例上升到 0.57%,如图 7.17。

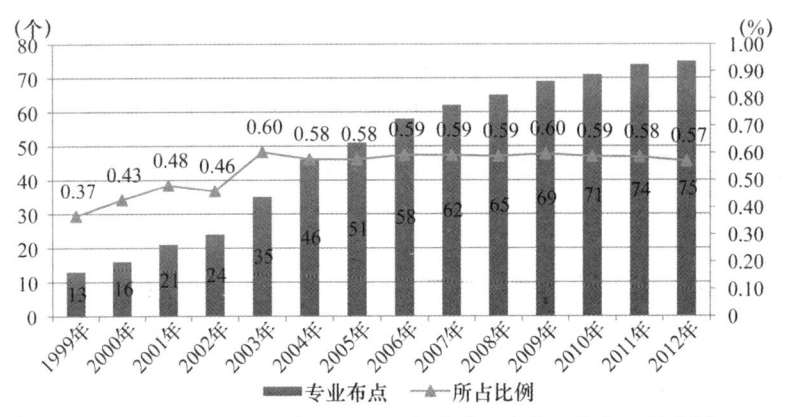

图 7.17 1999—2012 年度理工院校农学门类专业布点及其比例

10. 医学门类专业的发展

1999 年度,医学门类专业布点 7 个;2012 年度,专业布点增加到 104 个。1999—2012 年度,医学门类专业增加 97 个布点。在这期间医学门类专业布点逐年迅速增加,专业布点占高校专业布点比重有了一定提升。1999 年度,医学门类专业布点占高校专业布点的 0.20%;2012 年度,该比例上升到 0.79%,如图 7.18。

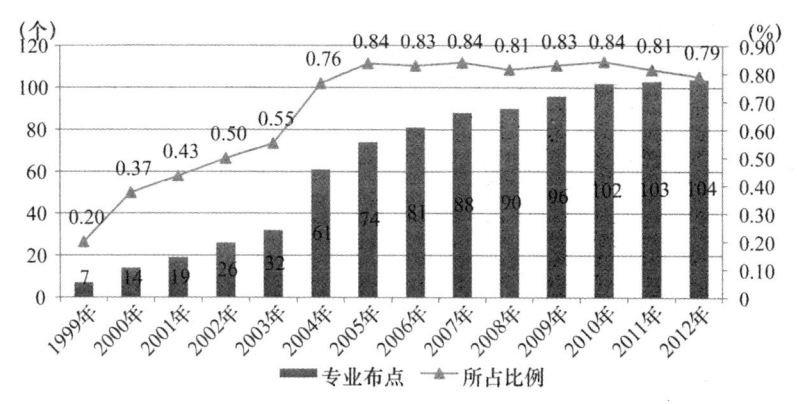

图 7.18　1999—2012 年度理工院校医学门类专业布点及其比例

11. 管理学门类专业的发展

经过 1998 年的专业调整，增加管理学门类。1999 年度管理学门类专业布点 512 个；2012 年度，专业布点增加到 2220 个。1999—2012 年度，共增加 1708 个布点。在这期间管理学门类专业布点逐年迅速增加，该门类专业布点占高校专业布点比重有一定提升。1999 年度，管理学门类专业布点占高校专业布点的 14.47%；2012 年度，该比例上升到 16.86%，如图 7.19。

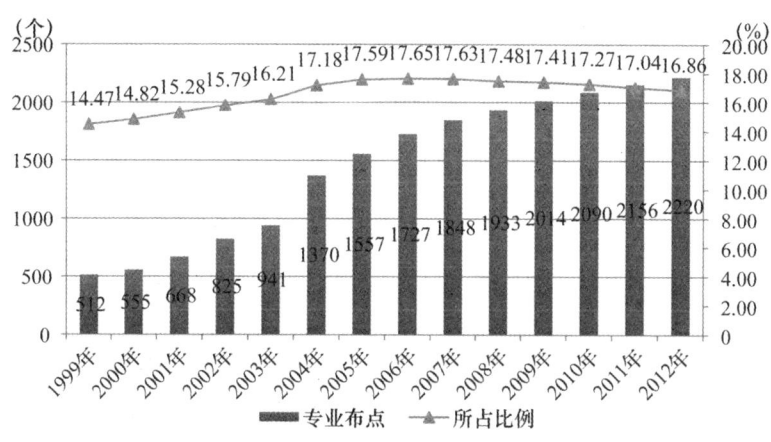

图 7.19　1999—2012 年度理工院校管理学门类专业布点及其比例

1999—2012 年度，各门类专业布点有较大发展。从布点增长的绝对数看，工学、文学、管理学和理学的专业增加布点占绝大部分，占总增长布点的 90% 以上。从门类的专业布点所占比重来看，下降幅度最大的是工学门类专业布点。经济学和法学门类专业布点也略有下降，其余门类专业布点则都有所上升。总之，增加的专业布点主要集中在部分门类专业上，门类专业布点在发展速度和规模上，以及所占比重方面不均衡现象很明显。

（三）2013—2015 年度理工院校分门类专业布点

2013—2015 年度，理工院校的专业布点全部覆盖目前的十二大门类。各门类专业布点都有所增加，但与前一阶段类似，各门类专业布点仍呈不均衡的状态，如图 7.20—图 7.22。

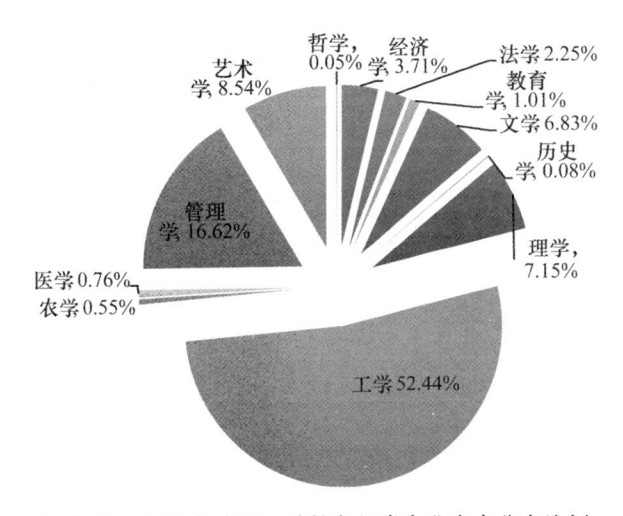

图 7.20　2013 年度理工院校各门类专业布点分布比例

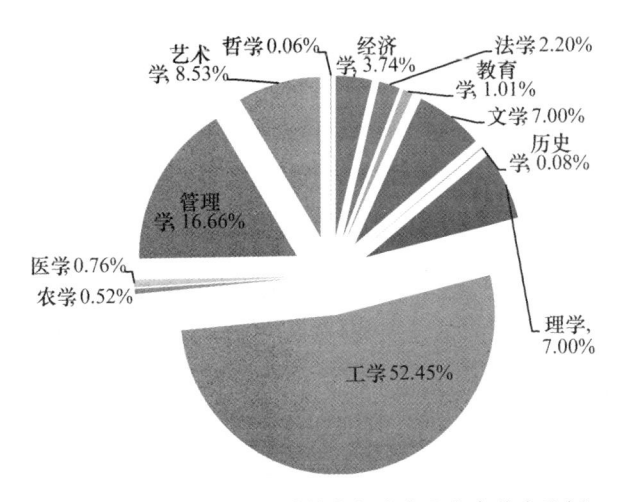

图 7.21　2014 年度理工院校各门类专业布点分布比例

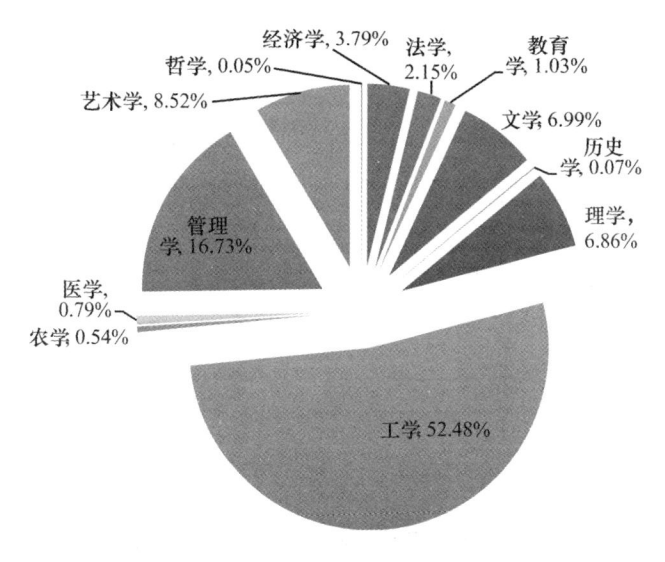

图 7.22　2015 年度理工院校各门类专业布点分布比例

2013—2015 年度，各门类专业布点所占比重变化并不明显。以 2015 年度为例，各门类专业布点所占的比重如下：哲学 0.05%、经济学 3.79%、法学 2.15%、教育学 1.03%、文学 6.99%、历史学 0.07%、理学 6.86%、工学 52.48%、农学 0.54%、医学 0.79%、管理学 16.73% 和艺术学 8.52%。2013—2015 年度最突出的特点就是，艺术学门类的专业布点主要是从原文学门类中分化出来，导致文学门类的专业布点比重有较大幅度下降。

三　1994—2015 年度理工院校分专业类专业布点

(一) 1994—1998 年度理工院校分专业类专业布点

1. 1994—1998 年度理工院校各专业类专业布点基本状况

1994—1998 年度，理工院校设置的本科专业覆盖专业类的比例较高，且逐年上升，如图 7.23。

1994 年度理工院校设置的专业共覆盖了 45 个专业类，覆盖专业类的比例为 62.50%。1996—1998 年度理工院校设置的专业覆盖的专业类增加到 51 个，覆盖比例达到 70.83%。

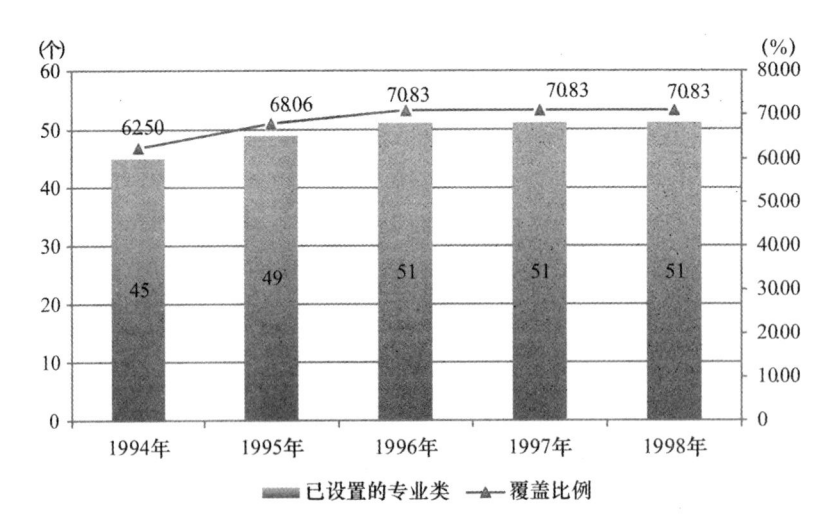

图 7.23 1994—1998 年度理工院校已设置的专业类及其覆盖比例

2. 1994—1998 年度理工院校专业布点最多的专业类

1994—1998 年度，理工院校布点最多的专业集中在机械类、电子与信息类、土建类、管理工程类、工商管理类、电工类、材料类、化工与制药类、经济学类和地矿类，如表 7.1。

表 7.1　1994—1998 年度理工院校专业布点最多的前 10 个专业类　　单位：个

专业类	专业布点				
	1994 年	1995 年	1996 年	1997 年	1998 年
机械类	597	631	651	634	633
电子与信息类	388	446	488	499	511
土建类	274	299	317	329	337
管理工程类	222	257	269	274	281
工商管理类	132	181	207	239	258
电工类	221	225	235	238	247
材料类	202	213	227	232	235
化工与制药类	182	202	213	227	231
经济学类	85	116	137	159	169
地矿类	159	160	163	142	143

3. 1994—1998 年度理工院校专业布点占全国高校专业布点比例达一半的专业类

1994—1998 年度理工院校专业布点占全国高校专业布点比例达一半的专业类有 20 个，占高校专业类的 27.78%，如表 7.2。这 20 类分别是航空航天类、兵器类、测绘类、地矿类、材料类、仪器仪表类、土建类、管理工程类、工程力学类、环境类、电工类、机械类、运输工程类、热能核能类、纺织类、水利类、化工与制药类、地质学类、电子与信息类和轻工粮食食品类。这表明在 1994—1998 年度这 20 个专业类布点主要集中在理工院校。其中，1994—1998 年度航空航天类和兵器类和 1994—1997 年度测绘类专业布点全部都在理工院校。

表 7.2　　1994—1998 年度理工院校专业布点占高校专业布点比重超过一半的专业类　　单位：个，%

专业类	1994 年 专业布点	比例	1995 年 专业布点	比例	1996 年 专业布点	比例	1997 年 专业布点	比例	1998 年 专业布点	比例
航空航天类	27	100.00	30	100.00	29	100.00	29	100.00	29	100.00
兵器类	18	100.00	18	100.00	18	100.00	18	100.00	18	100.00
测绘类	24	100.00	26	100.00	29	100.00	33	100.00	37	97.37
地矿类	159	94.64	160	94.67	163	94.77	142	93.42	143	93.46
材料类	202	84.87	213	84.52	227	85.02	232	84.67	235	84.23
仪器仪表类	91	80.53	98	82.35	100	82.64	101	82.79	103	83.74
土建类	274	82.04	299	81.47	317	80.66	329	80.24	337	78.92
管理工程类	222	81.02	257	82.11	269	81.02	274	79.19	281	78.27
工程力学类	26	78.79	27	79.41	26	78.79	26	78.79	28	77.78
环境类	49	72.06	56	72.73	58	72.50	69	75.82	79	77.45
电工类	221	80.07	225	79.23	235	78.33	238	77.02	247	77.19
机械类	597	79.60	631	78.48	651	78.34	634	77.04	633	76.82
运输工程类	53	77.94	55	76.39	61	76.25	65	75.58	70	76.09
热能核能类	55	80.88	56	78.87	57	78.08	55	75.34	57	76.00
纺织类	50	81.97	49	79.03	50	79.37	47	72.31	47	72.31
水利类	38	73.08	38	70.37	38	69.09	38	67.86	40	68.97
化工与制药类	182	69.73	202	68.47	213	67.83	227	66.57	231	65.44
地质学类	14	56.00	14	56.00	14	58.33	13	56.52	13	59.09

续表

专业类	1994年 专业布点	比例	1995年 专业布点	比例	1996年 专业布点	比例	1997年 专业布点	比例	1998年 专业布点	比例
电子与信息类	388	58.43	446	59.31	488	59.30	499	57.89	511	57.42
轻工粮食食品类	77	59.23	74	52.86	77	52.03	78	50.32	80	49.38

4. 1994—1998年度理工院校专业布点增加最多的专业类

1994—1998年度理工院校专业布点增加最多的前10个专业类分别是工商管理类、电子与信息类、经济学类、土建类、外国语言文学类、管理工程类、法学类、化工与制药类、机械类和材料类，如表7.3。其中工商管理类和电子与信息类增加的布点都超过100个。

表7.3 1994—1998年度理工院校专业布点增加最多的前10个专业类

单位：个，%

专业类	1994年	1998年	增加的专业布点	增加的比例
工商管理类	132	258	126	95.45
电子与信息类	388	511	123	31.70
经济学类	85	169	84	98.82
土建类	274	337	63	22.99
外国语言文学类	62	121	59	95.16
管理工程类	222	281	59	26.58
法学类	19	68	49	257.89
化工与制药类	182	231	49	26.92
机械类	597	633	36	6.03
材料类	202	235	33	16.34

5. 1994—1998年度理工院校专业布点增长速度最快的专业类

从增长速度看，1994—1998年度增幅最大的10个专业类是新闻学类、政治学类、法学类、社会学类、动物生产与兽医类、材料科学类、力学类、经济学类、工商管理类和外国语言文学类，这些专业类增加的比例都在95%以上，如表7.4。

表 7.4　　　　1994—1998 年度理工院校专业布点增加比例
最大的前 10 个专业类　　　　单位：个,%

专业类	1994 年	1998 年	增加的专业布点	增加的比例
新闻学类	1	8	7	700.00
政治学类	4	16	12	300.00
法学类	19	68	49	257.89
社会学类	2	6	4	200.00
动物生产与兽医类	1	3	2	200.00
材料科学类	5	11	6	120.00
力学类	1	2	1	100.00
经济学类	85	169	84	98.82
工商管理类	132	258	126	95.45
外国语言文学类	62	121	59	95.16

(二) 1999—2012 年度理工院校分专业类专业布点

1. 1999—2012 年度理工院校各专业类专业布点基本状况

1999—2005 年度，理工院校设置的本科专业覆盖的专业类数量逐年上升。2005—2012 年度，理工院校设置的本科专业覆盖的专业类的比例一直保持在 95.89%，如图 7.24。

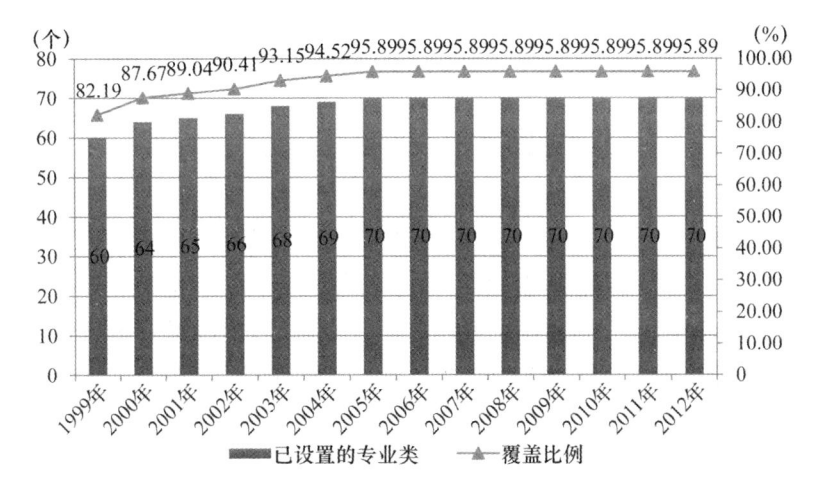

图 7.24　1999—2012 年度理工院校已设置的专业类及其覆盖比例

2. 1999—2012 年度理工院校专业布点最多的专业类

1999—2012 年度，理工院校布点最多的专业集中在电气信息类、工商管理类、机械类、土建类、艺术类、管理科学与工程类、外国语言文学类、材料类、经济学类和数学类，如表 7.5。2012 年度布点最多的是电气信息类专业，其布点有 2238 个。

表 7.5　　　　1999—2012 年度专业布点最多的前 10 个专业类　　　单位：个

年度	电气信息类	工商管理类	机械类	土建类	艺术类	管理科学与工程类	外国语言文学类	材料类	经济学类	数学类
1999	615	338	332	295	59	142	128	184	161	97
2000	636	343	346	282	72	166	142	185	155	113
2001	693	388	375	308	97	218	162	199	171	145
2002	784	473	417	347	134	266	203	227	213	187
2003	852	540	440	359	178	292	228	232	237	200
2004	1264	824	591	466	300	400	328	270	349	253
2005	1419	932	664	519	348	443	365	285	368	275
2006	1572	1046	735	569	405	478	419	312	405	287
2007	1702	1113	799	613	448	511	442	336	422	300
2008	1781	1162	847	647	495	536	470	354	433	311
2009	1877	1210	889	687	529	559	488	381	443	315
2010	1987	1258	923	722	562	578	505	425	459	316
2011	2095	1296	973	771	589	598	519	463	469	318
2012	2238	1331	1019	800	632	618	539	481	478	321

3. 1999—2012 年度理工院校专业布点比重最大的专业类

1999 年度，理工院校专业布点占高校专业布点比例达一半的专业类有 19 个，占高校专业类的 26.03%，如表 7.6。其中武器类和航空航天类专业全部都在理工院校设置。此外，测绘类和地矿类专业布点所占比重都在 90% 以上。

表 7.6　　　1999 年度理工院校专业布点占高校专业布点
比重超过 50% 的专业类　　　　　单位：个，%

排序	专业类	专业布点	占全国布点比例
1	武器类	24	100.00
2	航空航天类	19	100.00
3	测绘类	30	96.77
4	地矿类	106	91.38
5	材料类	184	82.14
6	仪器仪表类	77	81.05
7	土建类	295	75.26
8	海洋工程类	9	75.00
9	工程力学类	24	75.00
10	环境与安全类	109	74.15
11	能源动力类	69	73.40
12	机械类	332	72.33
13	交通运输类	67	72.04
14	水利类	33	62.26
15	电气信息类	615	60.29
16	化工与制药类	110	59.46
17	轻工纺织食品类	101	54.01
18	管理科学与工程类	142	50.53
19	地球物理学类	3	50.00

2000 年度，理工院校专业布点占高校专业布点比例达一半的专业类有 18 个，占高校专业类的 24.66%，如表 7.7。与 1999 年度相同，武器类和航空航天类专业仍然是全部都在理工院校设置。从变化的趋势看，与 1999 年度相比，在这 18 个专业类中，只有地球物理学类和管理科学与工程类这两个专业类的专业布点所占比例有所增加，其中地球物理学类的比重增加较大，增加了 16.67%。测绘类和水利类专业布点所占比重都下降较大，分别下降了 11.92% 和 10.59%。其中，轻工纺织食品类专业布点所占比重由原来的 54.01% 下降到 48.39%，专业布点比重跌出 50%。

表7.7　　　2000年度理工院校专业布点占高校专业布点
比重超过50%的专业类　　　　单位：个,%

排序	专业类	专业布点	占全国布点比例
1	武器类	26	100.00
2	航空航天类	20	100.00
3	地矿类	98	85.22
4	测绘类	28	84.85
5	材料类	185	77.08
6	仪器仪表类	75	76.53
7	交通运输类	83	71.55
8	环境与安全类	120	70.59
9	工程力学类	26	70.27
10	海洋工程类	9	69.23
11	机械类	346	67.84
12	土建类	282	67.30
13	能源动力类	65	67.01
14	地球物理学类	6	66.67
15	电气信息类	636	56.04
16	化工与制药类	106	55.79
17	水利类	31	51.67
18	管理科学与工程类	166	51.39

2001年度，理工院校专业布点占高校专业布点比例达一半的专业类有19个，占高校专业类的26.03%，如表7.8。与2000年度相同，武器类和航空航天类专业仍然是全部都在理工院校设置。从变化趋势看，与2000年度相比，在这19个专业类中，材料科学类、海洋工程类、水利类、管理科学与工程类和能源动力类5个专业类专业布点所占比重都有所上升。其中材料科学类上升了6.83%，其专业布点比重达到了50.68%；地球物理学类专业布点所占比重下降较大，下降了6.67%。

表 7.8　　2001 年度理工院校专业布点占高校专业布点比重超过 50% 的专业类　　单位：个,%

排序	专业类	专业布点	占全国布点比例
1	武器类	34	100.00
2	航空航天类	20	100.00
3	地矿类	99	83.19
4	测绘类	30	81.08
5	仪器仪表类	84	75.68
6	材料类	199	75.38
7	海洋工程类	12	75.00
8	交通运输类	93	69.92
9	环境与安全类	140	67.31
10	能源动力类	72	67.29
11	工程力学类	32	66.67
12	机械类	375	65.91
13	土建类	308	65.53
14	地球物理学类	6	60.00
15	水利类	39	54.93
16	化工与制药类	114	54.55
17	电气信息类	693	53.60
18	管理科学与工程类	218	52.15
19	材料科学类	37	50.68

2002 年度，理工院校专业布点占高校专业布点比例达一半的专业类有 20 个，占高校专业类的 27.40%，如表 7.9。与 2001 年度相同，武器类和航空航天类专业全部都在理工院校设置。从变化的趋势看，与 2001 年度相比，在这 20 个专业类中，力学类、工程力学类、地球物理学类、水利类、测绘类、地矿类、能源动力类、材料科学类 8 个专业类专业布点所占比重都有所上升。其中力学类上升了 8.33%，其专业布点比重达到了 50%。其余的专业类布点所占比重都有所下降，2002 年度之前航空航天类专业全部都在理工院校中设置，2002 年度开始有其他性质类别的院校设置该类专业，其比重由 2002 年度之前的 100% 下降到 2002 年度

的 95.65%。

表 7.9　　2002 年度理工院校专业布点占高校专业布点
比重超过 50% 的专业类　　单位：个,%

排序	专业类	专业布点	占全国布点比例
1	武器类	35	100.00
2	航空航天类	22	95.65
3	地矿类	103	83.74
4	测绘类	36	81.82
5	仪器仪表类	99	75.00
6	海洋工程类	12	75.00
7	材料类	227	74.92
8	工程力学类	38	70.37
9	能源动力类	80	67.80
10	环境与安全类	163	66.26
11	交通运输类	109	66.06
12	机械类	417	65.36
13	土建类	347	64.86
14	地球物理学类	7	63.64
15	水利类	46	58.23
16	电气信息类	784	52.09
17	化工与制药类	126	51.85
18	管理科学与工程类	266	51.75
19	材料科学类	53	50.96
20	力学类	7	50.00

2003 年度，理工院校专业布点占高校专业布点比例达一半的专业类有 18 个，占高校专业类的 24.66%，如表 7.10。与 2002 年度相同，只有武器类专业仍然是全部都在理工院校设置。从变化的趋势看，与 2002 年度相比，在这 18 个专业类中，海洋科学类、力学类和航空航天类 3 个专业类专业布点所占比重有所上升。其中海洋科学类上升了 14.88%，其专业布点比重达到了 52.38%。电气信息类、化工与制药类和管理科学与工

程类 3 个专业类专业布点比重都跌出了 50%。

表 7.10　　2003 年度理工院校专业布点占高校专业布点
比重超过 50% 的专业类　　单位：个,%

排序	专业类	专业布点	占全国布点比例
1	武器类	35	100.00
2	航空航天类	26	96.30
3	测绘类	40	78.43
4	地矿类	98	77.78
5	仪器仪表类	108	73.47
6	材料类	232	71.60
7	海洋工程类	12	70.59
8	工程力学类	40	68.97
9	能源动力类	83	66.40
10	交通运输类	124	64.58
11	环境与安全类	173	63.14
12	机械类	440	62.86
13	土建类	359	60.34
14	地球物理学类	7	58.33
15	力学类	9	56.25
16	水利类	48	55.17
17	海洋科学类	11	52.38
18	材料科学类	64	50.39

2004 年度，理工院校专业布点占高校专业布点比例达一半的专业类有 19 个，占高校专业类的 26.03%，如表 7.11。从变化的趋势看，与 2003 年度相比，在这 19 个专业类中，力学类、地质学类、工程力学类、能源动力类、机械类、交通运输类、地球物理学类和电气信息类 8 个专业类专业布点所占比重都有所上升。其中地质学类专业布点上升到 50%，而电气信息类专业布点比重又回到 50% 以上。

表 7.11　　2004 年度理工院校专业布点占高校专业布点比重超过 50% 的专业类　　单位：个，%

排序	专业类	专业布点	占全国布点比例
1	武器类	37	97.37
2	航空航天类	31	83.78
3	地矿类	106	75.18
4	测绘类	45	75.00
5	仪器仪表类	131	71.58
6	材料类	270	70.87
7	工程力学类	49	70.00
8	海洋工程类	13	68.42
9	能源动力类	93	67.39
10	交通运输类	158	65.29
11	力学类	11	64.71
12	机械类	591	63.62
13	环境与安全类	209	60.58
14	地球物理学类	10	58.82
15	土建类	466	58.40
16	水利类	54	52.94
17	电气信息类	1268	50.26
18	材料科学类	77	50.00
19	地质学类	13	50.00

2005 年度，理工院校专业布点占高校专业布点比例达一半的专业类有 17 个，占高校专业类的 23.29%，如表 7.12。从变化的趋势看，与 2004 年度相比，在这 17 个专业类中，地球物理学类、测绘类、力学类、交通运输类、环境与安全类、能源动力类、地矿类和武器类 8 个专业类专业布点所占比重都有所上升。材料科学类和电气信息类专业布点比重跌出了 50%。

表 7.12　　2005 年度理工院校专业布点占高校专业布点
比重超过 50% 的专业类　　　　　单位：个,%

排序	专业类	专业布点	占全国布点比例
1	武器类	39	97.50
2	航空航天类	31	83.78
3	测绘类	55	77.46
4	地矿类	113	75.33
5	工程力学类	49	70.00
6	仪器仪表类	140	69.65
7	材料类	285	69.51
8	能源动力类	100	67.57
9	海洋工程类	14	66.67
10	力学类	12	66.67
11	交通运输类	181	66.06
12	地球物理学类	12	63.16
13	机械类	664	63.06
14	环境与安全类	224	61.04
15	土建类	519	58.31
16	水利类	57	52.78
17	地质学类	13	50.00

2006 年度，理工院校专业布点占高校专业布点比例达一半的专业类有 16 个，占高校专业类的 21.92%，如表 7.13。从变化的趋势来看，与 2005 年度相比，地球物理学类、力学类、海洋工程类、能源动力类、航空航天类、地矿类和武器类 7 个专业类专业布点所占比重都有所上升。电气信息类和地质学类专业布点比重则都跌出了 50%。

表 7.13　　2006 年度理工院校专业布点占高校专业布点
比重超过 50% 的专业类　　　　　单位：个,%

排序	专业类	专业布点	占全国布点比例
1	武器类	42	97.67
2	航空航天类	34	85.00

续表

排序	专业类	专业布点	占全国布点比例
3	地矿类	130	76.02
4	测绘类	68	75.56
5	力学类	15	71.43
6	工程力学类	51	69.86
7	海洋工程类	16	69.57
8	地球物理学类	16	69.57
9	材料类	312	69.49
10	仪器仪表类	155	69.20
11	能源动力类	113	68.90
12	交通运输类	202	65.16
13	机械类	735	62.39
14	环境与安全类	246	61.04
15	土建类	569	57.59
16	水利类	61	52.59

2007年度，理工院校专业布点占高校专业布点比例达一半的专业类有17个，占高校专业类的23.29%，如表7.14。从变化的趋势看，与2006年度相比，在这17个专业类中，地质学类、海洋工程类和武器类3个专业类专业布点所占比重都有所上升，其中地质学类专业布点比重又回到50%以上。

表7.14　　2007年度理工院校专业布点占高校专业布点
比重超过50%的专业类　　　　　单位：个,%

排序	专业类	专业布点	占全国布点比例
1	武器类	47	97.92
2	航空航天类	35	77.78
3	地矿类	140	74.47
4	测绘类	74	73.27
5	力学类	15	71.43
6	海洋工程类	17	70.83

续表

排序	专业类	专业布点	占全国布点比例
7	地球物理学类	16	69.57
8	工程力学类	52	69.33
9	材料类	336	68.71
10	仪器仪表类	163	68.20
11	能源动力类	126	66.67
12	交通运输类	216	64.48
13	机械类	799	61.79
14	环境与安全类	260	60.61
15	土建类	613	56.71
16	地质学类	17	53.13
17	水利类	63	52.07

2008年度，理工院校专业布点占高校专业布点比例达一半的专业类有17个，占高校专业类的23.29%，如表7.15。从变化的趋势看，与2007年度相比，在这17个专业类中，工程力学类、能源动力类、地质学类、力学类、航空航天类、地矿类、水利类、材料类、武器类9个专业类专业布点所占比重都有所上升。而下降幅度最大的是测绘类。

表7.15　　2008年度理工院校专业布点占高校专业布点比重超过50%的专业类　　单位：个,%

排序	专业类	专业布点	占全国布点比例
1	武器类	48	97.96
2	航空航天类	37	78.72
3	地矿类	153	75.37
4	力学类	16	72.73
5	工程力学类	57	71.25
6	测绘类	84	71.19
7	海洋工程类	17	70.83
8	地球物理学类	16	69.57
9	材料类	354	68.87

续表

排序	专业类	专业布点	占全国布点比例
10	能源动力类	148	68.52
11	仪器仪表类	167	66.27
12	交通运输类	225	63.56
13	机械类	847	61.11
14	环境与安全类	271	60.22
15	土建类	647	56.46
16	地质学类	18	54.55
17	水利类	48	52.31

2009年度，理工院校专业布点占高校专业布点比例达一半的专业类有17个，占高校专业类的23.29%，如表7.16。从变化的趋势看，与2008年度相比，在这17个专业类中，力学类、海洋工程类、仪器仪表类、工程力学类和土建类5个专业类专业布点所占比重都有所上升。下降幅度最大的是地球物理学类。

表7.16　2009年度理工院校专业布点占高校专业布点比重超过50%的专业类　　单位：个，%

排序	专业类	专业布点	占全国布点比例
1	航空航天类	51	96.23
2	力学类	40	78.43
3	地矿类	17	73.91
4	海洋工程类	161	73.85
5	工程力学类	18	72.00
6	测绘类	59	71.95
7	材料类	88	69.84
8	能源动力类	381	68.53
9	仪器仪表类	156	68.42
10	地球物理学类	176	67.18
11	交通运输类	16	66.67
12	机械类	239	63.56

续表

排序	专业类	专业布点	占全国布点比例
13	环境与安全类	889	60.64
14	土建类	281	59.79
15	地质学类	687	56.59
16	水利类	20	54.05
17	航空航天类	70	51.85

2010年度，理工院校专业布点占高校专业布点比例达一半的专业类有17个，占高校专业类的23.29%，如表7.17。从变化的趋势看，与2009年度相比，在这17个专业类中，地球物理学类、工程力学类和武器类3个专业类专业布点所占比重都有所上升。下降幅度最大的是海洋工程类。

表7.17　　2010年度理工院校专业布点占高校专业布点比重超过50%的专业类　　单位：个，%

排序	专业类	专业布点	占全国布点比例
1	武器类	55	96.49
2	航空航天类	44	77.19
3	力学类	17	73.91
4	地矿类	173	72.38
5	工程力学类	60	72.29
6	测绘类	92	68.15
7	地球物理学类	17	68.00
8	材料类	425	67.25
9	能源动力类	170	66.15
10	仪器仪表类	180	65.69
11	海洋工程类	20	62.50
12	交通运输类	247	62.37
13	机械类	923	59.43
14	环境与安全类	294	58.92
15	土建类	722	55.93

续表

排序	专业类	专业布点	占全国布点比例
16	地质学类	20	54.05
17	水利类	71	50.35

2011年度，理工院校专业布点占高校专业布点比例达一半的专业类有16个，占高校专业类的21.92%，如表7.18。从变化的趋势看，与2010年度相比，只有武器类专业布点所占比重有所上升。水利类专业布点下降幅度较大，其比重跌出了50%。

表7.18　2011年度理工院校专业布点占高校专业布点比重超过50%的专业类　　　　单位：个,%

排序	专业类	专业布点	占全国布点比例
1	武器类	56	96.55
2	航空航天类	46	74.19
3	力学类	17	73.91
4	工程力学类	62	72.09
5	地矿类	191	69.71
6	测绘类	100	66.23
7	材料类	463	65.86
8	能源动力类	195	65.66
9	地球物理学类	17	65.38
10	仪器仪表类	183	64.89
11	交通运输类	260	61.47
12	海洋工程类	22	61.11
13	机械类	973	58.76
14	环境与安全类	301	58.67
15	土建类	771	55.55
16	地质学类	20	54.05

2012年度，理工院校专业布点占高校专业布点比例达一半的专业类有16个，占高校专业类的21.92%，如表7.19。从变化的趋势看，与

2011年度相比，在这16个专业类中，地质学类、交通运输类和工程力学类的专业布点所占比重有所上升。下降幅度最大的是测绘类。

表 7.19　　2012年度理工院校专业布点占高校专业布点
比重超过50%的专业类　　　　　　单位：个，%

排序	专业类	专业布点	占全国布点比例
1	武器类	56	94.92
2	力学类	17	73.91
3	航空航天类	49	73.13
4	工程力学类	65	72.22
5	地矿类	204	69.62
6	仪器仪表类	187	64.71
7	材料类	481	64.56
8	地球物理学类	18	64.29
9	能源动力类	207	63.89
10	测绘类	102	62.96
11	交通运输类	274	61.99
12	海洋工程类	25	59.52
13	机械类	1019	58.40
14	环境与安全类	305	57.77
15	地质学类	24	55.81
16	土建类	800	54.50

1999—2012年度理工院校专业类专业布点占高校专业布点比重发生了一定变化，其中变化最大的前10个专业类如表7.20。理工院校专业类专业布点占全国布点比重增加最多的前5个专业类是力学类、系统学类、天文学类、电子信息科学类和地球物理学类，其中力学类由1999年度的25.00%上升到2012年度的73.91%，增加比例达48.91%。这期间减少最多的专业依次是测绘类、航空航天类、地矿类、土建类和化工与制药类，其中减幅最大的是测绘类，其专业布点比重降低了33.81%。

表 7.20　　1999—2012 年度理工院校专业类专业布点占高校专业布点比重变化最大的前 10 个专业类　　单位：个，%

专业类	1999 年度所占比例	2012 年度所占比例	变化比例
力学类	25.00	73.91	48.91
系统学类	0.00	25.00	25.00
天文学类	0.00	25.00	25.00
电子信息科学类	20.34	41.22	20.88
地球物理学类	50.00	64.29	14.29
测绘类	96.77	62.96	-33.81
航空航天类	100.00	73.13	-26.87
地矿类	91.38	69.62	-21.75
土建类	75.26	54.50	-20.76
化工与制药类	59.46	39.06	-20.40

4. 1999—2012 年度理工院校专业布点增加最多的专业类

1999—2012 年度，理工院校专业布点增加最多的前 10 个专业类分别是电气信息类、工商管理类、机械类、艺术类、土建类、管理科学与工程类、外国语言文学类、经济学类、材料类和电子信息科学类，如表 7.21。其中专业布点增加最多的是电气信息类，增加专业布点 1623 个，增加比例为 263.90%。

表 7.21　　1999—2012 专业布点增加最多的前 10 个专业类　　单位：个，%

专业类	1999 年	2012 年	增加的专业布点	增加的比例
电气信息类	615	2238	1623	263.90
工商管理类	338	1331	993	293.79
机械类	332	1019	687	206.93
艺术类	59	632	573	971.19
土建类	295	800	505	171.19
管理科学与工程类	142	618	476	335.21
外国语言文学类	128	539	411	321.09
经济学类	161	478	317	196.89
材料类	184	481	297	161.41

续表

专业类	1999 年	2012 年	增加的专业布点	增加的比例
电子信息科学类	12	263	251	2091.67

5. 1999—2012 年度理工院校专业布点增长速度最快的专业类

从专业布点增长的幅度看,1999—2012 年度,多数专业类都有较大幅度增长。如表 7.22,1999—2012 年度,专业布点增加比例最大的前 10 个专业类的最低增长幅度为 900%。体育学类 1999 年度只有两个布点,到 2012 年度该专业类的布点达 78 个,其增加布点的比例为 3800%。药学类专业也类似。但是,这些专业类的专业布点都普遍较少。艺术类则不一样,该专业类不仅增加比例超过 900%,而且该专业类的专业布点总数仍较大。可见,1999—2012 年度理工院校的艺术类专业发展迅速。

表 7.22　　1999—2012 专业布点增加比例最大的前 10 个专业类　　单位:个,%

专业类	1999 年	2012 年	增加的专业布点	增加的比例
体育学类	2	78	76	3800.00
药学类	2	44	42	2100.00
电子信息科学类	12	263	251	2091.67
新闻传播学类	11	205	194	1763.64
中国语言文学类	11	176	165	1500.00
社会学类	6	81	75	1250.00
生物科学类	9	100	91	1011.11
艺术类	59	632	573	971.19
环境生态类	3	32	29	966.67
公安技术类	1	10	9	900.00

(三) 2013—2015 年度理工院校分专业类专业布点

1. 2013—2015 年度理工院校各专业类专业布点基本状况

2013 年度理工院校的专业布点覆盖了 88 个专业类,只有民族学类、基础医学类、草学类和艺术学理论类没有专业布点。2014—2015 年度理工院校的专业布点覆盖了 89 个专业类,只有民族学类、草学类和基础医学类没有专业布点。

2. 2013—2015年度理工院校专业布点最多的专业类

2013—2015年度专业布点最多的前10个专业类分别是机械类、工商管理类、电子信息类、计算机类、设计学类、外国语言文学类、材料类、土木类、管理科学与工程类和物流管理与工程类，如表7.23。这与前面所讨论过的1999—2012年度专业布点最多的前10个专业类存在一定差异。

表7.23　　2013—2015年度专业布点最多的前10个专业类　　单位：个

专业类	专业布点		
	2013年	2014年	2015年
机械类	1053	1110	1167
工商管理类	1031	1062	1084
电子信息类	984	1015	1035
计算机类	921	997	1035
设计学类	789	824	852
外国语言文学类	561	608	633
材料类	584	609	627
土木类	547	573	600
管理科学与工程类	492	525	546
物流管理与工程类	308	327	346

3. 2013—2015年度理工院校专业布点比重最大的专业类

2013年度，理工院校专业布点占全国布点比例达一半的专业类有22个，占高校专业类的23.91%，如表7.24。其中布点比例最大的是兵器类，占全国布点的95.00%。

表7.24　　2013年度理工院校专业布点占高校专业布点
比重达50%的专业类　　单位：个，%

排序	专业类	专业布点	占全国布点比例
1	兵器类	57	95.00
2	航空航天类	56	77.78

续表

排序	专业类	专业布点	占全国布点比例
3	力学类	75	73.53
4	安全科学与工程类	110	73.33
5	地质类	109	70.78
6	矿业类	112	67.88
7	地球物理学类	18	66.67
8	仪器类	185	64.69
9	测绘类	102	63.75
10	能源动力类	166	62.41
11	交通运输类	211	62.24
12	材料类	584	59.23
13	机械类	1053	58.53
14	核工程类	30	57.69
15	自动化类	289	57.34
16	土木类	547	56.92
17	轻工类	87	55.06
18	电气类	296	54.11
19	海洋工程类	23	53.49
20	地质学类	26	53.06
21	水利类	84	52.17
22	工业工程类	5	50.00

2014年度，理工院校专业布点占全国布点比例达一半的专业类有21个，占高校专业类的22.83%，如表7.25。从变化的趋势看，与2013年度相比，各专业布点所占比重变化不大。

表7.25　2014年度理工院校专业布点占高校专业布点比重达50%的专业类

单位：个,%

排序	专业类	专业布点	占全国布点比例
1	兵器类	58	95.08
2	航空航天类	56	77.78

续表

排序	专业类	专业布点	占全国布点比例
3	安全科学与工程类	114	73.55
4	力学类	75	73.53
5	地质类	116	71.17
6	矿业类	116	67.05
7	地球物理学类	18	66.67
8	仪器类	189	64.95
9	测绘类	109	63.37
10	交通运输类	220	62.86
11	能源动力类	177	62.32
12	材料类	609	59.24
13	机械类	1110	58.45
14	核工程类	30	57.69
15	自动化类	290	57.20
16	土木类	573	56.68
17	轻工类	89	54.94
18	电气类	313	54.53
19	海洋工程类	23	53.49
20	地质学类	26	53.06
21	水利类	90	52.33

2015年度，理工院校专业布点占高校专业布点比例达一半的专业类有21个，占高校专业类的22.83%，如表7.26。从变化的趋势看，与2014年度相比，大部分专业类专业布点变化较小。下降幅度最大的是地球物理学类，其下降比例为2.38%。

表7.26　　2015年度理工院校专业布点占高校专业布点比重达50%的专业类　　单位：个，%

排序	专业类	专业布点	占全国布点比例
1	兵器类	58	95.08
2	航空航天类	59	76.62

续表

排序	专业类	专业布点	占全国布点比例
3	安全科学与工程类	117	73.13
4	力学类	76	72.38
5	地质类	122	71.35
6	矿业类	120	67.04
7	仪器类	189	65.40
8	地球物理学类	18	64.29
9	交通运输类	224	62.92
10	测绘类	109	62.64
11	能源动力类	186	62.21
12	材料类	627	58.65
13	机械类	1167	58.20
14	核工程类	30	57.69
15	自动化类	294	56.98
16	土木类	600	56.55
17	轻工类	90	54.22
18	海洋工程类	26	54.17
19	电气类	321	53.68
20	地质学类	26	52.00
21	水利类	91	52.00

4. 2013—2015年度理工院校专业布点增加最多的专业类

2013—2015年度，理工院校专业布点增加最多的前10个专业类如表7.27。布点增加最多的是机械类专业，其次是计算机类专业，这两类增加的专业布点均超过了100个。这两年间，这10个专业类专业布点的实际增长较少。

表7.27　　　　2013—2015年度专业布点增加最多的
前10个专业类　　　　　　单位：个,%

专业类	2013年	2015年	增加的专业布点	增加的比例
机械类	1053	1167	114	10.83

续表

专业类	2013年	2015年	增加的专业布点	增加的比例
计算机类	921	1035	114	12.38
外国语言文学类	561	633	72	12.83
设计学类	789	852	63	7.98
管理科学与工程类	492	546	54	10.98
土木类	547	600	53	9.69
工商管理类	1031	1084	53	5.14
电子信息类	984	1035	51	5.18
材料类	584	627	43	7.36
物流管理与工程类	308	346	38	12.34

5. 2013—2015年度理工院校专业布点增长速度最快的专业类

2013—2015年度，各专业类专业布点的增幅都较小，如表7.28。而增幅高的专业类其专业布点总数也都比较少。

表7.28　　　　2013—2015年度专业布点增加比例
最大的前5个专业类　　　　单位：个，%

专业类	2013年	2015年	增加的专业布点	增加的比例
图书情报与档案管理类	2	4	2	100.00
工业工程类	5	8	3	60.00
医学技术类	13	20	7	53.85
财政学类	8	10	2	25.00
水产类	4	5	1	25.00

四　1994—2015年度理工院校具体专业布点

（一）1994—1998年度理工院校具体专业布点

1. 理工院校设置的本科专业种数

1994—1998年度，理工院校专业设置的种数逐年增加，各年度专业设置的种数占全国高校本科专业种数的比例呈逐年上升趋势，但上升幅度较低，如图7.25。

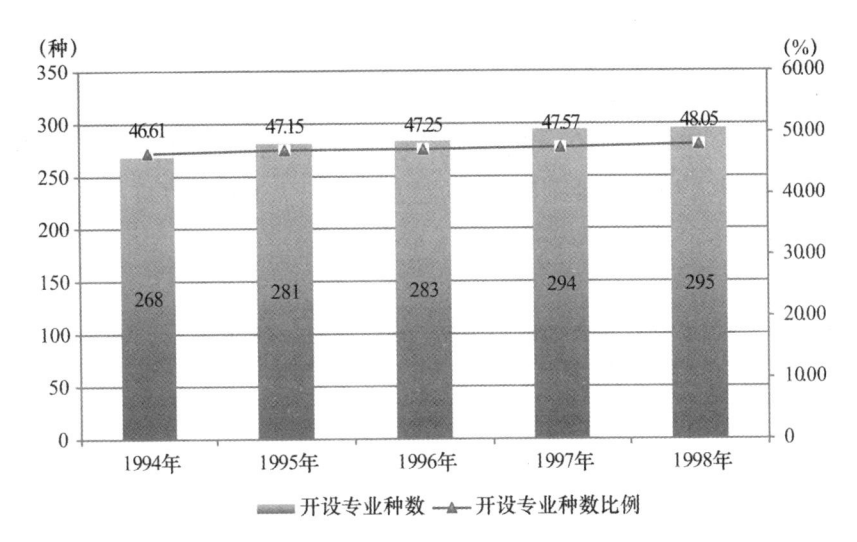

图 7.25　1994—1998 年度理工院校专业种数及其占全国专业种数的比例

1994 年度，理工院校设置的专业共 268 种，其专业种数占全国当年度设置的本科专业种数的 46.61%；1998 年度理工院校设置的专业种数 295 种，当年度全国设置的本科专业有 614 种，理工院校设置的本科专业种数占全国专业设置种数的 48.05%。理工院校设置的专业种类越来越多。

2. 理工院校中较集中设置的本科专业

1994 年度，一半以上的理工院校设置的本科专业有 4 种，分别是机械设计及制造、工业自动化、计算机及应用和管理工程专业，如表 7.29。其中布点最多的是机械设计及制造专业，该专业的高校覆盖率为 70.85%。

表 7.29　　　　1994 年度一半以上的理工院校设置的本科专业　　　单位：个，%

排序	专业	专业布点	高校覆盖率
1	机械设计及制造	141	70.85
2	工业自动化	133	66.83
3	计算机及应用	128	64.32
4	管理工程	116	58.29

1995年度，一半以上的理工院校设置的本科专业有4种。与1994年度相同，分别是计算机及应用、机械设计及制造、工业自动化和管理工程专业，如表7.30。与1994年度相比，机械设计及制造专业的高校覆盖率略有下降，其余3个专业则都有不同程度的提升，其中计算机及应用专业布点增加最多，其高校覆盖率提高了8.88%。

表7.30　　1995年度一半以上的理工院校设置的本科专业　　单位：个，%

排序	专业	专业布点	高校覆盖率
1	计算机及应用	142	73.20
2	机械设计及制造	137	70.62
3	工业自动化	133	68.56
4	管理工程	119	61.34

1996年度，一半以上的理工院校设置的本科专业有7种，如表7.31。与1995年度相比，机械设计及制造专业的高校覆盖率略有下降，其余专业则都有所提升。其中机械电子工程专业和会计学专业上升比例较大，其专业的高校覆盖率首次超过50%。

表7.31　　1996年度一半以上的理工院校设置的本科专业　　单位：个，%

排序	专业	专业布点	高校覆盖率
1	计算机及应用	153	79.27
2	工业自动化	135	69.95
3	机械设计及制造	133	68.91
4	管理工程	124	64.25
5	机械电子工程	106	54.92
6	建筑工程	100	51.81
7	会计学	100	51.81

1997年度，一半以上的理工院校设置的本科专业有7种，如表7.32。与1996年度相比，会计学和管理工程专业的高校覆盖率有所上升，其余专业则都有不同程度的下降。

表 7.32　　1997 年度一半以上的理工院校设置的本科专业　　单位：个,%

排序	专业	专业布点	高校覆盖率
1	计算机及应用	146	77.25
2	工业自动化	127	67.20
3	管理工程	123	65.08
4	机械设计及制造	120	63.49
5	会计学	113	59.79
6	建筑工程	97	51.32
7	机械电子工程	96	50.79

1998 年度，一半以上的理工院校设置的本科专业有 8 种，如表 7.33。与 1997 年度相比，机械设计及制造和计算机及应用专业的高校覆盖率略有下降，其余专业则都有不同程度的上升。其中英语专业的高校覆盖率增加 7.69%，达到 52.66%。

1994—1998 年度，一半以上的理工院校设置的本科专业种数有所增加，从 1994 年的 4 种增加到 1998 年的 8 种，这些专业增长的速度存在一定差异。

表 7.33　　1998 年度一半以上的理工院校设置的本科专业　　单位：个,%

排序	专业	专业布点	高校覆盖率
1	计算机及应用	144	76.60
2	工业自动化	129	68.62
3	管理工程	126	67.02
4	会计学	120	63.83
5	机械设计及制造	119	63.30
6	英语	99	52.66
7	机械电子工程	98	52.13
8	建筑工程	97	51.60

3. 较集中在理工院校设置的本科专业

如表 7.34，1994 年度，专业布点占全国布点 50% 以上的专业共 178 种，占当年度设置专业的 66.42%。其中，理工院校布点占 80% 以上的专业有109种，只有理工院校设置的专业有70种。到1998年度，专业布点占全国布点50%以上的专业共186种，占当年度设置专业的63.05%。其中，理工院校布点占80%以上的专业有112种，只有理工院校设置的专业有68种。

表7.34　　　　　较集中在理工院校设置的本科专业　　　　单位：种,%

年度	布点占全国50%的专业 种数	占设置专业种数比	布点占全国80%以上的专业种数	布点占全国100%的专业种数
1994	178	66.42	109	70
1995	178	63.35	110	71
1996	177	62.54	107	71
1997	186	63.27	113	72
1998	186	63.05	112	68

4. 增长的本科专业

1994—1998年度，理工院校布点增加的专业有129种，这129种专业平均增加7.21个布点。专业布点增加最多的前26种专业，如表7.35。在这5年中，专业布点没有发生变化的有88种专业。

表7.35　　1994—1998年度理工院校专业布点增加最多的前26种专业　　　　单位：个,%

专业	1994年	1998年	增加的专业布点	增加的比例
会计学	67	120	53	79.10
英语	48	99	51	106.25
经济法	16	55	39	243.75
市场营销	23	55	32	139.13
机械电子工程	69	98	29	42.03
环境工程	40	67	27	67.50
计算数学及其应用软件	9	32	23	255.56
工业设计	25	48	23	92.00
信息工程	18	40	22	122.22

续表

专业	1994年	1998年	增加的专业布点	增加的比例
应用电子技术	40	61	21	52.50
工业外贸	35	54	19	54.29
环境艺术设计	4	20	16	400.00
计算机及应用	128	144	16	12.50
机械工程及自动化	0	16	16	—
国际贸易	18	33	15	83.33
投资经济	8	22	14	175.00
精细化工	45	59	14	31.11
计算机科学与技术	1	14	13	1300.00
贸易经济	8	21	13	162.50
无机非金属材料	30	43	13	43.33
通信工程	39	52	13	33.33
化学工程与工艺	1	13	12	1200.00
行政管理学	4	16	12	300.00
国际金融	6	18	12	200.00
设备工程与管理	11	23	12	109.09
电子与信息技术	0	12	12	—

从专业布点增加的速度看，1994—1998年度理工院校专业布点增加比例超过50%的专业共75种，其中增加比例超过100%的专业共50种。

1994—1998年度理工院校新设置的本科专业共31种，占1998年度理工院校所设置专业种数的5.05%。

5. 布点减少或撤销的本科专业

1994—1998年度，理工院校布点减少的专业有50种，其中撤销的专业有4种，分别是几何量计量测试、力学计量测试、能源工程和计算机器件及设备专业。

(二) 1999—2012年度理工院校具体专业布点

1. 理工院校设置的本科专业种数

1999—2012年度，理工院校专业设置的种数逐年增加，各年度专业设置的种数占全国高校本科专业种数的50%，比1994—1998年度有所增加，如图7.26。

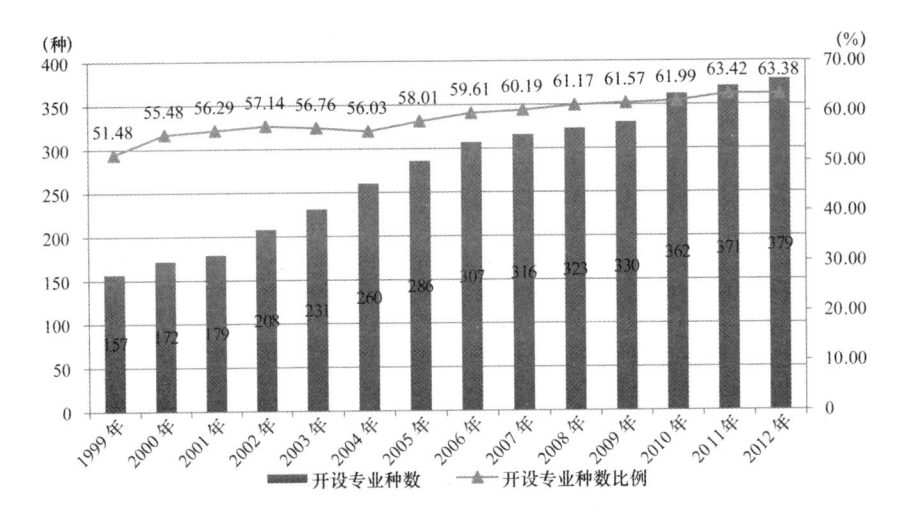

图7.26 1999—2012年度理工院校专业种数及其占全国专业种数的比例

经过1998年全国高校本科专业的调整，1999年度全国高校共设置本科专业305种，比1998年度减少了50%。1999年度理工院校设置的专业共157种，其专业种数占全国当年度设置的本科专业种数的51.48%。到2012年度理工院校设置的专业种数达379种，占当年度全国专业设置种数的63.38%。这表明理工院校设置的专业越来越全面，有更强的综合性。

2. 理工院校中较集中设置的本科专业

1999年度，一半以上的理工院校设置的本科专业有9种，如表7.36。其中布点最多的是计算机科学与技术专业，该专业的高校覆盖率为93.37%。在1999年度的181所理工院校中仅12所院校没有设置计算机科学与技术专业。

表7.36　　　1999年度一半以上的理工院校设置的本科专业　　　单位：个,%

排序	专业	专业布点	高校覆盖率
1	计算机科学与技术	169	93.37

续表

排序	专业	专业布点	高校覆盖率
2	自动化	142	78.45
3	机械设计制造及其自动化	133	73.48
4	工商管理	131	72.38
5	会计学	116	64.09
6	土木工程	111	61.33
7	电子信息工程	109	60.22
8	英语	105	58.01
9	化学工程与工艺	97	53.59

2000年度，一半以上的理工院校设置的本科专业有12种，如表7.37。与1999年度相比，自动化、机械设计制造及其自动化、化学工程与工艺、会计学和土木工程专业的高校覆盖率略有下降，其余专业则都有所提升；其中工业设计、环境工程和电气工程及其自动化专业上升比例较大，其高校覆盖率首次超过50%。特别是工业设计专业，其高校覆盖率从1999年度的38.12%一跃上升到2000年度的53.80%，提高了15.68%。

表7.37　　2000年度一半以上的理工院校设置的本科专业　　单位：个，%

排序	专业	专业布点	高校覆盖率
1	计算机科学与技术	162	94.74
2	自动化	133	77.78
3	工商管理	127	74.27
4	机械设计制造及其自动化	124	72.51
5	电子信息工程	116	67.84
6	英语	116	67.84
7	会计学	106	61.99
8	土木工程	100	58.48
9	工业设计	92	53.80
10	化学工程与工艺	89	52.05

续表

排序	专业	专业布点	高校覆盖率
11	环境工程	89	52.05
12	电气工程及其自动化	87	50.88

2001年度，一半以上的理工院校设置的本科专业有16种，如表7.38。与2000年度相比，所有专业的高校覆盖率都在上升，其中上升比例超过10%的专业有4种，分别是信息管理与信息系统、信息与计算机科学、工业设计和环境工程。信息管理与信息系统、信息与计算机科学、通信工程和测控技术与仪器4种专业的高校覆盖率首次达到50%及以上。

表7.38　　2001年度一半以上的理工院校设置的本科专业　　单位：个，%

排序	专业	专业布点	高校覆盖率
1	计算机科学与技术	162	96.43
2	自动化	136	80.95
3	英语	128	76.19
4	电子信息工程	127	75.60
5	工商管理	127	75.60
6	机械设计制造及其自动化	123	73.21
7	工业设计	111	66.07
8	会计学	109	64.88
9	环境工程	107	63.69
10	信息与计算科学	103	61.31
11	土木工程	101	60.12
12	信息管理与信息系统	98	58.33
13	电气工程及其自动化	96	57.14
14	化学工程与工艺	89	52.98
15	通信工程	89	52.98
16	测控技术与仪器	84	50.00

2002年度，一半以上的理工院校设置的本科专业有19种，如表7.39。与2001年度相比，工商管理、计算机科学与技术、会计学、电气

工程及其自动化、自动化、化学工程与工艺和机械设计制造及其自动化专业的高校覆盖率略有下降，其余专业则都有所提升。专业布点高校覆盖率上升比例超过10%的专业有4种，分别是信息与计算科学、国际经济与贸易、英语和信息管理与信息系统专业。其中国际经济与贸易、法学和艺术设计专业的高校覆盖率首次超过50%。

表7.39　　　2002年度一半以上的理工院校设置的本科专业　　单位：个,%

排序	专业	专业布点	高校覆盖率
1	计算机科学与技术	169	96.02
2	英语	157	89.20
3	电子信息工程	141	80.11
4	自动化	140	79.55
5	工商管理	133	75.57
6	信息与计算科学	132	75.00
7	工业设计	128	72.73
8	机械设计制造及其自动化	125	71.02
9	信息管理与信息系统	124	70.45
10	环境工程	120	68.18
11	会计学	113	64.20
12	国际经济与贸易	110	62.50
13	土木工程	109	61.93
14	通信工程	105	59.66
15	电气工程及其自动化	99	56.25
16	测控技术与仪器	99	56.25
17	法学	92	52.27
18	化学工程与工艺	90	51.14
19	艺术设计	89	50.57

2003年度，一半以上的理工院校设置的本科专业有20种，如表7.40。与2002年度相比，计算机科学与技术和机械设计制造及其自动化专业的高校覆盖率略有下降，其余专业则都有所提升。其中市场营销专业的高校覆盖率上升了7.46%，该专业的高校覆盖率首次超过50%。

表7.40　　　2003年度一半以上的理工院校设置的本科专业　　　单位：个，%

排序	专业	专业布点	高校覆盖率
1	计算机科学与技术	166	95.40
2	英语	160	91.95
3	电子信息工程	149	85.63
4	自动化	144	82.76
5	工商管理	138	79.31
6	信息与计算科学	137	78.74
7	信息管理与信息系统	132	75.86
8	工业设计	131	75.29
9	国际经济与贸易	125	71.84
10	环境工程	124	71.26
11	机械设计制造及其自动化	121	69.54
12	通信工程	115	66.09
13	会计学	112	64.37
14	土木工程	111	63.79
15	测控技术与仪器	108	62.07
16	电气工程及其自动化	107	61.49
17	法学	101	58.05
18	市场营销	99	56.90
19	艺术设计	97	55.75
20	化学工程与工艺	89	51.15

2004年度，一半以上的理工院校设置的本科专业有18种，如表7.41。与2003年度相比，只有艺术设计专业的高校覆盖率有所提升。专业高校覆盖率降幅较大的专业依次是工业设计、信息与计算科学、环境工程、测控技术与仪器、自动化、化学工程与工艺、工商管理、信息管理与信息系统和电子信息工程，这9种专业的高校覆盖率均下降超过10%，其中工业设计专业的高校覆盖率下降了22.27%。测控技术与仪器和化学工程与工艺两种专业的高校覆盖率下降到少于50%。

表7.41　　2004年度一半以上的理工院校设置的本科专业　　单位：个，%

排序	专业	专业布点	高校覆盖率
1	计算机科学与技术	264	93.95
2	英语	237	84.34
3	电子信息工程	212	75.44
4	自动化	193	68.68
5	国际经济与贸易	192	68.33
6	工商管理	185	65.84
7	信息管理与信息系统	179	63.70
8	机械设计制造及其自动化	177	62.99
9	信息与计算科学	167	59.43
10	会计学	166	59.07
11	土木工程	164	58.36
12	通信工程	163	58.01
13	艺术设计	162	57.65
14	法学	156	55.52
15	市场营销	155	55.16
16	环境工程	151	53.74
17	电气工程及其自动化	151	53.74
18	工业设计	149	53.02

2005年度，一半以上的理工院校设置的本科专业有18种，如表7.42。与2004年度相比，所有专业的高校覆盖率均有所提升，其中市场营销专业的高校覆盖率提升最高，提升了6.14%。

表7.42　　2005年度一半以上的理工院校设置的本科专业　　单位：个，%

排序	专业	专业布点	高校覆盖率
1	计算机科学与技术	283	96.92
2	英语	254	86.99
3	电子信息工程	231	79.11
4	自动化	208	71.23
5	国际经济与贸易	203	69.52

续表

排序	专业	专业布点	高校覆盖率
6	机械设计制造及其自动化	198	67.81
7	工商管理	195	66.78
8	信息管理与信息系统	192	65.75
9	土木工程	184	63.01
10	艺术设计	180	61.64
11	市场营销	179	61.30
12	信息与计算科学	178	60.96
13	会计学	178	60.96
14	通信工程	177	60.62
15	电气工程及其自动化	169	57.88
16	法学	163	55.82
17	环境工程	159	54.45
18	工业设计	158	54.11

2006年度，一半以上的理工院校设置的本科专业有19种，如表7.43。与2005年度相比，计算机科学与技术、工商管理、会计学、法学和信息与计算科学专业的高校覆盖率有所下降。市场营销专业的高校覆盖率提升最高，提升了7.53%，该专业布点连续两年都有较大增长，其专业的高校覆盖率达68.83%。此外，测控技术与仪器专业高校覆盖率提升了2.40%，正好达到50%。

表7.43　　2006年度一半以上的理工院校设置的本科专业　　单位：个,%

排序	专业	专业布点	高校覆盖率
1	计算机科学与技术	297	96.43
2	英语	281	91.23
3	电子信息工程	247	80.19
4	自动化	224	72.73
5	国际经济与贸易	224	72.73
6	机械设计制造及其自动化	209	67.86

续表

排序	专业	专业布点	高校覆盖率
7	工商管理	203	65.91
8	信息管理与信息系统	204	66.23
9	土木工程	201	65.26
10	艺术设计	202	65.58
11	市场营销	212	68.83
12	信息与计算科学	183	59.42
13	会计学	185	60.06
14	通信工程	193	62.66
15	电气工程及其自动化	181	58.77
16	法学	168	54.55
17	环境工程	169	54.87
18	工业设计	169	54.87
19	测控技术与仪器	154	50.00

2007年度，一半以上的理工院校设置的本科专业有20种，如表7.44。与2006年度相比，只有法学和英语两种专业的高校覆盖率有所下降。其中工程管理专业布点的高校覆盖率上升了3.54%，超过了50%。

表7.44　　2007年度一半以上的理工院校设置的本科专业　　单位：个,%

排序	专业	专业布点	高校覆盖率
1	计算机科学与技术	304	96.82
2	英语	284	90.45
3	电子信息工程	258	82.17
4	自动化	239	76.11
5	国际经济与贸易	233	74.20
6	市场营销	227	72.29
7	机械设计制造及其自动化	224	71.34
8	艺术设计	219	69.75
9	信息管理与信息系统	211	67.20

续表

排序	专业	专业布点	高校覆盖率
10	工商管理	208	66.24
11	通信工程	208	66.24
12	土木工程	205	65.29
13	电气工程及其自动化	196	62.42
14	会计学	190	60.51
15	信息与计算科学	188	59.87
16	工业设计	180	57.32
17	环境工程	177	56.37
18	法学	169	53.82
19	测控技术与仪器	162	51.59
20	工程管理	162	51.59

2008年度，一半以上的理工院校设置的本科专业有20种，如表7.45。与2007年度相比，电子信息工程、英语、工程管理、工业设计、艺术设计、电气工程及其自动化、土木工程和市场营销8种专业的高校覆盖率有所上升，其余专业的高校覆盖率有所下降，各专业下降幅度和上升幅度都较小。

表7.45　　2008年度一半以上的理工院校设置的本科专业　　单位：个，%

排序	专业	专业布点	高校覆盖率
1	计算机科学与技术	311	96.28
2	英语	296	91.64
3	电子信息工程	270	83.59
4	自动化	242	74.92
5	国际经济与贸易	238	73.68
6	市场营销	235	72.76
7	机械设计制造及其自动化	230	71.21
8	艺术设计	228	70.59
9	信息管理与信息系统	216	66.87
10	土木工程	213	65.94

续表

排序	专业	专业布点	高校覆盖率
11	通信工程	211	65.33
12	工商管理	209	64.71
13	电气工程及其自动化	204	63.16
14	会计学	194	60.06
15	信息与计算科学	192	59.44
16	工业设计	188	58.20
17	环境工程	181	56.04
18	工程管理	170	52.63
19	法学	169	52.32
20	测控技术与仪器	166	51.39

2009 年度，一半以上的理工院校设置的本科专业有 20 种，如表 7.46。与 2008 年度相比，法学和机械设计制造及其自动化两种专业的高校覆盖率有所下降，其余专业有所上升。

表 7.46　　2009 年度一半以上的理工院校设置的本科专业　　单位：个，%

排序	专业	专业布点	高校覆盖率
1	计算机科学与技术	314	96.62
2	英语	299	92.00
3	电子信息工程	273	84.00
4	自动化	248	76.31
5	市场营销	244	75.08
6	国际经济与贸易	243	74.77
7	艺术设计	241	74.15
8	机械设计制造及其自动化	231	71.08
9	电气工程及其自动化	227	69.85
10	信息管理与信息系统	221	68.00
11	土木工程	220	67.69
12	通信工程	215	66.15
13	工商管理	215	66.15

续表

排序	专业	专业布点	高校覆盖率
14	会计学	197	60.62
15	信息与计算科学	195	60.00
16	工业设计	192	59.08
17	环境工程	183	56.31
18	工程管理	181	55.69
19	测控技术与仪器	173	53.23
20	法学	169	52.00

2010年度，一半以上的理工院校设置的本科专业有20种，如表7.47。与2009年度相比，计算机科学与技术、艺术设计和信息管理与信息系统专业的高校覆盖率有所下降，其余专业有所上升，各专业高校覆盖率变化都较小。

表7.47　2010年度一半以上的理工院校设置的本科专业　　单位：个,%

排序	专业	专业布点	高校覆盖率
1	计算机科学与技术	313	96.60
2	英语	301	92.90
3	电子信息工程	273	84.26
4	自动化	252	77.78
5	市场营销	247	76.23
6	国际经济与贸易	246	75.93
7	艺术设计	240	74.07
8	机械设计制造及其自动化	232	71.60
9	电气工程及其自动化	235	72.53
10	信息管理与信息系统	220	67.90
11	土木工程	226	69.75
12	通信工程	221	68.21
13	工商管理	215	66.36
14	会计学	206	63.58
15	信息与计算科学	195	60.19

续表

排序	专业	专业布点	高校覆盖率
16	工业设计	198	61.11
17	环境工程	186	57.41
18	工程管理	192	59.26
19	测控技术与仪器	176	54.32
20	法学	169	52.16

2011年度，一半以上的理工院校设置的本科专业有21种，如表7.48。与2010年度相比，软件工程、通信工程、工业设计、工程管理、机械设计制造及其自动化、电气工程及其自动化、艺术设计、土木工程和计算机科学与技术9种专业的高校覆盖率有所上升。其中软件工程专业的高校覆盖率上升幅度最大，首次超过了50%。其余专业的高校覆盖率有所下降，但下降幅度都较小。

表7.48　　2011年度一半以上的理工院校设置的本科专业　　单位：个，%

排序	专业	专业布点	高校覆盖率
1	计算机科学与技术	320	96.68
2	英语	304	91.84
3	电子信息工程	278	83.99
4	自动化	255	77.04
5	市场营销	251	75.83
6	国际经济与贸易	248	74.92
7	艺术设计	247	74.62
8	电气工程及其自动化	242	73.11
9	机械设计制造及其自动化	239	72.21
10	通信工程	233	70.39
11	土木工程	231	69.79
12	信息管理与信息系统	224	67.67
13	工商管理	216	65.26
14	会计学	210	63.44
15	工业设计	207	62.54

续表

排序	专业	专业布点	高校覆盖率
16	工程管理	199	60.12
17	信息与计算科学	195	58.91
18	环境工程	187	56.50
19	测控技术与仪器	179	54.08
20	软件工程	176	53.17
21	法学	169	51.06

2012年度，一半以上的理工院校设置的本科专业有23种，如表7.49。与2011年度相比，软件工程、电气工程及其自动化、工程管理、材料成型及控制工程、财务管理、通信工程、会计学、测控技术与仪器、艺术设计和机械设计制造及其自动化10种专业的高校覆盖率有所上升，其中材料成型及控制工程和财务管理专业的高校覆盖率上升到50%以上。其余专业的高校覆盖率有所下降，不过，下降幅度都较小。

表7.49　　2012年度一半以上的理工院校设置的本科专业　　单位：个,%

排序	专业	专业布点	高校覆盖率
1	计算机科学与技术	323	95.85
2	英语	307	91.10
3	电子信息工程	282	83.68
4	自动化	259	76.85
5	电气工程及其自动化	258	76.56
6	市场营销	255	75.67
7	艺术设计	253	75.07
8	国际经济与贸易	248	73.59
9	机械设计制造及其自动化	244	72.40
10	通信工程	242	71.81
11	土木工程	234	69.44
12	信息管理与信息系统	227	67.36
13	工商管理	217	64.39
14	会计学	215	63.80

续表

排序	专业	专业布点	高校覆盖率
15	工程管理	210	62.31
16	工业设计	208	61.72
17	软件工程	197	58.46
18	信息与计算科学	196	58.16
19	环境工程	188	55.79
20	测控技术与仪器	183	54.30
21	材料成型及控制工程	174	51.63
22	财务管理	173	51.34
23	法学	169	50.15

1999—2012年度，一半以上的理工院校都设置的本科专业发生了一定变化。1999年度一半以上的理工院校设置的专业有9种，到2012年度一半以上的理工院校设置的本科专业增加到23种。从专业的高校覆盖率看，各专业发生了较大变化，如表7.50。

表7.50　　1999—2012年度一半以上的理工院校设置的
本科专业变化状况　　单位:%

专业	1999年高校覆盖率	2012年高校覆盖率	变化幅度
软件工程	0.00	58.46	58.46
财务管理	6.63	51.34	44.71
艺术设计	30.39	75.07	44.69
市场营销	32.60	75.67	43.07
通信工程	32.04	71.81	39.77
信息管理与信息系统	29.28	67.36	38.08
英语	58.01	91.10	33.09
电气工程及其自动化	44.75	76.56	31.81
工程管理	31.49	62.31	30.82
国际经济与贸易	46.41	73.59	27.18
信息与计算科学	31.49	58.16	26.67
工业设计	38.12	61.72	23.60

续表

专业	1999年高校覆盖率	2012年高校覆盖率	变化幅度
电子信息工程	60.22	83.68	23.46
应用化学	25.41	47.18	21.77
材料成型及控制工程	32.04	51.63	19.59
法学	35.36	50.15	14.79
测控技术与仪器	42.54	54.30	11.76
环境工程	45.30	55.79	10.48
土木工程	61.33	69.44	8.11
计算机科学与技术	93.37	95.85	2.48
会计学	64.09	63.80	-0.29
机械设计制造及其自动化	73.48	72.40	-1.08
自动化	78.45	76.85	-1.60
工商管理	72.38	64.39	-7.98
化学工程与工艺	53.59	43.32	-10.27

3. 较集中在理工院校设置的本科专业

1999年度专业布点占全国布点50%以上的专业共74种，占当年度设置专业的47.13%，如表7.51。其中，理工院校布点占80%以上的专业有32种，只有理工院校设置的专业共18种。到2012年度，较集中在理工院校设置的本科专业有了进一步的增加，专业布点占全国布点50%以上的专业共161种，占当年度设置专业的42.15%。其中，理工院校布点占80%以上的专业有47种，只有理工院校设置的专业共35种。

表7.51　　1999—2012年度较集中在理工院校设置的本科专业　　单位：种，%

年度	布点占全国50%以上的专业		布点占全国80%以上的专业种数	布点占全国100%的专业种数
	种数	占设置专业种数比例		
1999	74	47.13	32	18
2000	71	41.28	28	17
2001	75	41.90	26	17
2002	92	44.23	37	27
2003	103	44.59	38	29

续表

年度	布点占全国50%以上的专业 种数	占设置专业种数比例	布点占全国80%以上的专业种数	布点占全国100%的专业种数
2004	119	45.77	44	34
2005	129	45.10	48	38
2006	142	46.25	49	37
2007	141	44.62	44	35
2008	142	43.96	44	33
2009	146	44.24	45	36
2010	165	45.58	59	45
2011	162	43.55	51	38
2012	161	42.15	47	35

4. 增长的本科专业

（1）如表7.52，1999—2012年度，专业布点增加最多的前25种专业共增加3708个布点，这25种专业所增加的布点占所有新增布点的38.53%。这表明理工院校专业增加的集中趋势较明显。

表7.52　　1999—2012年度专业布点增加最多的前25种专业　　单位：个，%

专业	1999年	2012年	增加的专业布点	增加的比例
英语	27	307	202	192.38
艺术设计	67	253	198	360.00
软件工程	65	197	197	—
市场营销	26	255	196	332.20
通信工程	51	242	184	317.24
电气工程及其自动化	66	258	177	218.52
信息管理与信息系统	38	227	174	328.30
电子信息工程	32	282	173	158.72
国际经济与贸易	14	248	164	195.24
财务管理	32	173	161	1341.67
计算机科学与技术	25	323	154	91.12
工程管理	14	210	153	268.42

续表

专业	1999年	2012年	增加的专业布点	增加的比例
网络工程	18	141	141	—
工业设计	49	208	139	201.45
信息与计算科学	42	196	139	243.86
电子商务	31	128	128	—
土木工程	66	234	123	110.81
自动化	51	259	117	82.39
日语	8	131	117	835.71
材料成型及控制工程	4	174	116	200.00
物流管理	8	114	114	—
应用化学	58	159	113	245.65
机械设计制造及其自动化	0	244	111	83.46
动画	31	110	110	—
工业工程	16	135	107	382.14

（2）1999—2012年度理工院校不断增加新专业的设置，在这期间新设置的专业共222种，占理工院校2012年度专业总数的58.58%。

5. 布点减少或撤销的本科专业

（1）1999—2012年度，理工院校只有农业机械化及其自动化专业布点是减少的，该专业布点减少1个。

（2）1999—2012年度，理工院校撤销了中国革命史与中国共产党党史和农业建筑环境与能源工程专业。

（三）2013—2015年度理工院校具体专业布点

1. 理工院校设置的本科专业种数

2013—2015年度，理工院校专业设置的种数逐年增加，各年度专业设置的种数占全国高校本科专业种数的比重也有所增加，如图7.27。

2013年度，理工院校设置的专业共344种，其专业种数占全国当年度设置的本科专业种数的67.72%。2015年度，理工院校设置的专业共359种，其专业种数占全国当年度设置的本科专业种数的69.57%。这表明理工院校设置的专业越来越全面，综合性更强。

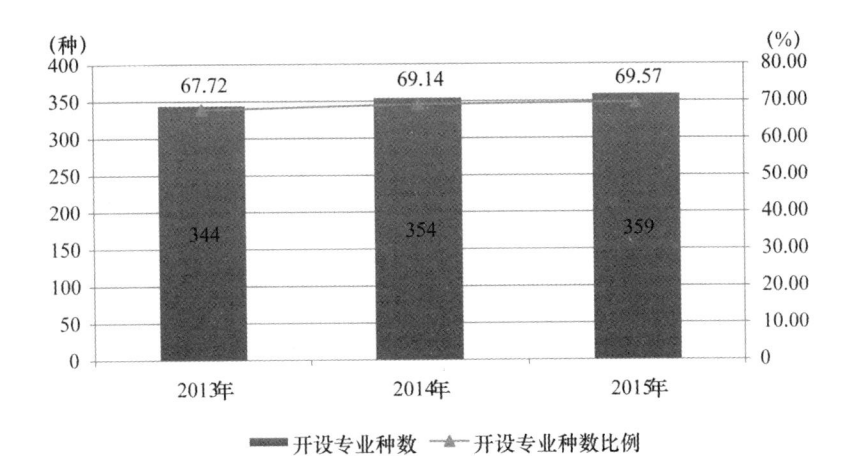

图7.27 2013—2015年度理工院校专业种数及其占全国专业种数的比例

2. 理工院校中较集中设置的本科专业

2013年度，一半以上的理工院校设置的本科专业有24种，如表7.53。其中布点最多的是计算机科学与技术专业，该专业的高校覆盖率达94.69%。在2013年度的339所理工院校中仅18所院校没开设计算机科学与技术专业。

表7.53　　　2013年度一半以上的理工院校设置的本科专业　　　单位：个，%

排序	专业	专业布点	高校覆盖率
1	计算机科学与技术	321	94.69
2	英语	301	88.79
3	电子信息工程	278	82.01
4	电气工程及其自动化	277	81.71
5	市场营销	253	74.63
6	自动化	252	74.34
7	机械设计制造及其自动化	246	72.57
8	国际经济与贸易	243	71.68
9	通信工程	242	71.39
10	土木工程	234	69.03
11	环境设计	233	68.73
12	视觉传达设计	217	64.01

续表

排序	专业	专业布点	高校覆盖率
13	信息管理与信息系统	216	63.72
14	工商管理	214	63.13
15	会计学	213	62.83
16	工程管理	209	61.65
17	软件工程	207	61.06
18	财务管理	188	55.46
19	环境工程	186	54.87
20	测控技术与仪器	185	54.57
21	信息与计算科学	185	54.57
22	材料成型及控制工程	181	53.39
23	产品设计	180	53.10
24	工业设计	178	52.51

2014年度，一半以上的理工院校设置的本科专业有24种，如表7.54。与2013年度相比，所有专业的高校覆盖率都有所下降。

表7.54　　2014年度一半以上的理工院校设置的本科专业　　单位：个,%

排序	专业	专业布点	高校覆盖率
1	计算机科学与技术	325	91.81
2	英语	304	85.88
3	电气工程及其自动化	286	80.79
4	电子信息工程	285	80.51
5	市场营销	261	73.73
6	机械设计制造及其自动化	256	72.32
7	自动化	252	71.19
8	通信工程	248	70.06
9	国际经济与贸易	247	69.77
10	土木工程	239	67.51
11	环境设计	236	66.67
12	视觉传达设计	222	62.71

续表

排序	专业	专业布点	高校覆盖率
13	信息管理与信息系统	219	61.86
14	软件工程	218	61.58
15	会计学	215	60.73
16	工商管理	215	60.73
17	工程管理	214	60.45
18	财务管理	198	55.93
19	测控技术与仪器	189	53.39
20	环境工程	187	52.82
21	材料成型及控制工程	185	52.26
22	信息与计算科学	184	51.98
23	产品设计	180	50.85
24	工业设计	178	50.28

2015年度，一半以上的理工院校设置的本科专业有25种，如表7.55。与2014年度相比，市场营销、英语、信息管理与信息系统、工商管理、信息与计算科学、测控技术与仪器、计算机科学与技术和会计学8种专业的高校覆盖率均有所下降，但下降幅度较小。其余专业则都有所上升，其中，物联网工程专业的高校覆盖率上升到50%以上。

表7.55　　　　2015年度一半以上的理工院校设置的本科专业　　　　单位：个，%

排序	专业	专业布点	高校覆盖率
1	计算机科学与技术	326	91.57
2	英语	304	85.39
3	电气工程及其自动化	289	81.18
4	电子信息工程	290	81.46
5	市场营销	261	73.31
6	机械设计制造及其自动化	259	72.75
7	自动化	255	71.63
8	通信工程	252	70.79

续表

排序	专业	专业布点	高校覆盖率
9	国际经济与贸易	248	69.66
10	土木工程	247	69.38
11	环境设计	237	66.57
12	视觉传达设计	224	62.92
13	信息管理与信息系统	219	61.52
14	软件工程	226	63.48
15	工商管理	215	60.39
16	会计学	216	60.67
17	工程管理	216	60.67
18	财务管理	210	58.99
19	测控技术与仪器	189	53.09
20	环境工程	189	53.09
21	材料成型及控制工程	189	53.09
22	信息与计算科学	184	51.69
23	产品设计	182	51.12
24	工业设计	180	50.56
25	物联网工程	183	51.40

3. 较集中在理工院校设置的本科专业

2013年度专业布点占全国布点50%以上的专业共119种，占当年度设置专业的34.87%，如表7.56。其中，理工院校布点占80%以上的专业有34种，只有理工院校设置的专业共22种。到2015年度，专业布点占全国布点50%以上的专业共118种，占当年度设置专业的32.87%。其中，理工院校布点占80%以上的专业有27种，只有理工院校设置的专业共18种。

表7.56　2013—2015年度较集中在理工院校设置的本科专业　单位：种，%

年度	布点占全国50%以上的专业		布点占全国80%以上的专业种数	布点占全国100%的专业种数
	种数	占设置专业种数比例		
2013	119	34.59	34	22

续表

年度	布点占全国50%以上的专业 种数	占设置专业种数比例	布点占全国80%以上的专业种数	布点占全国100%的专业种数
2014	121	34.18	28	21
2015	118	32.87	27	18

4. 增长的本科专业

（1）2013—2015年度，理工院校布点增加的专业有242种，这242种专业平均增加5.19个布点。如表7.57，2013—2015年度，专业布点增加最多的前10种专业共增加290个布点，这10种专业所增加的布点占所有新增布点的27.54%。这表明理工院校专业增加的集中趋势较明显。

表7.57　　2013—2015年度专业布点增加最多的前10种专业　　单位：个,%

专业	2013年	2015年	增加的专业布点	增加的比例
物联网工程	131	183	52	39.69
机械电子工程	105	142	37	35.24
工程造价	43	79	36	83.72
翻译	18	47	29	161.11
物流管理	127	154	27	21.26
商务英语	24	51	27	112.50
财务管理	188	210	22	11.70
车辆工程	112	133	21	18.75
数字媒体艺术	47	67	20	42.55
软件工程	207	226	19	9.18

（2）2013—2015年度理工院校共新设置了17种专业，分别是机械工艺技术、机电技术教育、信息资源管理、泰语、阿拉伯语、导航工程、采购管理、蚕学、国民经济管理、葡萄与葡萄酒工程、艺术史论、医学实验技术、烹饪与营养教育、中国画、旅游管理与服务教育、戏剧影视导演和针灸推拿学。

5. 布点减少或撤销的本科专业

（1）2013—2015 年度，理工院校中专业布点减少的专业有 4 种，分别是信息与计算科学、生物技术、农业电气化和教育技术学，各减少 1 个专业布点。

（2）2013—2015 年度，没有本科专业被理工院校完全撤销。

参考文献

中华人民共和国教育部高等教育司：《普通高等学校本科专业目录和专业介绍》，高等教育出版社2012年版。

纪宝成：《中国大学学科专业设置研究》，中国人民大学出版社1986年版。

廖茂忠：《中国本科专业设置与经济发展关系研究》，中国社会科学出版社2012年版。

中华人民共和国国家教育委员会高等教育司：《中国普通高等学校本科专业设置大全》，华东师范大学出版社1994年版。

中华人民共和国教育部高等教育司：《中国普通高等学校本科专业设置大全》（1999年版），高等教育出版社1999年版。

中华人民共和国教育部高等教育司：《中国普通高等学校本科专业设置大全》（2003年版），高等教育出版社2003年版。

中华人民共和国教育部高等教育司：《中国普通高等学校本科专业设置大全》（2007年版），首都师范大学出版社2007年版。

中华人民共和国教育部高等教育司：《中国普通高等学校本科专业设置大全》（2009年版），首都师范大学出版社2009年版。

《中国高等学校简介》编审委员会编：《中国高等学校简介》，教育科学出版社1982年版。

中华人民共和国国家教育委员会计划建设司、财务司编：《中国高等学校大全》，高等教育出版社1989年版。

中华人民共和国国家教育委员会计划建设司编：《中国高等学校大全》（第二版），高等教育出版社1994年版。

中华人民共和国教育部发展规划司编：《中国高等学校大全》（2003年

版),高等教育出版社2003年版。

中华人民共和国教育部发展规划司编:《中国高等学校大全》(2004年版),新华出版社2004年版。

中华人民共和国教育部发展规划司编:《中国高等学校大全》(2005年版),新华出版社2005年版。

中华人民共和国教育部发展规划司编:《中国高等学校大全》(2007年版),新华出版社2007年版。

中华人民共和国教育部发展规划司编:《中国高等学校大全》(2009年版),北京大学出版社2009年版。

中华人民共和国教育部发展规划司编:《中国高等学校大全》(2012年版),北京大学出版社2012年版。

张健主编:《中国教育年鉴》(1949—1981),中国大百科全书出版社1984年版。

张健主编:《中国教育年鉴》(1949—1984),湖南教育出版社1986年版。

张健主编:《中国教育年鉴》(1982—1984),湖南教育出版社1986年版。

张健主编:《中国教育年鉴》(1985—1986),湖南教育出版社1986年版。

《中国教育年鉴》编辑部:《中国教育年鉴》(1990),人民教育出版社1991年版。

《中国教育年鉴》编辑部:《中国教育年鉴》(1991),人民教育出版社1992年版。

《中国教育年鉴》编辑部:《中国教育年鉴》(1992),人民教育出版社1993年版。

《中国教育年鉴》编辑部:《中国教育年鉴》(1993),人民教育出版社1994年版。

《中国教育年鉴》编辑部:《中国教育年鉴》(1994),人民教育出版社1995年版。

《中国教育年鉴》编辑部:《中国教育年鉴》(1995),人民教育出版社1996年版。

《中国教育年鉴》编辑部:《中国教育年鉴》(1997),人民教育出版社1998年版。

《中国教育年鉴》编辑部:《中国教育年鉴》(1998),人民教育出版社

1999 年版。

《中国教育年鉴》编辑部：《中国教育年鉴》（1999），人民教育出版社 2000 年版。

《中国教育年鉴》编辑部：《中国教育年鉴》（2000），人民教育出版社 2001 年版。

《中国教育年鉴》编辑部：《中国教育年鉴》（2001），人民教育出版社 2002 年版。

《中国教育年鉴》编辑部：《中国教育年鉴》（2002），人民教育出版社 2003 年版。

《中国教育年鉴》编辑部：《中国教育年鉴》（2003），人民教育出版社 2004 年版。

《中国教育年鉴》编辑部：《中国教育年鉴》（2004），人民教育出版社 2005 年版。

《中国教育年鉴》编辑部：《中国教育年鉴》（2005），人民教育出版社 2006 年版。

《中国教育年鉴》编辑部：《中国教育年鉴》（2006），人民教育出版社 2007 年版。

《中国教育年鉴》编辑部：《中国教育年鉴》（2007），人民教育出版社 2008 年版。

《中国教育年鉴》编辑部：《中国教育年鉴》（2008），人民教育出版社 2009 年版。

《中国教育年鉴》编辑部：《中国教育年鉴》（2010），人民教育出版社 2011 年版。

《中国教育年鉴》编辑部：《中国教育年鉴》（2011），人民教育出版社 2012 年版。

《中国教育年鉴》编辑部：《中国教育年鉴》（2012），人民教育出版社 2013 年版。

《中国教育年鉴》编辑部：《中国教育年鉴》（2013），人民教育出版社 2014 年版。